고사성어, 중국과 만나다 2

엮은이 | **김동광** 金東光

- 중국 길림성 연변 출생
- 1992년 중앙민족대학 졸업
- 1992년 중국국제방송국 조선어부 입사
- 2004-2006년 중국국제방송국 서울지국 특파원으로 근무
- 현재 중국국제방송국 조선어부 주임

고사성어, 중국과 만나다 2

초판 1쇄 인쇄 2019년 8월 8일
초판 1쇄 발행 2019년 8월 16일

엮은이	김동광
펴낸이	이대현
책임편집	이태곤
편집	권분옥 홍혜정 박윤정 문선희 임애정 백초혜
디자인	안혜진 최선주
마케팅	박태훈 안현진

펴낸곳	도서출판 역락
출판등록	1999년 4월19일 제303-2002-000014호
주소	서울시 서초구 동광로 46길 6-6 문창빌딩 2층 (우06589)
전화	02-3409-2058
팩스	02-3409-2059
홈페이지	http://www.youkrackbooks.com
이메일	youkrack@hanmail.net

ISBN   979-11-6244-399-6 04910
        979-11-6244-397-2 04910(전3권)

이 도서의 국립중앙도서관 출판예정도서목록(CIP)은 서지정보유통지원시스템 홈페이지(http://seoji.nl.go.kr)와 국가자료종합목록
구축시스템(http://kolis-net.nl.go.kr)에서 이용하실 수 있습니다. (CIP제어번호 : CIP2019030670)

고사성어,
중국과 만나다

02

김동광 엮음

역락

수천 년 유구한 중국역사 중에서 문화는 그 문명을 이어준 혈맥이고 언어와 문자는 그 문화를 꽃피운 힘이다. 그중 성어는 중화문화에서 특히 중요한 위치에 있으며 중국문화의 가장 화려한 꽃으로 평가된다.

성어는 중국 한자 단어 중에서 고대로부터 이어져온 정형화된 단어로 현재 통계로 보면 총 5만여 개에 달한다고 한다. 네 글자로 된 사자성어가 95% 이상에 달하고 세 글자나 다섯 글자 심지어는 일곱 글자 이상으로 된 성어도 있다. 대부분 고대로부터 전해져 왔고 단어 사용 측면에서 보면 현대어와 비슷하면서 다른 부분들도 있다. 성어는 대개 하나의 이야기 혹은 역사유래가 있어 성어 자체가 하나의 짧은 구절을 이루는 경우가 있으며 고정적인 구조와 고정적인 해석이 있다는 특징을 보인다.

사람들이 오랜 기간 사용하고 그 과정에서 이루어진 성어는 그 뜻과 이야기적 성격 때문에 중국 전통문화의 대표적인 특징이 되었다.

성어는 길게는 수천 년, 짧아도 수백 년 전의 일들을 담았다. 주로 기록으로 남은 책들, 많이는 사서史書에서 유래하는 부분이 많으며 대부분 이야기는 정확한 출처와 내용이 존재한다.

수만 개에 달하는 성어는 방대한 정보가 내재되어 있다. 고대의 사회와 정치, 경제, 문화, 과학, 군사 등 거의 모든 분야가 포함되며 중국인들의 우주관과 인생관 그리고 심미관을 여실히 보여준다. 천하의 흥망성쇠와 인간의 희로애락이 오롯이 담겨 있는 성어, 여기에는 천하를 호령하던 황제에서 민초에 이르기까지 그 시대를 치열하게 살아갔던 사람들의 이야기가 있고 이 땅에 살아가는 동물과 식물의 이야기도 있으며 선과 악의 기준, 감동적인 사랑과 우정이 있다. 하여 성어를 알면 중국의 역사와 문화가 보이고 결국은 현재의 중국을 더 잘 알 수 있는 거울이 되는 것이다.

이 책에 소개한 470여 개에 달하는 고사성어는 대부분 중국인들이 자주 사용하는 성어로 골라 보았다. 또 철리성이 돋보이는 내용과 초학자들이 쉽게 배우고 사용할 수 있는 내용을 선택했다. 발음을 도와줄 수 있는 병음拼音표기에 성조聲調를 달았고 글자풀이를 했으며 뜻을 새긴 후 원저의 출처를 밝혔다. 성어의 이해를 돕는 이야기 부분은 될수록 짧으면서도 내용 전달이 잘 될 수 있도록 구성했다.

세 권으로 된 이 책을 정성스럽게 만들어준 역락출판사 관계자분들의 노고에 감사의 인사를 전한다. 이 책이 중국어를 배우고 중국의 문화와 언어에 관심을 가지고 있는 분들께 조금이나마 도움이 되었으면 하는 바람이다.

중국의 성어는 하나의 보물산과도 같다. 보물을 줍는 마음으로 작업을 마쳤고 이제는 여러분들이 보물을 주을 차례인 것 같다.

김동광

2019년 8월 베이징에서

| 차례 |

勞師襲遠 노사습원　47

老當益壯 노당익장　50

老馬識途 노마식도　52

老生常談 노생상담　54

樂不思蜀 낙불사촉　57

樂極生悲 낙극생비　60

力不從心 역부종심　63

立錐之地 입추지지　65

勵精圖治 여정도치　67

兩敗俱傷 양패구상　69

兩袖淸風 양수청풍　72

了如指掌 요여지장　75

臨渴掘井 임갈굴정　77

令行禁止 영행금지　80

流言蜚語 유언비어　82

柳暗花明 유암화명　85

洛陽紙貴 낙양지귀　87

馬革裹尸 마혁과시　90

馬首是瞻 마수시첨　93

滿城風雨 만성풍우　96

盲人摸象 맹인모상　98

每況愈下 매황유하　102

門墻桃李 문장도리　105

머리말　　　4

開誠布公 개성포공　12

克己奉公 극기봉공　15

空前絶後 공전절후　18

空中樓閣 공중누각　20

口若懸河 구약현하　24

口血未乾 구혈미건　26

胯下之辱 과하지욕　30

膾炙人口 회자인구　33

曠日持久 광일지구　35

濫竽充數 남우충수　39

狼子野心 낭자야심　42

勞苦功高 노고공고　45

孟母三遷 맹모삼천 108

民不聊生 민불요생 111

名列前茅 명렬전모 113

名落孫山 명락손산 115

名正言順 명정언순 117

明目張膽 명목장담 119

磨杵成針 마저성침 122

莫測高深 막측고심 124

莫逆之交 막역지교 127

墨守成規 묵수성규 130

目不識丁 목불식정 132

目無全牛 목무전우 135

沐猴而冠 목후이관 137

南山可移 남산가이 141

南轅北轍 남원북철 144

囊螢映雪 낭형영설 147

鳥盡弓藏 조진궁장 149

牛鼎烹鷄 우정팽계 152

弄巧成拙 농교성졸 154

怒髮衝冠 노발충관 158

嘔心瀝血 구심역혈 161

攀龍附鳳 반룡부봉 163

旁若無人 방약무인 165

拋塼引玉 포전인옥 167

鵬程萬里 붕정만리 169

披堅執銳 피견집예 171

披荊斬棘 피형참극 174

疲于奔命 피어분명 177

匹夫之勇 필부지용 180

貧賤之交 빈천지교 183

平易近人 평이근인 186

破鏡重圓 파경중원 189

撲朔迷離 박삭미리 192

齊心同力 제심동력 195

岐路亡羊 기로망양 197

騎虎難下 기호난하 201

旗鼓相當 기고상당 204

起死回生 기사회생 207

千金一笑 천금일소 209

千慮一得 천려일득 213

千人所指 천인소지 215

千萬買隣 천만매린 218

千載難逢 천재난봉 220

前車之鑒 전거지감 222

前功盡棄 전공진기 224

前無古人 전무고인 228

黔驢技窮검려기궁 231

強弩之末강노지말 233

巧奪天工교탈천공 235

巧取豪奪교취호탈 237

勤能補拙근능보졸 240

靑雲直上청운직상 241

傾城傾國경성경국 245

請君入甕청군입옹 247

磬竹難書경죽난서 251

窮兵黷武궁병독무 253

秋毫無犯추호무범 256

曲高和寡곡고화과 259

趨炎附勢추염부세 262

取長補短취장보단 265

雀屛中選작병중선 266

人傑地靈인걸지령 268

人面獸心인면수심 271

人面桃花인면도화 273

人微權輕인미권경 277

人言可畏인언가외 280

忍辱負重인욕부중 282

任人唯賢임인유현 285

如火如荼여화여도 289

如臨大敵여림대적 291

如釋重負여석중부 294

如魚得水여어득수 296

孺子可敎유자가교 298

入木三分입목삼분 302

塞翁失馬새옹실마 304

三分鼎足삼분정족 308

三令五申삼령오신 311

三生有幸삼생유행 316

喪家之狗상가지구 318

喪心病狂상심병광 322

傷風敗俗상풍패속 326

舍本逐末사본축말 329

舍生取義사생취의 332

身先士卒신선사졸 334

甚囂塵上심효진상 337

昇堂入室승당입실 340

生靈塗炭생령도탄 342

生死存亡생사존망 344

聲東擊西성동격서 346

聲名狼藉성명낭적 348

聲色俱厲성색구려 350

盛氣凌人성기릉인 353

師出無名사출무명 356

十年樹木,百年樹人

십년수목,백년수인 359

十行俱下십행구하 361

實事求是실사구시 363

拾人牙慧습인아혜 365

食不甘味식불감미 367

始作俑者시작용자 369

世外桃園세외도원 372

事半功倍사반공배 375

視死如歸시사여귀 377

視同兒戲시동아희 379

手不釋卷수불석권 382

守株待兎수주대토 385

束手就擒속수취금 387

束之高閣속지고각 389

率馬以驥솔마이기 392

雙管齊下쌍관제하 397

水滴石穿수적석천 399

水深火熱수심화열 401

水中撈月수중로월 404

死有餘辜사유여고 406

雖死猶生수사유생 409

所向風靡소향풍미 412

所向無前소향무전 416

泰山北斗태산북두 418

貪得無厭탐득무염 420

成语故事

02
──
고사성어, 중국과 만나다

開誠布公 개성포공

글자풀이	열 개(開 kāi), 정성 성(誠 chéng), 베 포(布 bù), 공변될 공(公 gōng).
뜻풀이	흉금(진심)을 털어놓다.
출처	진(晉) 진수(陳壽)
	『삼국지·촉서·제갈량전평(三國志·蜀書·諸葛亮傳評)』

유래   삼국시기 촉한의 승상 제갈량은 황제 유비劉備의 절대적인 신뢰와 중용을 받았다. 임종 전에 유비는 태자 유선劉禪을 제갈량에게 부탁하면서 솔직하게 말했다.

"승상께서 세자를 보필할 수 있으면 보필해 주고 승상의 말을 듣지 않고 나라에 해를 끼치는 일을 한다면 승상께서 직접 보위에 오르시오."

유비가 죽은 후 제갈량은 재능이 평범한 후주 유선을 잘 보필하기 위해 최선을 다했다. 제갈량에게 작위를 받고 왕으로 칭하라고 권하는 사람이 있었으나 그는 단마디에 거절했다. 그는 선대황제의 위탁을 받고 내가 이처럼 높은 관직에 올랐지만 위나라를 정벌하는 일에서 아무런 성과가 없는 상황에서 관직과 봉록을 올리라니 이건 의로움義을 저버리는 것이라고 말

했다.

　제갈량은 사람을 대하고 일처리를 함에 있어서도 매우 공정하고 합리적
이었으며 사사로운 정에 얽매이지 않았다. 마속馬謖은 제갈량이 몹시 아끼
는 장군이었는데 위나라 정벌에서 선봉장을 맡았으나 제갈량의 작전계획
을 따르지 않아 결국은 전략 요충지인 가정街亭을 잃고 만다. 제갈량은 군
율에 따라 아픈 마음을 참고 마속의 목을 베라고 했다. 죽기 전에 마속은
제갈량에게 편지를 보내 자신이 비록 죽게 되지만 구천에서도 아무런 원망
을 하지 않을 것이라고 했다. 가정을 잃게 된 책임이 자기에게도 있다고 여
긴 제갈량은 후주 유선에게 자신의 승상 직을 우장군으로 좌천시켜달라고
청했다. 그는 또 명령을 내려 하급자들에게 승상인 자신의 결점과 착오를
비판하라고 했는데 이는 당시로서는 보기 드문 일이었다. 제갈량은 일생

동안 청렴하게 지냈고 죽은 후에도 후손들에게 별다른 재산을 남겨주지 않았다. 후에 사학자 진수는 제갈량을 평가하면서 "개성심, 포공도開誠心, 布公道"라고 했는데 이를 줄여서 만든 사자성어가 개성포공開誠布公이다.

克己奉公 극기봉공

글자풀이	이길 극(克 kè), 몸 기(己 jǐ), 받들 봉(奉 fèng), 공변될 공(公 gōng).
뜻풀이	① 사를 버리고 공을 위하여 힘써 일하다.
	② 멸사봉공(滅私奉公)하다.
출처	남조·송(南朝·宋) 범엽(范曄)
	『후한서·제준전(後漢書·祭遵傳)』

유래   제준은 자가 제손弟孫이고 동한東漢의 유명한 "운대 28장수雲臺二十八將"중의 한 명이다. 그는 영천潁川 영양潁陽의 한 유족한 가문에서 태어났고 어려서부터 훌륭한 교육을 받았다.

　기원 24년에 광무제光武帝 유수가 거병하여 영양을 지나게 되었는데 제준이 현명하고 효성이 지극하며 학문이 깊다는 말을 듣고는 자신의 수하에 두었다. 한동안 관찰한 결과 제준이 정의감이 넘치고 특히 원칙을 중시하는 사람임을 알게 되었다. 광무제는 하북河北으로 진군하면서 제준을 군기관리를 책임질 "군시령軍市令"에 정식 임명하였다.

　어느 한번은 광무제의 시종관이 군법을 어겼고 일부 사람들은 도대체 제준이 이를 어떻게 처리하는지를 한번 두고 보자는 생각이었다. 제준이 범법자의 신분에 구애받지 않고 그 죄질만을 확실하게 따진 후 군법에 따라 목을 쳤다.

광무제는 자신의 시종관을 제준이 사전인가도 받지 않고 죽였다는 소식을 듣고는 불쾌하게 생각했고 제준의 관직을 삭탈하려 했다. 이때 주부主簿 진부陳副가 이렇게 간했다.

"경하 드립니다. 이처럼 사사로운 정을 따지지 않고 권세를 두려워하지 않는 사람이 폐하를 위해 군기를 엄격히 하고 공정하게 법을 집행하니 군사들은 군법을 잘 지킬 것이며 이후에는 감히 법령을 어기는 자가 없을 것이옵니다."

광무제가 진부를 쳐다보면서 무언가 생각하고는 이렇게 물었다.

"주부의 생각은 이 일을 그대로 덮자는 것이오?"

진부가 말했다.

"장군들도 주군의 태도를 관찰하고 있을 것입니다. 영명한 주군께서 어찌해야 하는 지를 잘 아실 것이오니 신이 말씀드릴 필요가 없을 것입니다."

광무제가 자리에서 일어서서 크게 웃다가 진중한 태도로 말했다.

"제준은 죽여야 할 사람을 죽였고 나는 두 사람의 현자를 발견했도다."

광무제는 즉시 영을 내려 제준을 자간장군刺奸將軍으로 승진시켰다.

이 일이 있은 후 광무제는 수하 장령들에게 이런 경고를 했다.

"제장들은 군법을 범하지 않도록 조심 또 조심해야 할 것이다. 제장군은 사사로운 정을 전혀 돌보지 않는 사람으로 내 시종관들까지도 죽일 배포가 있으니 제장들이야 더 여부가 있겠는가?"

제준은 후에 누차 전공을 세워 동한 초에는 정로장군征虜將軍, 영양후潁陽侯에 봉해졌다.

『후한서·제준전』은 그의 일생을 평가하면서 "제준은 그 위인이 청렴하고 성정이 조심스러웠으며 멸사봉공했다克己奉公."고 썼다.

空前絶後 공전절후

글자풀이	빌 공(空 kōng), 앞 전(前 qián), 끊을 절(絶 jué), 뒤 후(後 hòu).
뜻풀이	① 워낙 독특하여 비교할 만한 것이 이전에도 없고 이후에도 없다. ② 전무후무하다.
출처	『선화화보·당·오도현 (宣和畵譜·唐·吳道玄)』

유래　　진晉나라의 고개지顧愷之는 자가 장강長康이고 진릉晉陵 무석無錫 태생이다. 그 재능이 출중하고 박학다식하였으며 그중에서도 회화에 천부적인 재능을 보이면서 세상에 이름을 날렸다.

　고개지가 그린 인물들은 그 표정이 핍진하고 생동하였다. 특이한 점은 고개지가 인물을 그릴 때는 종래로 눈을 먼저 그리지 않는 것이었다. 어떤 사람이 그 연유를 물으니 고개지는 인물의 가장 생동한 부분은 바로 눈에 있기 때문에 그림을 다 완성할 때에 가서 눈을 그린다는 것이다. 많은 사람들이 이런 방법에 탄복했으며 당시 사람들은 고개지를 "삼절三絶"이라 불렀다. 재능과 그림, 열중함에서 따를 사람이 없다는 뜻이었다.

　남북조南北朝시기의 양梁나라 때에 장승요張僧繇라는 유명한 화가가 나타났다. 그는 산수와 인물, 불상을 잘 그려 당시에 명성이 대단했다. 양무제梁武帝가 많은 사원과 불탑을 세웠으며 그때마다 장승요에게 그림을 그리게 했다. 어느 한번은 그가 한 사원의 벽에 네 마리 용을 그렸으나 눈동자를 그려 넣지 않았다. 어떤 사람이 그에게 왜 눈동자를 그리지 않는가고 물으니 장승요는 "눈동자를 그려 넣으면 용이 벽을 깨고 나와 하늘로 날아갈 것이라"고 말했다. 여러 사람이 이를 믿지 않고 한번 그려보라고 간청을 하니 그는 두 마리 용의 눈동자를 그려 넣었는데 과연 용이 그림 속에서 나와 하늘로 날아갔다고 한다. 물론 이는 전설이기는 하지만 장승요의 그림 수준이 얼마나 높았는지를 보여주는 대목이기도 하다.

당唐나라 때에는 더욱 높은 기예를 보여준 화가인 오도자吳道子가 있다. 그는 회화와 서예에 모두 능통했다. 그가 그린 산수와 불상은 모두 당시에 크게 이름을 떨쳤고 서예에도 깊은 조예가 있어 "서성書聖"으로까지 추앙되었다. 전하는 말에 의하면 그가 당태종唐太宗을 위해 그린 거폭의 가릉강嘉陵江 그림은 몇 백리의 산수를 하루 내에 다 그려냈다고 한다. 그가 경현사景玄寺에 그린『지옥변상도地獄變相圖』는 귀신이 보이지 않지만 음산한 기운을 한껏 풍겨 많은 사람들이 이 그림을 보고 나서 개과천선했다는 말이 있다.

후에 어떤 사람이 이 세 사람의 화가를 평가하면서 고개지의 그림 수준은 전인들을 초월했고空前 장승요의 그림 수준은 후세 사람들이 따라잡을 수 없을 정도이며絶後 오도자는 이 두 사람의 장점을 다 품었다고 했다.

空中樓閣 공중누각

글자풀이	빌 공(空 kōng), 가운데 중(中 zhōng), 다락 누(樓 lóu), 다락집 각(閣 gé).
뜻풀이	① 신기루.
	② 공중에 누각을 짓는 것처럼 근거 없는 이론이나 현실과 동떨어진 환상 따위.
출처	『백유경·삼중루유(百喻經·三重樓喻)』

유래   먼 옛날 한 마을에 부자가 살고 있었다. 그는 재산은 많았으나 그 성정이 아둔하여 미련한 일들을 많이 하였고 늘 마을 사람들의 조롱을 받곤 했다.

어느 하루는 이 부자가 이웃 마을의 부자 집에 손님으로 갔는데 3층으로 지은 새집이 볕이 잘 들고 모양이 웅장한 것을 보고는 속으로 부러움을 금치 못했다. 그는 부자인 나도 이 정도 집은 있어야 한다고 생각했다. 집에 돌아온 그는 즉시 목공에게 물었다.

"이웃 마을의 부자가 새로 지은 집은 누가 지은 것이더냐?"

이에 목수가 대답했다.

"그 층집은 우리 몇 사람이 지은 것입니다."

이 말을 들은 부자는 매우 기뻐하며 이렇게 분부했다.

"그렇단 말이지! 그 집을 본따 나도 한 채 지을 것이다. 꼭 3층으로 되어야 하고 그 집과 같아야 한다."

목수는 한편으로 대답을 하면서 다른 한편으로는 이렇게 궁시렁 거렸다.

"이분이 이번에는 어떤 미련할 일을 하려나?"

그러면서도 목수들은 분부대로 집을 짓기 시작했다.
그러던 어느 하루, 부자가 현장에 와서 이것저것 보고는 이상한 점을 발견하고 목수에게 물었다.

"도대체 지금 뭘 짓는단 말이냐?"

목수가 답했다.

"당신의 분부대로 3층짜리 집을 짓고 있습니다."

부자가 말했다.

"잘못되었어. 내가 말하는 것은 3층의 제일 위층에 있는 집을 말하는 것이다. 나는 위쪽의 집만 지으면 되고 그 아래의 두층은 필요가 없으니 빨리 허물어 버리고 제일 위쪽 층을 먼저 지어야 할 것이다."

목수들이 이 말을 듣고는 크게 웃으면서 말했다.

"제일 위층의 집만 짓는 일을 저희들은 할 수 없으니 당신이 직접 지으시지요."

말을 마친 목수들이 가버리니 부자는 멍하니 짓다 만 집을 보고 있었다. 미련한 부자는 제일 위쪽 층만 짓고 아래의 두층을 짓지 않는다면 아무리

기술이 높은 목수도 그런 "공중누각"을 지어낼 수는 없다는 도리를 몰랐던 것이다.

口若懸河 구약현하

글자풀이	입 구(口 kǒu), 같을 약(若 ruò), 매달 현(懸 xuán), 강 하(河 hé).
뜻풀이	① 말을 물 흐르듯 잘하다. ② 청산유수 같다.
출처	남조·송(南朝·宋) 유의경(劉義慶) 『세설신어·상예(世說新語·賞譽)』

유래　　서진西晉 초년에 문단에는 능력 있는 작가와 학자들이 활약하고 있었다. "죽림칠현竹林七賢"중의 한 사람인 향수向秀가 바로 이들 중의 한 명이다. 그는 노자老子와 장자莊子의 학설을 숭상했고 행실 또한 그들을 따랐다. 향수는 명리를 좇지 않았고 당시의 세속적인 예의범절에 구속을 받지 않았으며 자연을 숭상했다. 평시에 향수는 자신과 뜻과 취미가 같은 벗들을 찾아 술을 마시고 시를 읊었으며 산천을 유람하기를 즐겼고 고관대작들과는 거의 내왕하지 않았다.

　　당시 유명 경전인 『장자莊子』에 주석을 다는 사람들이 많았으나 향수는 이런 책자들을 읽어 보고는 장자이론의 정수를 보여주지 못했다고 여겼다. 이에 향수는 장자학설을 크게 알리리라 작심했다.

　　향수가 자신의 이런 생각을 대학자인 계강嵇康에게 터놓고 그 의견을 물었다. 계강은 향수의 계획에 동의하지 않으면서 말했다.

"이 책은 주해를 달 필요가 없네. 자네의 이런 방법은 독자들이 이 책의 핵심을 이해하는데 영향을 줄 뿐이네."

향수는 계강의 권고를 받아들이지 않고 여전히 장자의 주해작업에 몰두했다. 향수의 주석은 장자의 사상을 아주 깊이 있게 표현했고 그는 사람들이 발견하지 못한 기묘한 내용들도 남김없이 보여주었다. 하여 당시 사람들에게 『장자』를 즐겨 읽는 풍조가 생기기도 했다.

그러나 애석하게도 향수는 이 작업을 완성하지 못한 채 세상을 하직했다. 그의 아들이 아직 어려 아버지의 뜻을 잇지 못하니 향수의 성취는 다른 한 유명학자인 곽상郭象이 차지해 버렸다. 곽상은 향수의 원고들을 전부 가져다 다시 정리를 한 후 자신의 이름으로 책을 내니 그 유명세가 점점 대단해졌다. 곽상이 유명해지니 주州와 현縣의 관원들이 찾아와 출사하기를 청했다. 허나 곽상은 그 관직이 낮은 것을 보고는 출사를 거부했고 매일 서책을 읽고 다른 사람의 글을 평가하는 등 일부러 고고함을 보여주었다.

곽상은 이런 위선적인 방법으로 많은 사람들의 눈을 속였고 심지어 왕연王衍과 같은 고관도 그에게 속았다.

어느 한번은 곽상이 왕연과 환담하면서 천문지리와 제자백가, 군사전술, 천하흥망 등의 도리를 막힘없이 말했다. 왕연도 당시의 유명한 학자로서 구변이 좋았지만 곽상의 일장연설을 듣고는 청찬을 금치 못했다.

"곽상의 말을 듣노라면 마치 산간에서 흘러내리는 시냇물과 같이 영원히 마르지 않을 것 같다口若懸河."

口血未乾 구혈미건

글자풀이	입 구(口 kǒu), 피 혈(血 xuè), 아닐 미(未 wèi), 마를 건(乾 gān).
뜻풀이	① 입술의 피가 아직 마르지 않다.
	② 입술의 침도 마르기 전에 맹세를 어기다.
	(옛날 맹세할 때 입술에 가축의 피를 발랐던 데서 나옴)
출처	춘추·로(春秋魯) 좌구명(左丘明)
	『좌전·양공9년(左傳·襄公九年)』

유래   춘추전국春秋戰國 시대에 여러 제후국들이 혼전 상태에 처해 있었다. 기원전 564년에 진晉나라가 여러 나라를 규합해 정鄭나라를 공격했고 사처에서 공격을 받게 된 정나라는 사신을 파견해 화의를 청했다. 그러나 진나라의 최종 전략은 초楚나라를 진공하는 것이었으며 진나라의 상군통수上軍統帥인 순언荀偃이 이런 계책을 내놓았다.

"지금 우리는 정나라에 대한 포위작전을 먼저 마치고 초나라가 파견한 구원병을 기다렸다가 기회를 타서 이들을 습격해 항복을 받아내야 합니다. 그렇지 않고는 진정한 강화를 맺을 수 없을 것입니다."

진나라의 다른 한 장군이 또 다른 주장을 펼쳤다.

"지금 우리는 정나라와 동맹을 맺고 철군해야 합니다. 우리가 정나라와 결
맹을 하면 초나라는 크게 불만을 가질 것이며 바로 이런 격장법을 써서 초
나라가 정나라를 진공하도록 유도하고 결국 초나라를 장기적인 소모전에
끌어들이는 것입니다. 그때 가서 우리가 여러 곳의 정예 군사들을 집중해
초나라 군대를 진공해야 합니다. 이 방법은 정나라와 곧바로 결전을 벌이
는 것보다 훨씬 승산이 큰 것입니다."

진나라는 이 장군의 계책을 받아들여 즉시 정나라와 동맹을 맺고 휴전
을 선포했다. 결맹문서에는 이렇게 명시했다.

"징나니 ㅔ 이후 진니디의 뜻을 띠르지 않ㅔ니 ㅂㅣ근 ㅂㅣ음을 품느ㅂㅣㅂㅣㄴ 이늘
의 벌을 받을 것입니다."

정나라의 공자 비騑가 이 내용을 두고 불만을 품었다.

"하늘이 우리 정나라에 재앙을 내리니 진나라와 초나라 사이에 끼어 있고
큰 나라들은 우리한테 비우호적일 뿐만 아니라 결맹을 하자고 우리를 협
박하니 나라의 안녕을 도모할 수가 없고 고충을 털어놓을 곳도 없구나. 오
늘 이후로 우리를 보호해주는 대국의 뜻을 따르지 않을 경우 정나라는 하
늘의 벌을 받겠구나."

순언이 공자 비의 말을 듣고는 일리가 있다고 생각해 결맹문서를 수정하
자고 제안했다. 이에 정나라의 공손사지公孫舍之가 자신의 주장을 피력했다.

"결맹문서를 이미 신령에게 바친 상태입니다. 만약 지금 수정을 한다면 이
는 대국을 배반할 수도 있다는 것이 됩니다."

결국 갑론을박 끝에 문서는 원래 내용대로 체결하게 되었다. 이렇게 되
니 초나라가 정나라를 공격해왔다. 정나라의 자사子駟는 초나라와 강화를
맺으려 했고 이에 자공子孔 등이 걱정을 하며 말했다.

"우리나라가 진나라와 맹약을 맺은 지 얼마 되지 않아 맹약을 맺을 때 입

술에 발랐던 피도 아직 마르지 않았는데口血未乾 지금 맹약을 어긴다는 것은 아니 될 말입니다."

이에 자사를 비롯한 사람들이 반박했다.

"맹약문서에 '강한 나라에 복종하고 그 뜻을 따른다'고 되어 있습니다. 지금 초나라가 우리를 공격하는데 진나라는 구해줄 뜻이 없으니 초나라가 바로 강한 나라인 것입니다. 게다가 우리가 맺은 맹약은 강박으로 맺은 것이니 신령님도 이런 맹약이 성의가 없다고 여길 것이며 우리가 이를 어겨도 문제가 없을 것입니다."

결국 정나라는 초나라와도 강화를 맺게 되었다.

胯下之辱 과하지욕

글자풀이	사타구니 과(胯 kuà), 아래 하(下 xià), 갈 지(之 zhī), 욕보일 욕(辱 rǔ).
뜻풀이	사람의 가랑이 밑을 빠져나가는 치욕.
출처	한(漢) 사마천(司馬遷)
	『사기·회음후열전(史記·會陰侯列傳)』

유래   역사상 유명한 군사천재인 한신韓信은 어릴 때 집안이 째지게 가난하였으나 자신이 이후에는 천하를 호령하는 장군이 될 것이라 확신하였다. 하여 그는 집을 나설 때마다 장검을 허리에 차고 나가곤 했다. 비록 그의 검술이 군사재능과는 비할 바가 아니었으나 검을 차는 것이 이미 그의 습관으로 굳어졌다.

어느 한번은 현지의 무뢰한이 한신을 가로막았다. 그는 팔짱을 끼고 두 다리를 쩍 벌리고 서서 무지막지한 어조로 한신에게 말했다.

"보아하니 너는 키도 크고 검도 차고 있는데 나와 검술을 비겨 볼 생각이 있느냐?"

한신은 불필요한 시비를 피할 요량으로 머리를 저으며 말했다.

"나는 검술을 잘 모르니 비길 필요가 없을 것이요. 당신이 이긴 걸로 합시다. 오늘은 내가 다른 일이 있으니 길을 비켜 주시오."

그러나 그 무뢰한은 전혀 피할 생각을 하지 않고 말했다.

"너는 검술을 잘 모른다고 하지만 그 검으로 사람을 죽일 수는 있겠지? 내가 가만히 서 있을 테니 그 검으로 나를 죽여 보아라."

한신은 이 무뢰한이 일부러 싸움을 걸어오는 것임을 알았으나 화를 참고 말했다.

"우리는 서로 모르는 사이이고 원한도 없는데 왜 내가 당신을 죽인단 말이요?"

무뢰한은 한신이 계속 피하자 더욱 기고만장해서 손가락질을 하며 말했다.

"보아하니 너는 키만 컸지 담은 콩알만 하여 사람을 죽일 담도 없구나. 그럼 내 가랑이 사이로 기어 나가 보아라. 아니면 오늘 끝장을 보아야 할 것이다."

일이 이 지경이 되니 많은 구경꾼들이 모여들었다. 한신이 검에 손을 얹고 무뢰한을 쏘아보며 크게 화를 내려 하다가 사람을 죽이면 자신의 목숨을 내놓아야 하니 잃는 것이 더 많음을 생각하고 참기로 했다. 한신은 여러 사람들의 조롱에도 아랑곳하지 않고 분노를 가까스로 참아내며 그 무뢰한의 가랑이 사이로 기어 나가 뒤도 돌아보지 않고 그 자리를 떠났다.

　일시의 치욕을 참아 결국은 천추의 대업을 이룬 한신은 포부가 크고 도량이 넓은 인물이었으니 어찌 한낱 시정잡배와 같을 수 있었으랴!

膾炙人口 회자인구

글자풀이   회 회(膾 kuài), 구울 자(炙 zhì), 사람 인(人 rén), 입 구(口 kǒu).

뜻풀이   ① 인구에 회자하다.

                 ② 좋은 시문(詩文)이나 사물이 널리 사람의 입에 오르내리다.

출처   『맹자·진심상(孟子·盡心上)』

유래   춘추시대春秋時代 때 공자孔子의 제자 중에는 증석曾晳과 증삼曾蔘이라는 부자간이 있었다. 아버지 증석이 생전에 고욤을 즐겨 먹었는데 아버지가 돌아가신 후 증삼은 다시는 고욤을 먹지 않았다. 이 일은 당시 유가의 제자들 사이에서 널리 칭송되었다.

전국시대戰國時代에 와서 맹자의 제자인 공손추公孫醜가 이 일이 이해가 되지 않아 맹자에게 가르침을 청하며 이렇게 물었다.

"스승님, 회자(얇게 썰어 구운 고기)와 고욤 중에 어느 것이 더 맛있습니까?"

이에 맹자가 말했다.

"물론 회자가 더 맛있지. 구운 고기를 즐겨 먹지 않는 사람은 없을 것이다."

공손추가 또 물었다.

"구운 고기가 더 맛있다면 증삼과 그의 부친도 다 즐겨 먹었을 것이 아닙니까? 그런데 증삼은 왜서 구운 고기를 금하지 않고 고욤만을 먹지 않았던 것입니까?"

이에 맹자가 답했다.

"회자는 모두가 즐겨 먹는 것이다. 고욤의 맛은 비록 회자에는 비할 바가 못 되지만 증석이 이를 즐겨 먹었다. 때문에 증삼은 고욤만을 금한 것이다. 이는 마치 어른들의 이름을 함부로 불러서는 안 되지만 성씨는 부를 수 있는 것과 같은 이치이다. 성씨는 같을 수 있으나 이름은 자신만이 가지고 있는 것이기 때문이다."

맹자의 가르침에 공손추는 그 이치를 깨달았다고 한다. 후에 사람들은 맹자의 말에서 "회자인구"라는 이 성어를 만들었다.

曠日持久 광일지구

글자풀이   빌 광(曠 kuàng), 날 일(日 rì), 가질 지(持 chí), 오랠 구(久 jiǔ).

뜻풀이   헛되이 시일을 보내면서 오래 끌다.

출처   한(漢) 유향(劉向)『삼국책·조책3(三國策·趙策三)』

유래   전국시대에 진秦나라 군대가 한韓나라를 공격하니 두 나라 군사는 연여閼與에서 대치하게 되었다. 한나라가 조趙나라에 구원을 청하자 조나라 왕이 장군 염파簾波에게 물었다.

"우리가 군사를 내어 한나라를 구원함이 어떻겠는가?"

염파가 크게 걱정을 하며 답을 올렸다.

"소신이 보기에 길이 멀고 지형이 험난하니 구하기가 힘들 것 같습니다."

조왕이 다른 한 명의 무장인 악승樂乘에게 같은 하문을 하니 악승 역시 염파와 같은 생각을 아뢰었다.

조왕이 마지막으로 조사趙奢의 의견을 묻자 조사는 이렇게 대답했다.

35

"이번 싸움은 작전에 있어서 지세가 험준하고 길이 먼 것만은 사실입니다. 그러나 이런 조건에서 싸우는 것은 마치 쥐 두 마리가 굴속에서 싸우는 것과 같아 용감한 자가 이길 것이옵니다."

이에 조왕이 조사에게 군사를 주어 한나라를 구하게 했다. 조사는 처음에는 수비만 하면서 진나라를 속였다. 그 후 이틀 낮 하룻밤 동안 급행군을 하여 전선에 도착해 유리한 지형을 점거한 후 공격을 진행하니 진나라군은 크게 패하고 철수했으며 연여의 포위도 풀렸다. 조나라의 혜문왕이 조사의 공을 높이 사서 마복군馬服軍에 봉했다.

후에 연나라가 영분榮蚠이라는 송宋나라 사람을 중용하여 그에게 군사를 주어 조나라를 공격하도록 했다. 이에 대적하기 위해 조나라는 성 57개를 제나라에 내주면서 제나라의 안평군安平君 전단田單이 조나라 군사를 통솔해 연나라의 진공을 막아 줄 것을 청했다. 이를 황당하게 여긴 조사가 상국相國인 평원군平原君에게 이렇게 간했다.

"조나라에 이토록 사람이 없단 말입니까? 상국께서는 전단을 청해 오기 위해 성 57개를 제나라에 내어주시려 하는데 이는 과거에 우리 군사들이 목숨을 걸고 싸워 적국으로부터 탈취한 것입니다. 상국께서는 왜 저를 보내시지 않는 것입니까? 당년에 연나라는 소인을 상곡군수上谷郡守로 봉한 적이 있어 저는 연나라의 지형을 손금 보듯 알고 있습니다. 이런 상황에서 왜서 제나라의 안평군을 조나라에 청해 오고 그에게 주장을 맡기시는 겁니까? 저에게 100일의 기한을 주시면 다른 나라의 군사들이 집결하기도 전에 연나라를 함락시킬 것입니다."

평원군이 조사의 충고를 듣지 않고 말했다.

"장군은 그런 생각을 하지 말아 주시오. 나는 이미 내 생각을 왕께 말씀드렸고 왕께서도 이를 가납하셨으니 더는 다른 말을 하지 마시오."

조사가 말했다.

"아니 됩니다. 상국께서 평안군을 주장主將으로 청해온 원인은 제나라와 연나라가 큰 원한이 있다고 생각했기 때문일 것입니다. 그러나 결코 그렇지 않을 것입니다. 만약 전단이 아둔한 자라면 영분을 이길 수 없을 것이고 총명한 자라면 연나라와 죽기 살기로 싸우지 않을 것입니다. 제가 보기에는 총명한 전단이 조나라가 강대해지는 것을 바라지 않을 것입니다. 연나라가 이 전쟁에서 패하면 조나라가 강대해지고 제나라의 패권은 흔들리게 됩니다. 전단은 제나라 사람인데 당연히 이를 바라지 않겠지요. 하기에 전단이 조나라 군사를 지휘한다면 연나라와 지구전을 할 것이며 두 나라의 재력과 물력, 인력이 장기전에서 바닥이 나게 할 것입니다曠日持久. 그 후에 전단은 자신의 군사들을 이끌고 귀국할 것입니다. 이는 연나라와 조나라의 군사력을 와해시키는 계략이지만 두 나라에는 이를 알아차리는 사람이 없습니다."

후에 조사의 말대로 조나라는 큰 대가를 치렀고 아무런 가치가 없는 작은 성 세 개를 공략하는데 그치고 말았다.

濫竽充數 남우충수

글자풀이	넘쳐날 남(濫 làn), 피리 우(竽 yú), 가득할 충(充 chōng), 셀 수(數 shù).
뜻풀이	① 재능이 없으면서 기어들어 머리 숫자만 채우다. ② 눈속임하다. ③ 모르면서 아는 척하다.
출처	『한비자·내저설상(韓非子·內儲設上)』

유래   춘추전국春秋戰國 시대의 제선왕齊宣王은 음악을 좋아했고 그 중에서도 취주악을 제일 선호했다. 그는 3백여 명의 합주악대를 조직하도록 했는데 이 왕실악대는 수준이 높고 악사들의 대우도 높았다. 매일 하는 일은 적었으나 이들은 높은 급여를 받았으며 따라서 많은 사람들에게 선망의 대상이 되었다.

제나라 도읍 임치성臨淄城 밖에 남곽南郭이라는 사람이 살고 있었다. 고정적인 수입이 없었던 그는 궁에 가서 피리를 불면서 손쉽게 돈을 벌 생각으로 친구에게 도움을 청했다. 마음씨 좋은 친구는 남곽 선생이 피리를 불 줄 모른다는 것을 번연히 알면서도 친구의 부탁을 들어주었고 남곽 선생은 소원대로 궁에 들어가 악대의 합주에 참가하게 되었다. 피리를 불지 못하는 남곽 선생이 악대반주 때에는 제법 흉내를 내곤 해서 다른 사람들은 이를 알아차리지 못했고 그렇게 한가한 세월이 흘렀다.

그러나 꼬리가 길면 밟히는 법.

몇 년이 지나 제선왕이 죽고 민왕湣王이 보위에 올랐다.

민왕도 선왕과 마찬가지로 구성진 피리연주를 좋아했는데 다른 점이라면 독주를 즐긴다는 것이었다. 그는 합주가 너무 조잡하여 음질에 영향을 주며 이는 유유하고 부드럽게 사람의 마음을 고요하게 해주는 독주와는 비길 바가 안 된다고 생각했다. 민왕이 영을 내려 악대 중 매일 한 사람씩 당직을 서면서 수시로 국왕에게 연주를 하도록 했으며 나머지 사람들은 휴식을 취하게 하였으나 급여는 그대로 지불한다고 했다.

악사들이 매일 하던 일이 대량 줄어들고 거기에 수입은 줄지 않게 되었다. 모두들 술을 사놓고 축하를 하면서 민왕의 미덕과 우아한 취미를 칭송했다. 술좌석에서 남곽 선생만이 울상을 짓고 있었다. 동료 악사들이 걱정되어 무슨 일인가고 묻기도 하고 어려운 점이 있으면 여러 사람이 도와서 해결할 수 있도록 말하라고 권고하기도 했다.

남곽 선생이 우물우물 뜸을 들이니 여러 사람이 재촉을 했고 그때서야 그는 실토정을 했다. 여러 사람은 이때에서야 남곽 선생이 피리를 전혀 불 줄 모른다는 것을 알게 되었고 모두들 놀라서 쳐다보기만 했다.

남곽 선생도 계속 남아 있을 체면이 없어 묵묵히 그 자리를 떠나 궁을 나 갔다.

狼子野心 낭자야심

글자풀이   이리 낭(狼 láng), 아들 자(子 zǐ), 들 야(野 yě), 마음 심(心 xīn).

뜻풀이   ① 본성이 흉폭하면 길들이기 힘들다.

            ② 흉폭한 야심을 가진 사람.

출처   춘추·로(春秋·魯) 좌구명(左丘明)『좌전·선공4년(左傳·宣公四年)』

유래   춘추시대春秋時代 초楚나라의 영윤令尹 자문子文과 사마자량司
馬子良은 친형제였다. 자량에게는 이름이 두초斗椒요 자가 자월子越인 아들이
있었다. 자문은 두초의 생김새가 기이한 것을 보고 동생 자량에게 말했다.

"조카의 생김이 곰과 호랑이와 같고 이리와 같은 울음소리를 내니 죽여 버
리는 것이 좋을 것 같다. 그렇지 않다간 이후에 우리 가문에 멸문의 화를
가져올 것이다. '낭자야심'이라는 말이 있다. 이 아이는 한 마리의 이리이니
어찌 계속 키운단 말이냐?"

자량은 형의 말을 듣지 않았고 두초도 점차 자라 어른이 되었다.
그럴수록 자문은 두초가 가문에 큰 재앙을 가져올 것이라는 생각을 굳
히게 되었다. 그는 임종 때 식솔들을 불러 놓고 이렇게 당부했다.

"일단 두초가 권세를 잡게 되면 너희들은 얼른 도망쳐야 한다. 그렇지 않으면 큰 화를 당하게 될 것이다."

이어 그는 슬프게 울면서 말했다.

"망령도 먹을 음식이 있어야 하거늘, 우리 가족이 멸족의 화를 당하면 망령들도 굶게 될 것이다."

영윤 자문이 죽은 후 권세를 손에 넣은 두초가 과연 말썽을 피우고 사단을 일으켰다. 초장왕楚莊王이 두초에게 국내의 안정을 위해 초나라 3대 국왕의 자손을 볼모로 보낼 것이니 섣부른 짓을 하지 말 것을 권했다. 그러나 두초는 초나라 왕이 제시한 조건을 거부했으며 이에 초왕은 군대를 친솔하여 고호皐滸에서 두초의 가족과 싸우게 되었다.

두초는 자신 일당의 실력을 과신하면서 일거에 초나라의 권력을 손에 넣을 수 있다고 여겼다. 전장에 나선 그는 초왕에게 강궁을 두 번 날렸다. 첫 살은 초왕이 앉은 수레의 끌채를 날아지나 북을 관통한 후 쨍하고 초왕 신변의 구리 징을 명중했다. 두 번째 살은 수레채를 날아지나 초왕의 수레 차양을 꿰뚫었다.

초왕의 군사들은 두초의 기세가 등등한 것을 보고는 겁에 질렸고 슬금슬금 퇴각하기 시작했다.

이 위급한 시각에 초왕은 군사들의 사기를 진작하기 위해 이렇게 소리를 지르도록 했다.

"우리의 선왕 초문왕楚文王은 식나라息를 공략하면서 강한 화살 세대를 얻었는데 역적인 두초가 그중의 두 대를 훔쳐갔다. 지금 두초는 그 화살 두대를 다 쏘았다."

이와 동시에 초왕이 직접 진군의 북을 울리고 전군이 초왕과 함께 파상공세를 펼치니 두초 일당은 결국 소멸되고 말았다.

勞苦功高 노고공고

글자풀이   수고할 로(勞 láo), 쓸 고(苦 kǔ), 공 공(功 gōng), 높을 고(高 gāo).

뜻풀이   고생하여 세운 공이 크다.

출처   한(漢) 사마천(司馬遷)『사기·항우본기(史記·項羽本紀)』

유래   진秦나라 말, 항우項羽의 초楚나라와 유방劉邦의 한漢나라가 정권쟁탈에 한창일 때 항우가 홍문鴻門이라는 곳에서 연회를 차려 유방을 청했다. 항우의 책사인 범증范增은 장수인 항장項莊에게 현장에서 검무를 추다가 기회를 보아 유방을 죽이라고 명했다. 유방을 수행한 한나라 장군 번쾌樊噲가 주군이 위험하다는 연락을 받고 연회장 문을 와락 밀치고 들어왔다. 번쾌는 술 한말을 한 모금에 쭉 마신 후 검으로 돼지다리 고기를 베어 먹었다. 이어 그는 유방이 진나라 군대를 이기고 먼저 함양咸陽에 입성한 공을 일일이 열거한 후 항우에게 이렇게 캐물었다.

"우리 패공沛公께서 이처럼 고생하여 세운 공이 크신데도 패왕霸王께서는 큰 상을 내리신 것이 아니라 소인배들의 참언을 믿고 공을 세운 사람을 죽이려 합니다. 이는 이미 멸망한 진나라의 뒤를 잇는 것과 다름이 없습니다."

번쾌의 말에 항우는 아무 변명도 못했다. 유방은 이 기회를 타서 소피를 보러 간다 하고는 번쾌 등 수행 장수들의 보호를 받으면서 급히 한나라 군영으로 돌아갔다.

勞師襲遠 노사습원

글자풀이	수고할 로(勞 láo), 스승 사(師 shī), 엄습할 습(襲 xí), 멀 원(遠 yuǎn).
뜻풀이	① 군대를 파견해 먼 곳을 습격하다.
	② 모험적인 군사 작전을 지칭한다.
출처	춘추·로(春秋·魯) 좌구명(左丘明)
	『좌전·희공32년(左傳·僖公三十二年)』

유래   춘추春秋시대 때 정鄭나라에 파견된 진秦나라 관원인 기자杞子가 사람을 보내 진목공秦穆公에게 이렇게 고했다.

"신은 지금 정나라 도성의 북문에서 방위를 책임지고 있습니다. 폐하께서 군사를 보내 기습작전을 펼친다면 정나라는 틀림없이 우리의 수중에 들어올 것입니다."

진목공은 연로한 중신인 건숙蹇叔에게 의견을 물었다. 이에 건숙이 말했다.

"군사들이 그렇게 먼 길을 가서 피로한 상태로 멀리 있는 나라를 공격한다는 것은勞師襲遠 병법으로 말하면 반드시 기피해야 할 행동입니다. 신이 보

기에는 이런 작전이 성공하기는 어려울 것이라 사료되옵니다."

진목공이 건숙의 권고를 듣지 않고 대장군 맹명시孟明視와 서걸술西乞術,
백을병白乙丙에게 군사를 주어 정나라를 기습하도록 했다.

군사들이 출정할 때 건숙은 길을 막고 울면서 맹명시에게 말했다.

"자네들은 이제 더는 살아서 돌아올 수가 없을 것이네."

진목공은 건숙이 출정길을 막았다는 말을 전해 듣고는 진노를 금치 못
했고 기어이 출병을 명했다.

건숙은 이번 출정에 참가한 아들에게 이렇게 당부했다.

"우리 군이 정나라를 습격하려면 진晉나라의 국경인 효산崤山을 경유해야 하는데 그곳은 지세가 매우 험준한 곳이다. 만약 우리 군이 정나라 기습에 실패하여 철군하게 되면 진나라 군사들이 효산에서 매복을 하고 기다릴 것이다. 그렇게 되면 나는 효산에 가서 너의 시신을 수습할 수밖에 없을 것이다."

결국 건숙의 예측대로 진나라 군대의 기습작전은 실패하고 철수하는 도중 효산에서 진나라 군대의 매복에 걸리게 되었다. 이 전투에서 진나라군이 대패하고 맹명시 등 세 명의 장군들이 생포되고 말았다.

老當益壯 노당익장

글자풀이	늙을 로(老 lǎo), 당할 당(當 dāng), 더할 익(益 yì), 씩씩할 장(壯 zhuàng).
뜻풀이	① 늙어도 기력이 왕성하다. ② 노익장을 과시하다.
출처	남조·송(南朝·宋) 범엽(范曄) 『후한서·마원전(後漢書·馬援傳)』

유래　　　동한東漢 때의 명장인 마원馬援은 어려서부터 변경지역에 가서 목축업에 종사하겠다는 큰 뜻을 품어왔다. 마원은 어른이 된 후 부풍군扶風郡이라는 곳에서 독우督郵라는 관직에 있었다. 어느 한번은 군의 태수가 마원에게 죄수들을 장안長安까지 압송하는 일을 맡겼다. 장안으로 가던 도중에 마원은 죄수의 가련한 처지를 알게 되었고 장안까지 가서 벌을 받는 것이 부당하다고 생각해 죄수를 풀어주었다. 이 일로 마원은 관직을 삭탈당하고 북조군北朝郡이라는 곳으로 도망가 숨어서 살았다. 이때 마침 나라에 특사령이 내려져 과거의 죄를 묻지 않으니 마원은 마음 놓고 목축업과 농사일에 전념할 수 있었다.

몇 년이 지나자 마원은 큰 재산을 가진 농장주가 되었다. 그에게는 천 마리에 달하는 소와 양이 있었고 곡식은 몇 만석에 달했다. 그러나 마원은 이처럼 유족한 생활로도 만족을 느낄 수 없었고 후에는 자신이 모은 재산과 가축들을 형제들과 지인들에게 나누어 주면서 이렇게 말한다.

"돈의 노예가 된다는 것은 정말 할 짓이 아니다."

그는 평소에 늘 친구들에게 이렇게 말했다.

"대장부는 생활이 어려울수록 그 포부가 더욱 단단해지고 나이를 먹을수록 그 포부는 더욱 커야 한다老當益壯."

후에 마원은 동한東漢의 유명한 장군으로 이름을 드날렸고 광무제光武帝를 위해 혁혁한 전공을 세우게 된다.

老馬識途 노마식도

글자풀이	늙을 노(老 lǎo), 말 마(馬 mǎ), 알 식(識 shí), 길 도(途 tú).
뜻풀이	① 경험이 많으면 그 일에 능숙하다.
	② 연장자가 후진을 가르칠 때 쓰는 말.
출처	『한비자·설림상(韓非子·說林上)』

유래   기원전 663년 산융山戎이 연燕나라를 침공했고 연나라는 제
환공齊桓公에게 구원을 청했다.

제나라 군대가 연나라에 도착해 보니 산융은 이미 재물을 약탈해 동쪽
의 고죽국孤竹國으로 도망친 뒤였다. 제환공이 군사를 거두어 귀국하려 했
으나 관중管仲이 이번 기회를 이용해 고죽국을 소멸함으로써 북방의 안전
을 도모할 것을 제안했다. 이에 제환공이 계속 동쪽으로 진군하라고 영을
내렸고 혼비백산한 산융과 고죽국의 왕은 야음을 타서 도망쳤다. 제환공
이 대군을 이끌어 이들을 추격했고 결국 승전을 거두었다.

봄에 출정한 제나라 군사들이 개선할 때는 이미 겨울이 되었고 초목도
크게 변했다. 대군은 끝없이 이어진 산골짜기에서 귀국하는 길을 잃고 말
았다. 시간이 흐르자 군의 보급에 문제가 생기기 시작했다.

상황은 급박해졌고 길을 찾지 못하면 대군이 이곳에서 전멸될 판국이었

다. 그러던 중에 관중이 이런 생각을 하게 되었다. 개가 집을 멀리 나가서도 다시 찾아오는 것처럼 군마 특히는 늙은 말들도 돌아가는 길을 알고 있지 않을까?

관중이 제환공에게 이런 계책을 내놓았다.

"대왕, 소신이 아는 바로는 늙은 말들이 길을 아는 능력이 있사옵니다. 노마들을 앞에 세워 길을 간다면 대군을 이끌어 이 산골짜기를 빠져나갈 것입니다."

제환공이 그렇게 해보라고 허락하니 관중은 늙은 말 몇 필을 골라내어 고삐를 풀어주도록 하고 대군의 제일 앞장에서 가도록 했다. 아니나 다를까 이 늙은 말들은 전혀 주저함이 없이 한 방향으로 나아갔다. 대군이 말들의 뒤를 따라가다 보니 결국 산골짜기를 벗어났고 제나라로 돌아가는 길을 찾게 되었다.

老生常談 노생상담

글자풀이	늙을 로(老 lǎo), 날 생(生 shēng), 항상 상(常 cháng), 이야기 담(談 tán).
뜻풀이	① 노서생의 평범한 여러 가지 이야기.
	② 늘 들으면서 입버릇처럼 해오던 이야기.
	③ 상투적인 말.
출처	진(晉) 진수(陳壽)『삼국지·위서·관로전(三國志·魏書·管輅傳)』

유래   삼국시기 관로管輅라는 사람이 있었는데 어릴 때부터 부지런히 배우기를 즐기고 머리가 비상했으며 특히 천문학적인 지식에 심취했다. 다섯 살에『주역周易』을 숙독하고 점술에도 능통하니 점점 소문이 나기 시작했다.

시간이 지나 소문이 이부상서 하안何晏과 시중상서 등양鄧颺의 귀에까지 들어갔다. 마침 음력 12월 28일에 두 대신은 술과 음식을 배부르게 먹고 나서 딱히 할 일이 없는지라 관로를 불러 점괘나 보기로 했다. 관로는 이들이 조조의 조카 조상趙爽의 심복으로 권세를 등에 업고 못하는 짓이 없고 평판이 아주 나쁘다는 것을 알고 있었다. 관로는 이 기회에 두 사람을 골탕 먹여 위풍을 꺾어 놓기로 작심했다.

하안은 관로를 보자마자 큰 소리로 떠들어댔다.

"자네의 점술이 매우 용하다고 하던데 빨리 점괘를 보아주게. 내가 관직이 더 오르고 재산을 더 불릴 수 있는가 말이오. 그리고 이 며칠 저녁 꿈에서 파리가 콧등을 무는데 이는 또 무슨 징조란 말이요?"

관로가 잠깐 생각하더니 이렇게 답했다.

"전에 주공周公은 정직하고 인자한 성품으로 주성왕周成王을 도와 나라를 세우는 대업을 이룩하고 나라와 백성들에게 복을 마련해 주었습니다. 현재 나으리의 관직이 주공보다도 더 높으나 당신의 은혜에 감읍하는 사람은 적고 나으리를 두려워하는 사람들은 오히려 매우 많습니다. 이는 좋은 징조가 아닐 것입니다. 나으리의 꿈을 점술로 풀어보면 흉할 징조입니다."

이어 관로는 말했다.

"이 흉한 일을 길한 쪽으로 바꾸고 액을 막으려면 주공을 비롯한 현인들을 따라 배워 선심을 베풀고 선한 일을 행해야 할 것입니다."

옆에서 듣던 등양이 이런 맹랑한 얘기도 있나 하는 표정으로 머리를 절레절레 저으며 말했다.

"이는 모두 상투적인 얘기야老生常談. 전혀 신경 쓸 필요가 없습니다."

그러나 하안은 얼굴이 굳어지고 한마디도 하지 않았다.

이를 본 관로가 하하 웃으면서 말했다.

"상투적인 얘기일지라도 무시해서야 안 되지요."

얼마 후 하안과 등양이 조상과 함께 역모를 꾀하다가 척살되었다는 소식이 전해졌다. 이를 접한 관로는 혀를 차며 말했다.

"상투적인 얘기라고 듣는 체도 안 하더니 결국은 이렇게 끝장을 보는구나."

樂不思蜀 낙불사촉

글자풀이　즐거울 락(樂 lè), 아닐 불(不 bù), 생각 사(思 sī), 나라 이름 촉(蜀 shǔ).

뜻풀이　① 안락하여 고향에 돌아가는 것을 잊다.

　　　　② 탐닉하여 본분을 잊다.

출처　　진(晉) 진수(陳壽) 『삼국지·촉서·후주전(三國志·蜀書·後主傳)』

유래　　촉나라 후주後主 유선劉禪은 위魏나라의 포로가 되어 위나라 도읍 허창許昌에 압송되었다. 유선을 무마하기 위해 사마소司馬昭는 위나라 군주 조모曹髦에게 유선을 안락공安樂公으로 봉하라고 건의했다. 봉호를 받은 유선은 기쁨을 감추지 못했다.

　　유선을 수행한 촉나라의 대신 극정郤正은 체통을 지키지 못하는 유선의 행태를 보고 유선에게 이런 계책을 내놓았다.

"만약 어느 날 사마소가 주공에게 촉나라로 돌아가고 싶은가 하고 묻는다면 부모의 묘소가 있는 곳에 돌아가고 싶지 않은 사람이 어디 있겠는가고 대답하시고 대성통곡하십시오. 그러면 사마소가 주공을 촉나라에 돌려보낼지도 모릅니다."

며칠 후 사마소가 연회를 마련해 유선과 촉나라의 투항한 대신들을 초대했다. 석상에서 사마소가 유선에게 물었다.

"허창에 오고 난 다음 촉 땅에 돌아가고픈 생각이 나시는지요?"

사마소의 물음에 유선은 사전 계획대로 극정이 알려준 말을 그대로 했다. 그러고는 비통한 모습을 하고 옷소매로 눈을 가린 후 눈물을 훔치는 시늉을 했다.
유선의 말을 들은 사마소는 술잔을 들고 웃으며 말했다.

"안락왕께서 하는 말이 어쩌면 극정의 어투와 이리도 비슷할까요?"

사마소의 말에 유선은 깜짝 놀라 얼굴을 가렸던 옷소매를 내리고는 급히 변명했다.

"이는 사실 극정이 한 말입니다. 헌데 공께서는 어떻게 아셨습니까?"

유선이 이토록 우매하고 솔직한 것을 본 사마소는 유선에 대한 경계심을 늦추게 되었다. 그는 수하 사람들에게 유선을 잘 보살펴주고 생활에 불편함이 없도록 하라고 명했다. 위나라의 이런 환대에 유선은 유유자적한 세월을 보내게 되었다.
얼마 후 사마소가 또다시 연회를 차리고 유선과 촉나라의 옛 대신들을

청했다. 연회석에서 사마소는 악사들에게 촉나라의 음악을 연주하게 했다. 음악소리가 흘러나오자 촉나라의 옛 대신들은 옛 세월을 생각하고 고국을 떠올리며 저도 모르게 슬픈 표정을 지었다. 허나 유선만은 개의치 않고 웃고 떠들었다. 이때 사마소가 유선에게 물었다.

"아직도 촉나라를 생각하십니까?"

이에 유선이 얼굴에 웃음을 지은 채 대답했다.

"이곳이 이토록 즐거울진대 촉나라를 생각할 연유가 있겠습니까?樂不思蜀"

樂極生悲 낙극생비

글자풀이   즐거울 락(樂 lè), 다할 극(極 jí), 날 생(生 shēng), 슬플 비(悲 bēi).

뜻풀이   ① 즐거움 뒤에는 슬픈 일이 생긴다. ② 낙이 있으면 고생도 있다.

출처   한(漢) 사마천(司馬遷) 『사기·활계열전(史記·滑稽列傳)』

유래   기원전 349년 초楚나라가 제齊나라를 공격했다. 당시 제나라
는 정국이 어수선하여 공격을 막아낼 방법이 없는지라 제위왕齊威王은 순우
곤淳于髡을 조趙나라에 사신으로 보내 구원을 청했다. 순우곤은 사신의 임
무를 훌륭하게 완성했고 귀국 후에 제위왕이 연회를 차려 공을 치하했다.

　제위왕은 기쁜 심정으로 이렇게 제안했다.

"승리를 경축하는 의미에서 오늘은 취토록 마셔봅시다. 나는 밤새도록 술
을 마셔도 취하지 않는데 선생께서는 그 주량이 얼마나 되시오?"

순우곤이 답했다.

"신은 한 말을 마셔도 취할 때가 있고 한 섬을 마셔도 취하지 않을 때가 있
습니다."

제위왕이 이상하게 여겨 물었다.

"한 말을 마셔도 취하는데 어떻게 한 섬을 마실 수 있단 말이요?"

순우곤은 이 기회에 술을 즐겨 마시는 제위왕을 타일러 보리라 생각하고 완곡하게 말했다.

"대왕께서 직접 신에게 술을 하사하시고 옆에 감독하는 사람이 있으며 어사가 뒤에 서 있으니 소신은 머리를 숙이고 술을 마실 수밖에 없으며 이때는 한 말을 마시면 취할 것입니다. 허나 귀한 손님을 맞이할 때 저는 팔소매를 걷어붙이고 서로 축복의 인사를 나누면서 즐겁게 마시다 보면 몇 순배 돌아 두말 정도면 취합니다. 만약 오랫동안 만나지 못한 벗들과 우연히 만나 즐거운 이야기를 나누고 회포를 푸는 자리라면 다섯 말, 여섯 말을 마셔야 취하지요. 만약 촌에서 모임을 가지고 남녀노소 가리지 않고 함께 앉아 술을 마시면서 오락도 즐겁게 할 경우에는 여덟 말을 마셔도 조금 취기가 오를 뿐입니다. 날이 어두워져 술상들을 한데 붙이고 모든 사람들이 함께 모이는데 신발이 뒤섞이고 모닥불도 서서히 꺼져 갑니다. 만약 이때 주인이 저를 남겨 계속 술을 마신다면 저는 아무 생각도 하지 않고 술만 마실 수 있으니 한 섬을 마셔도 취하지 않습니다. 그러나 저는 옛 성현이 한 말을 기억하고 있습니다. 과음하면 이성을 잃게 되고 즐거움이 지나치면 슬픈 일이 생긴다는 것입니다樂極生悲. 모든 일의 이치가 바로 이러합니다. 말이 지나치면 실수를 하게 되는 것처럼 도가 넘게 술을 마시면 일을 그르치게 될 것입니다."

제위왕은 순우곤의 깊은 뜻이 담긴 말을 듣고는 이렇게 말했다.

"선생의 가르침을 꼭 기억하겠습니다."

그때부터 제위왕은 술과 향락을 절제했다고 한다.

力不從心 역부종심

글자풀이	힘 력(力 lì), 아닐 부(不 bù), 좇을 종(從 cóng), 마음 심(心 xīn).
뜻풀이	① 할 마음은 있으나 힘이 따르지 못하다.
	② 힘이 모자라 뜻대로 되지 않다.
출처	남조·송(南朝·宋) 범엽(范曄) 『후한서·서역전(後漢書·西域傳)』

유래   동한東漢때 반초班超는 한명제漢明帝의 파견으로 수십 명의 수행원들과 함께 서역西域에 출사해 누차 큰 공을 세웠다. 그 후 반초는 서역 지방에서 27년간 관원으로 있었는데 그의 출중한 군사재능과 외교능력은 한나라가 북방지역을 통일하는 데 있어서 중추적인 역할을 했다. 이런 공을 표창하기 위해 한화제漢和帝는 반초를 정원후定遠侯로 봉했다.

오랜 시간이 흐르면서 나이가 들고 기력도 많이 떨어진 반초는 점점 고향생각을 많이 하게 되었다. 그는 조정에 편지를 보내 자신을 귀국시켜줄 것을 간청했으나 아무런 답도 없었다. 이에 여동생 반소班昭가 다시 황제에게 글월을 올려 반초의 뜻을 밝히게 된다. 편지에는 이런 구절이 있다.

"서역에 함께 간 관원들 중에서 반초는 나이가 제일 많아 이제는 환갑이 훨씬 지났습니다. 몸이 허약해 병치레를 자주 하고 백발이 성성해졌으며 두

손이 뜻대로 움직이지 않습니다. 눈과 귀가 어두워졌으며 지팡이에 의지
해 걸을 수밖에 없습니다… 혹시 불시에 난이라도 생기면 반초는 힘이 모
자라 뜻대로 일을 처리할 수가 없을 것입니다力不從心. 만약 그런 일이 생기
면 위로는 나라의 장기적인 안정에 해를 끼치게 될 것이고 아래로는 충신
들이 힘들게 쌓아놓은 업적을 무너뜨릴 것이오니 이는 정말로 마음 아픈
일이 될 것입니다."

화제는 글월을 읽어보고 크게 감명을 받았고 즉시 반초를 불러들이라고
명했다. 그러나 반초는 낙양洛陽에 돌아와 한 달도 못되어 병세가 더 중해
져 세상을 하직하니 그의 나이 71세였다.

立錐之地 입추지지

글자풀이	설 립(立 lì), 송곳 추(錐 zhuī), 갈 지(之 zhī), 땅 지(地 dì).
뜻풀이	① 송곳을 꽂을만한 땅. ② 매주 좁은 장소(땅).
출처	한(漢) 사마천(司馬遷)『사기·류후세가(史記·留侯世家)』

유래   진陳나라 말 초한楚漢전쟁이 한창이던 때, 항우項羽의 군사들이 형양滎陽이라는 곳에서 유방劉邦을 포위했다. 이에 유방은 공포에 떨었고 책사인 역이기酈食其가 곤경에서 벗어날 방책을 내놓았다.

"진나라가 망한 원인을 잘 생각하셔야 합니다. 진나라는 6국을 멸한 후 그 후대들이 살아갈 입추지지도 남겨주지 않았습니다. 그러니 덕망과 도의를 잃게 되어 반대에 부딪치게 된 것입니다. 주군께서 6국의 후대들에게 왕의 작위를 회복하고 인감을 내준다면 6국의 군신과 백성들이 주군을 따를 것이고 결국 주군께서 천하의 주인이 될 것입니다."

유방이 역이기의 방책을 받아들여 영을 내렸다.

"즉시 인감을 제조한 후 공이 직접 6국에 가서 나눠주도록 하시오."

이를 알게 된 장량張良이 분을 참지 못하고 유방을 찾아와 따졌다.

"주군, 누가 이런 계책을 내놓았단 말입니까? 만약 이대로 행한다면 주군의 모든 희망이 수포로 돌아갈 것입니다."

이에 유방이 놀라서 그 연유를 캐물었다.
장량은 화를 가라앉히고는 유방에게 득실 관계를 차분하게 설명했다.

"지금 천하의 인재들이 고향과 가족, 친지들을 멀리 떠나 조상들의 선산과 멀리 떨어져 있는 곳에서 주군을 따라 전쟁을 치르고 있습니다. 이들은 고향에 돌아가 고국을 다시 세우려는 생각을 포기한 적이 없습니다. 폐하께서 한韓, 위魏, 조趙, 제齊, 초楚, 연燕 이 여섯 나라를 다시 승인해 주신다면 천하의 재능 있는 자들이 뿔뿔이 흩어져 자기 나라의 군주에게 충성할 것입니다. 그렇게 된다면 폐하께서는 누구와 함께 천하를 얻는단 말입니까? 더구나 현재 항우의 세가 하늘을 찌르는 상황에서 6국은 항우를 추종하게 될 것이 분명하니 주군의 천하통일은 결국 물거품이 될게 아니겠습니까?"

유방이 다시 명을 내려 이미 만들어 놓은 6국의 인감을 전부 없애버리게 했다. 역이기의 계책은 결국 가납되지 않았으나 "입추지지"라는 성어는 남아 내려오게 되었다.

勵精圖治 여정도치

글자풀이	권면할 여(勵 lì), 찧을 정(精 jīng), 그림 도(圖 tú), 다스릴 치(治 zhì).
뜻풀이	① 정신을 가다듬어 나라를 잘 다스릴 방법을 강구하다.
	② 힘을 다하여 나라를 다스리다.
출처	한(漢) 반고(班固) 『한서·위상전(漢書·魏相傳)』

유래   기원전 74년에 한소제漢昭帝가 미앙궁未央宮에서 병으로 붕어하니 그때 나이가 23세였다. 대장군 곽광霍光이 소제의 유명대로 섭정을 맡았고 창읍왕昌邑王 유하劉賀를 맞이해 황제위에 올렸다. 유하는 제후로 있을 때부터 이미 오만방자하여 법령을 무시하기가 일쑤였다. 황제가 된 유하는 더욱 거리낌 없이 나쁜 일들을 저지르니 조정 대신들이 더는 참을 수 없는 지경에까지 이르렀다. 이런 상황에서 곽광은 할 수 없이 황태후에게 주청을 드려 유하를 폐하고 무제武帝의 증손인 유순劉詢을 황제로 추대했는데 역사상 효선제孝宣帝라 부른다.

대장군 곽광은 소제 때 이미 일인지하 만인지상의 위치에 있었다. 창읍왕이 폐위되고 선제가 즉위하기 전까지의 27일 동안 황제 자리가 비어 있었고 조정의 사무는 곽광이 대신 처리하였는데 나라는 별 탈 없이 무사했다. 이는 중국 역사에서 전무후무한 것으로 당시 곽광의 공은 하늘을 찌를 정도였다.

선제는 자신을 황제의 자리에까지 올린 곽광의 공을 치하하기 위해 곽광의 아들들과 사위들에게 요직을 맡겼다. 이때부터 조정의 대권은 곽씨 집안에서 독차지하게 되었다. 곽광은 한나라 황실에 충정을 다 바쳤지만 그의 아들, 사위들은 법을 어기고 못된 짓을 하여 조정 대신들의 미움을 받게 되었다. 한선제는 곽광의 체면 때문에 이들의 죄를 확실하게 추궁하기가 힘들었고 그 결과 이들은 점점 무법천지로 변하면서 이제는 천하의 백성들도 이를 갈게 되었다.

선제는 18세에 보위에 올랐고 입궁 전에는 줄곧 민간에서 살았기에 백성들의 고통을 잘 알고 있었다. 그러나 곽씨 일족이 조정을 장악했기에 자신의 꿈을 펼칠 수가 없어 불만이 많았고 초조해했다. 곽광이 병으로 죽은 후 조정의 대신들이 곽부인과 곽씨 집안의 죄증을 낱낱이 고발하게 되었고 선제는 대로하여 곽씨 일족을 멸하라 어지를 내렸다.

친정을 선포한 선제는 나라 안팎에 해야 할 일들이 산적해 있고 혼란한 조정을 빨리 바로잡아야 함을 알게 되었다. 그는 나라를 다스리기 위해 온몸의 힘을 다 쏟아부었다勵精圖治. 선제는 5일에 한 번씩 문무백관들을 만나 정무를 결정하곤 했는데 이는 행정능률을 크게 높여주었다. 선제는 또 지방 관리들의 임명에 대해 매우 엄격해 직접 만나서 그 능력을 가늠해본 후에야 파견하곤 했다. 이런 조치로 천하는 안정을 되찾게 되었다.

사자성어 "여정도치"는 전문성이 있는 성어로 국가 지도자나 정부 수뇌자가 전부의 힘을 나라를 다스리는데 쓰는 것을 말한다.

兩敗俱傷 양패구상

글자풀이	두 양(兩 liǎng), 질 패(敗 bài), 함께 구(俱 jù), 다칠 상(傷 shāng).
뜻풀이	① 싸운 쌍방이 모두 손상(손실)을 입다. ② 양쪽이 함께 망하다.
출처	한(漢) 사마천(司馬遷)『사기·장의열전(史記·張儀列傳)』

유래　　전국戰國시기의 순우곤淳于髡은 총명하고 유머러스한 사람이었다. 그는 제선왕齊宣王이 위魏나라 정벌을 계획하고 있다는 말을 듣고 왕을 알현해 이렇게 말했다.

"주군께서는 한자로韓子盧와 동곽준東郭逡의 이야기를 들으신 적이 있으십니까? 한자로는 천하에서 제일 뛰어난 사냥견이고 동곽준은 천하에 이름을 날린 교활한 토끼였습니다. 어느 날 한자로가 동곽준을 추격하게 되었습니다. 사냥견은 뒤에서 한사코 쫓고 토끼는 앞에서 죽기내기로 도망을 쳤는데 따라잡지도, 따라잡히지도 않아 둘은 오랫동안 뛰기만 했고 결국 기진맥진해 산기슭에 쓰러져 목숨을 잃고 말았습니다. 이때 마침 이곳을 지나던 운수 좋은 농부가 죽은 사냥견과 토끼를 함께 거두어 집에 가서 삶아 먹었다고 합니다."

제선왕이 의아해하며 물었다.

"이 이야기가 위나라를 정벌하는 것과 무슨 연관이 있단 말이요?"

순우곤이 말했다.

"임금님, 지금 우리 제나라가 위나라를 공격할 경우 단시일 내에는 상대방을 제압할 수 없습니다. 그 결과 두 나라는 백성들이 죽어나가고 국고는 소진되어 서로가 큰 피해를 입을 것입니다. 백성들이 고초를 겪어야 함은 물론이고 나라의 군사력도 크게 손실을 입게 될 것입니다. 그때 가서 진秦나라나 초楚나라가 기회를 틈타 우리를 진공한다면 이는 제나라와 위나라를

병탄할 수 있는 기회를 이들에게 마련해 주는 것이나 다름이 없지 않겠습
니까?"

제선왕은 순우곤의 주장에 도리가 있다고 생각하고 위나라를 공격하려
던 계획을 취소했다.

兩袖清風 양수청풍

글자풀이　두 양(兩 liǎng), 소매 수(袖 xiù), 맑을 청(淸 qīng), 바람 풍(風 fēng).

뜻풀이　　① 관리가 청렴결백하다. ② 빈털터리이다. 수중에 한 푼도 없다.

출처　　　명(明) 도목(都穆) 『도공담찬(都公譚纂)』

유래　　　우겸于謙은 자가 정익廷益, 호가 절암節庵이며 관직이 소보少保에까지 이르러 사람들은 그를 우소보于少保라고 불렀다. 그는 명나라의 명대신이며 민족영웅이다.

　우겸은 도성에서 관직을 맡기 전에 오랜 기간 지방관으로 있었으며 지부知府로 시작해 순무巡撫까지 올랐다. 그는 청렴한 관리여서 순무로 있을 때에는 산하 각 주와 부, 현의 관리들에 대한 요구가 엄격했으며 이들이 뇌물을 주고받는 것을 엄금했다.

　우겸은 수하 관원들에게 법을 엄격하게 지킬 것을 요구했을 뿐만 아니라 자신이 솔선수범했다. 그는 자신의 마음을 보여주기 위해 "석회음石灰吟"이라는 칠언율시를 지었다.

천 번 찍고 만 번을 쪼아야 산에서 나온다　　　千錘萬鑿出深山

불길로 태워도 한가롭기만 하구나.　　　　　　烈火焚燒若等閑

| 분신쇄골 되어도 두려움 전혀 없고 | 粉身碎骨全不怕 |
| 다만 세상에 청백으로 남으리라. | 要留青山在人間 |

이 시는 저자의 마음을 전혀 수식이 없이 보여주며 현재 읽어도 정의로움이 가득 느껴져 사람들의 존경심을 자아낸다.

중국 봉건사회에서는 관원들이 백성들의 고혈을 짜내도록 만드는 악습이 있었다. 연말연시에 지방관이 도성으로 임직해 갈 때에는 반드시 지방 특산물을 상급자에게 갖다 바치는 것이 바로 그것이다. 예를 들자면 단주端州의 벼루, 호주湖州의 붓이나 녹용, 인삼, 동충하초 등이 있다. 처음에는 예의 차원이나 자원에 의해 이런 특산물을 선물했으나 후에는 점차 불문율이 되었다. 우겸은 순무에서 병부시랑兵部侍郞으로 영전하면서 이런 불문율을 전혀 지키려 하지 않았다. 이를 본 부하들이 우겸에게 권고했다.

"대인께서는 도성으로 영전하시고 도성의 습관이 바로 이러합니다. 대인께서 아무것도 가지고 가지 않으시면 다른 관원들 특히는 상급자들이 잘못 생각해서 대인을 번거롭게 굴 것입니다."

그러나 우겸은 이를 반박해 말했다.

"내가 관직에 있는 원인은 나라와 백성을 위해서이지 그 어느 한 사람을 위해서가 아니다. 내가 청렴하게 관직에 임하고 일처리를 참답게 하면 그만이지 그들이 나를 어떻게 보는가가 웬 대수냐."

우겸은 도성에 관리로 영전해 가면서 버섯이나 선향線香같은 자질구레한 물건마저도 챙기지 않았다. 어떤 사람이 그에서 선물을 준비해 가라고 하자 그는 이런 칠언율시를 남겼다.

비단 수건과 버섯 그리고 선향이여　　　　　　絹帕麻菇與線香,

원래 백성들 위한 자산인데 재앙만 불러오누나　　本資民用反爲殃.

양 소매의 신선한 바람이 황제를 알현하러 가니　　清風兩袖朝天去,

마을가 사람들의 원성이 잦아드누나.　　　　　　免得閭閻話長短.

了如指掌 요여지장

글자풀이	마칠 료(了 liǎo), 같을 여(如 rú), 손발가락 지(指 zhǐ),
	손바닥 장(掌 zhǎng).
뜻풀이	① 손바닥을 가리키듯 확실히 안다. ② 제 손금을 보듯 훤하다.
출처	『논어·팔일(論語·八佾)』

유래　　　　고대 제왕들은 모두 조상 사당을 지어 놓고 거기에 조상들의 항렬과 순서에 따라 위패를 모셨다. 해마다 큰 행사나 명절 때면 제왕들은 사당에 가서 조상들에게 제를 올려 평안을 기원했는데 이를 "라禓"라고 불렀다. 많은 사람들이 "라례禓禮"를 잘 몰라 공자를 찾아와 가르침을 청하곤 했다. 허나 공자는 당시 노魯나라 종묘의 위패와 배사配祀의 순서가 자신이 주장하는 이론과 맞지 않아 그 명분이 뒤바뀌고 "주례周禮"에 어긋난다고 생각했다. 하여 그는 가르침을 청하러 오는 사람들에게 이 화제를 회피하였고 자신의 손바닥을 가리키며 말했다.

"라례를 아는 사람이 나라를 다스리는 것은 바로 물건을 여기에 놓는 것과 같은 도리입니다."

그 뜻인즉 라례를 아는 사람은 예의를 알 것이고 예의를 아는 사람만이 나라를 잘 다스릴 수 있다는 것이다.

후세 사람들은 공자의 이 고사에서 "요여지장"이라는 성어를 만들었다.

臨渴掘井 임갈굴정

글자풀이   임할 림(臨 lín), 목마를 갈(渴 kě), 팔 굴(掘 jué), 우물 정(井 jǐng).

뜻풀이   ① 목이 말라야 우물을 파다. ② 발등에 불이 떨어져야 서두르다.

출처   『안자춘추·내편(晏子春秋·內篇)』

유래   춘추시대春秋時代 때 노魯나라에 내란이 발생해 노소공魯昭公은 제齊나라로 도망을 쳤다.

제경공齊景公은 노소공이 젊고 영준한 것을 보고 이렇게 물었다.

"당신은 이렇게 젊은 나이에 나라를 잃은 원인이 무엇이라고 생각하는가?"

이에 소공이 답했다.

"내 나이가 젊은지라 많은 사람들이 나를 보살펴 주었으나 나는 그들을 가까이하지 않았습니다. 많은 사람들이 저에게 바른 권고를 했으나 제가 받아들이지 않았습니다. 하여 내부에서는 저를 도와주는 사람이 없고 외부 사람들은 저를 받들지 아니하며 오히려 저에게 아부하고 입에 발린 말을 하는 자들이 많았습니다.

이는 가을의 풀과 같아 그 뿌리가 이미 말라버렸으나 가지와 잎이 아직 아름다움을 보존하고 있을 따름입니다. 가을바람이 불어오면 뿌리까지 뽑히겠지요."

제경공은 소공의 말에 깊은 뜻이 있다고 여겨 안자에게 이를 들려주면서 소공이 노나라에 돌아가면 틀림없이 현명한 군주가 될 것이라고 말했다. 이에 안자가 말했다.

"그렇지 않을 것이옵니다. 물에 빠진 사람은 실족할 것을 전혀 대비하지 않았기 때문이요, 길을 잃은 사람은 사전에 길을 잘 살펴보지 않았기 때문입니다. 물에 빠진 다음에야 사전에 조심하지 않았음을 생각하고 길을 잃은 다음에야 길을 살피는 일의 중요성을 깨닫습니다. 또 만약 재난에 직면한 사람이 그때에야 병기를 만들고 갈증이 나서야 급급히 우물을 판다면臨渴掘井 그때에 가서 제일 빠른 속도로 대처한다 해도 이미 늦었다고 보아야 합니다."

令行禁止 영행금지

글자풀이	하여금 영(令 lìng), 다닐 행(行 xíng), 금할 금(禁 jìn), 그칠 지(止 zhǐ).
뜻풀이	① 명령은 지켜야 하고 금지 사항은 행하지 말아야 한다.
	② 법률의 엄정함을 형용한다.
출처	『일주서·문전(逸周書·文傳)』

유래   상商나라 말 주왕紂王의 폭정이 극에 달했고 천방백계로 백성들의 고혈을 짜냈다.

희창(姬昌, 주문왕)은 주왕의 통치가 오래가지 못할 것을 예견하고 여러 곳의 인재들을 모으고 국력을 길렀으며 각지의 제후들과 단합하면서 상나라를 뒤엎을 준비를 다져 나갔다. 이렇게 9년이 지나니 주周나라의 국력이 크게 강성해졌고 주나라를 따르는 제후들이 점점 늘어났다. 헌데 불행하게도 이때 희창이 중병에 걸려 자리에서 일어나지 못하게 되었다. 희창은 자신이 곧 죽을 것임을 알고 아들인 희발姬發을 앞에 불러 놓고 이렇게 당부했다.

"내 평생의 소원은 주나라의 대업을 이루는 것이었다. 네가 만약 행하도록
    명령한 바를 사람들이 즉시 행동에 옮길 수 있고 금하여야 할 바를 영하면

사람들이 즉시 중지할 수 있다면令行禁止 이는 바로 대업의 시작이니라. 부디 네가 나의 소원을 이루어다오."

후에 희발은 군사를 일으켜 상나라를 공격했고 상나라의 주왕은 71만의 대군을 보내 주나라 군대와 결전을 벌였다. 허나 주왕에게 불만을 품은 상나라 군사들이 전장에서 창끝을 돌리니 상나라 군대는 걷잡을 수 없이 붕괴되었다. 주왕은 대세가 이미 기운 것을 보고는 분신자살하고 말았다. 희발이 바로 그 유명한 주무왕周武王이다.

流言蜚語 유언비어

글자풀이　　흐를 류(流 liú), 말씀 언(言 yán), 날 비(蜚 fēi), 말할 어(語 yǔ).

뜻풀이　　　아무 근거 없이 널리 퍼진 소문.

출처　　　　한(漢) 사마천(司馬遷)『사기(史記)』

유래　　　　기원전 154년 한漢나라의 대장군인 두영竇嬰은 반란을 평정한 공을 인정받아 한경제漢景帝로부터 위기후魏其侯라는 작위를 받게 되었다. 그 후 경제와 두태후가 연이어 세상을 하직했고 두영의 위세가 점점 위협을 받게 되었으며 다른 한 외척인 전분田蚡이 승상을 맡게 되었다. 많은 관원들이 전분을 가까이하고 두영과는 소원해졌으나 장군 관부灌夫만은 여전히 두원과 가깝게 지냈다. 두 사람은 동병상련의 처지였는지라 그 사이가 각별했다.

　　기원전 131년 전분이 연왕燕王의 딸을 부인으로 맞이하게 되었는데 태후가 여러 제후들과 종실의 대신들에게 경하 인사를 갈 것을 명했다. 연회석에서 전분이 일어나 손님들에게 술을 권하자 모두들 황송하다며 자리에서 일어나 머리를 조아렸다. 얼마 후 두영이 술을 권하게 되었는데 이때는 그와 친분이 있는 몇 사람만 자리에서 일어났고 반수 이상의 사람들은 요지부동이었다.

　이를 본 관부가 크게 노했고 술잔을 들고 전분의 상에 가서 술을 권했다. 전분이 자리에서 일어나지 않고 다리를 좀 움직이고는 더는 술을 마실 수 없다고 했다. 관부가 불쾌함을 숨기고 웃으면서 다시 한번 술을 권했으나 전분은 여전히 마시지 않았다. 관부가 하는 수 없이 다른 관리에게 술을 권했는데 품계가 낮은 그 관리마저도 다른 한 대신과 귓속말을 하면서 일어나서 예를 표하지 않았다. 관부가 더는 참지 못하고 그 대신을 삿대질하며 말했다.

"당신은 평상시에 이자가 별 볼 일 없는 자라고 말하지 않았소? 지금 내가
　술을 권하러 왔는데 당신은 여인처럼 이자와 귓속말을 나눈단 말이요?"
　전분은 자신이 청한 손님을 관부가 모욕을 한다고 크게 노해 호위무사들

을 시켜 관부를 잡아 가두도록 했으며 이어 관부의 일가친척들도 모두 잡아들였다.

두영은 자신 때문에 관부가 전분의 미움을 산 것이라 여겼고 목숨을 바쳐서라도 관부를 구하리라 작심했다. 그는 무제를 만나 관부가 술 때문에 실수를 한 것이며 전분은 개인적인 원한 때문에 관부에게 죄를 씌우는 것이라고 주장했다. 이에 무제가 두영과 전분에게 변론을 하도록 했으나 두 사람 모두 자기주장만을 고집했다. 이를 본 무제가 대신들에게 의견을 말해보라 하명했으나 다수의 대신들은 명확한 의견을 말하지 않았고 이에 무제는 화를 참지 못했다.

태후가 이 일을 알고 무제에게 전분의 편을 들어줄 것을 간청했고 단식을 하는 지경에까지 이르니 무제는 하는 수없이 두영을 붙잡아 하옥했다. 이렇게 되니 정세가 급변하게 되었고 관부도 멸족의 죄명을 쓰게 되었다. 뒤이어 두영이 선제의 유서를 위조했다는 죄명을 썼는데 이는 당시의 율법에 따라 즉결 사형을 받는 죄였다. 무제는 두영을 죽일 생각이 없었다. 그러나 두영을 비방하고 중상하는 말들이 궁중에 계속 흘러 들어왔고流言蜚語 이를 들은 무제가 진노를 금치 못하면서 결국 그해 12월의 마지막 날에 두영은 참수를 당하게 되었다.

柳暗花明 유암화명

글자풀이	버드나무 류(柳 liǔ), 어두울 암(暗 àn), 꽃 화(花 huā), 밝을 명(明 míng).
뜻풀이	① 버드나무 우거지고 백과가 만발하다. ② 아름다운 봄 경치. ③ 막혔던 앞길이 열리다.
출처	송(宋) 육유(陸游)『유산서촌(遊山西村)』

유래　　　대시인 육유陸游는 조정에서 관리로 있다가 파직되어 고향인 산음山陰에서 3년간 지낸 적이 있다. 우국충정이 넘치는 육유는 집에서 한가로이 있자니 그 괴로움이 말이 아니었다. 그는 조정을 위해 열심히 일하려 했으나 배척을 당했다고 생각하니 항상 울적하기 그지없었고 하루 종일 집에서 책을 읽으며 시간을 보냈다. 그러다가 1년 정도 지나니 현실을 받아들이게 되었고 늘 부근의 여러 곳을 돌아다녔다. 육유는 어려서부터 농촌에서 살았기에 한때 관리였다는 유세를 부리지 않았으며 고향의 농부들과 어울렸다.

　　봄빛이 따사로운 4월의 어느 날 육유는 혼자 20리 밖에 있는 서산에 유람을 가게 되었다. 서산에 가려면 낮은 언덕 여러 개를 지나야 했다. 육유는 지팡이를 짚고 강변을 따라 걷고 산비탈을 올랐다. 산언덕을 여러 개 지나고 물도 여러 번 건너 한곳에 다다르니 막힌 곳 같았고 더는 길이 없어 보였다. 그런데 옆으로 굽이를 도니 멀지 않은 산골짜기에 넓은 개활지가 있었고 그늘진 버드나무와 아름다운 붉은 꽃들 속에 작은 마을이 자리 잡고 있었다. 육유가 기쁜 마음으로 그 마을에 가니 마을 사람들은 먼 곳에서 온 육유를 반갑게 맞이하고 극진히 대접했다.

집에 돌아와서도 육유는 이번의 서산 행차에 대해 잊지 못했고 "유산서촌"이라는 칠언율시를 지었는데 그중 두 구절은 다음과 같다.

첩첩산중 길 없는 길을 가다 보니　　　　山重水復疑無路
버들 그늘 깊고 꽃 밝은 마을이 있었네.　　柳暗花明又一村

洛陽紙貴 낙양지귀

글자풀이　　물 이름 락(洛 luò), 볕 양(陽 yáng), 종이 지(紙 zhǐ), 귀할 귀(貴 guì).

뜻풀이　　　① 낙양의 종잇값을 올리다. ② 책이 잘 팔리다.

출처　　　　당(唐) 방현령(房玄齡) 등『진서·좌사전(晉書·左思傳)』

유래　　　　"부賦"는 중국 고대 일종의 문학 장르이며 그중에서 제일 유명한 작품은 바로 반고班固의『양경부兩京賦』와 장형張衡의『이경부二京賦』라 할 수 있다. 그러다가 진晉나라 때에 와서 좌사左思의『삼도부三都賦』가 나오니 전 낙양洛陽성 사람들이 이를 서로 필사해서 종잇값이 갑자기 올랐으니 이는 가히 고대 문학사 중의 유명한 일화라 할 수 있다.

　　좌사는 자가 태충太衝이고 서진西晉의 유명한 문학가이다. 한미한 가문에서 태어났고 인물이 추하였으며 말을 어눌하게 했다. 소년기의 좌사는 공부에서 별다른 재능을 보이지 못했으며 그의 아버지는 친구들에게 "좌사가 알고 있는 지식은 내가 어릴 때보다 더 적은 것 같다"고 실망스럽게 말했다. 이 말을 들은 좌사는 시시로 아버지의 말을 편달로 삼았으며 이때부터 공부를 열심히 하여 그 실력이 빠르게 늘었다.

　　좌사는 문학 창작에 큰 뜻을 품었고 창작태도 또한 매우 진지했다. 그는 1년의 시간을 들여『제도부齊都賦』를 창작했으며 그 후 삼국 때의 위魏나라

도읍 업성邺城, 촉蜀나라 도읍 익주益州, 오吳나라 도읍 건업建業을 내용으로 부를 지을 생각을 가졌다. 바로 이때 그의 누이가 궁에 들어가게 되었고 온 가족도 누이를 따라 도읍인 낙양으로 이사를 했다. 좌사는 낙양에 도착하자마자 당시 저작랑著作郎 관직에 있던 장재張載를 찾아가 사천四川의 풍토와 인정세태 등을 물었다. 그 후 좌사는 온갖 어려움을 겪으면서 수천리 길을 걸어 이 세 옛 도읍을 돌아보았으며 많은 소재들을 얻었는데 그 기간이 10년이 걸렸다고 한다. 이 기간 좌사는 뒷간을 비롯하여 집안의 모든 곳에 종이와 붓을 놓아 두었으며 묘한 구절이 생각나면 즉시 기록하곤 했다. 지식을 늘리고 소양을 높이기 위해 황제에게 적극 간하여 비서랑秘書郎이라는 관직을 맡기도 했다.

충분한 조사를 마친 후 좌사는 전부의 심혈을 기울여 『삼도부』를 완성했다. 좌사는 자신의 문필능력에는 자부심이 있었으나 자신의 얼굴이 못생겨 사람들이 작품을 얕잡아 볼까 걱정하던 끝에 당시 크게 명성을 날리던 황보밀皇甫謐에게『삼도부』를 먼저 보였다. 황보밀이 이를 읽고는 크게 치하를 했고 직접 서문을 써주고 또 중서랑 장재와 유규劉逵에게 부탁해 주석을 달게 했다. 이때부터『삼도부』는 사람들의 눈길을 끌게 되었다.

당시 조정의 중신이면서 문재가 뛰어났던 장화張華가『삼도부』를 읽고는 크게 감탄하고 그 평가도 높았다. 그는 좌사의『삼도부』가 반고의『양경부』, 장형의『이경부』와 비견할 정도이며 읽고 나면 마치 미주美酒를 마신 후 감미로움이 입안에서 감도는 듯한 느낌이라고 극찬했다. 장화가 존경해 마지않는 문인이고 또 자부심이 강한 육기陸機조차도『삼도부』를 읽고 자신의 능력이 좌사에 미치지 못함을 승인하고 붓을 꺾고는 더는 글을 쓰지 않았다고 한다. 이렇게 되니 도성의 권문세족들이 앞다투어 종이를 사서 좌사의 삼도부를 베꼈는데 종이를 파는 지물포 앞이 사람들로 들끓어 낙양의 종잇값이 몇 배로 뛰어올랐다고 한다.

馬革裏尸 마혁과시

글자풀이	말 마(馬 mǎ), 가죽 혁(革 gé), 쌀 과(裹 guǒ), 주검 시(尸 shī).
뜻풀이	① 말가죽으로 시체를 싸다. ② 군인이 전쟁터에서 죽다.
출처	남조·송(南朝·宋) 범엽(范曄)『후한서·마원전(後漢書·馬援傳)』

유래　　　　마원馬援은 무릉茂陵 태생으로 동한東漢 때의 개국공신이다. 전공이 혁혁하여 관직이 복파장군伏波將軍에 이르고 신식후新息侯에 봉해졌다.

왕망王莽의 신新나라 후기에 천하가 혼란에 빠졌는데 처음에 마원은 농우陇右 군벌인 외효隗囂의 부하로 큰 신임을 받았다. 그 후 광무제光武帝에게 귀순했고 광무제 유수劉秀가 천하를 통일하는 전쟁에서 큰 전공을 세웠다. 마원은 연로한 나이에도 전장에 나가기를 청했고 서쪽으로 강인羌人을 대파하고 남쪽으로는 교지交趾, 지금의 베트남을 정벌했다.

한번은 마원이 교지에서 승전하고 돌아오니 친구들이 와서 축하를 해주었고 광무제 유수도 후하게 상을 내렸다. 그러나 마원은 자신의 공이 미미하여 이처럼 큰 상을 받을 자격이 없다고 여겼고 나라를 위해 더 많은 공을 세우리라 생각했다. 이즈음에 흉노匈奴가 부풍현扶風縣을 침탈하니 마원이 병이 든 몸으로 광무제에게 출정을 강력히 바랐다. 출정에 앞서 마원은 격앙된 어조로 말했다.

"대장부라면 전쟁터에서 죽어 말가죽으로 시체를 감싸는 것이馬革裹尸 무한한 영광이거늘 어찌 병석에 누워 자식들이 수발을 들도록 한단 말인가?"

후에 동정호洞庭湖 일대에서 오계만인五溪蠻人들이 난을 일으키니 광무제가 군사를 파견해 정벌토록 했으나 그곳의 기후에 적응하지 못한 한나라 군사들이 전멸하고 말았다. 마원이 이 소식을 듣고는 광무제에게 출정할 의사를 표시했다. 광무제가 한동안 생각하고 나서 장군은 이제 연로하셨다고 말하니 마원의 대답이 이러했다.

"소신의 나이 60이나 여전히 갑주 차림으로 말을 달릴 수 있으니 늙었다고 할 수 없습니다."

말을 마치고는 갑주를 입고 말 잔등에 올라 여전히 전장에서 싸울 능력이 있음을 보여주었다.

광무제가 이를 보고 탄복을 하며 말했다.

"마원은 나이가 들수록 더욱 강인한 마음과 뜻을 가지고 있구나."

광무제가 마원에게 출정을 명했고 마원은 이번 전쟁에서 그 누구도 대적할 수 없는 용맹을 보여주니 그가 이끄는 한나라 군사가 2천여 명의 만인들을 살상함으로써 치명적인 일격을 가했다. 그러나 개선하는 도중에 마원이 온역에 걸려 군영에서 죽으니 결국 말가죽으로 시체를 감싸겠다는 웅지를 실현한 셈이다.

馬首是瞻 마수시첨

글자풀이	말 마(馬 mǎ), 머리 수(首 shǒu), 바를 시(是 shì), 쳐다볼 첨(瞻 zhān).
뜻풀이	① 옛날의 전쟁터에서 사병이 장군의 말머리를 보고 진퇴를 결정하다.
	② 다른 사람을 따라 그대로 행동하다.
	③ 다른 사람의 지휘를 따르다.
출처	춘추·로(春秋·魯) 좌구명(左丘明)
	『좌전·양공14년(左傳·襄公十四年)』

유래   기원전 562년 진秦나라가 약지櫟地에서 진晉나라 군대를 대파했다. 2년 후 진晉나라는 원수를 갚기 위해 13개 제후국을 규합해 진秦나라를 공격했다. 연합군은 비록 인수가 많았지만 오합지졸이라 진秦나라군과의 전쟁에서 고전을 면치 못했다. 경수涇水에까지 이르니 모두들 다른 마음을 품었고 주저하면서 관망하기만 하고 강을 건너려 하지 않았다. 진晉나라 통수인 순언荀偃은 모두에게 이런 명령을 내렸다.

"내일 새벽닭이 울면 전차의 출격 준비를 마치고 우물을 메우며 부뚜막을 밀어 버린 후 모두들 내가 탄 말머리를 따라 전진하라馬首是瞻."

진晉나라의 난염欒魘이 이를 반대했다.

"진晉나라는 종래로 이런 명령을 내린 적이 없소이다. 나는 말머리를 돌리겠소이다."

난염은 자기의 부대를 이끌고 귀국했다.

위강魏絳도 하군下軍에 있었는데 철군에 앞서 한 장수가 물었다.

"순언 대인의 명령을 기다리지 않고 철수해도 되는 겁니까?"

이에 위강이 말했다.

"순언 대인은 우리에게 주장主將의 명령을 따르라 했소. 난염이 바로 나의
주장이니 그를 따라가는 것이 바로 순언 대인의 뜻을 존중하는 것이 아니
겠소?"

순언은 자신의 결정이 잘못되었음을 깨달았고 이러다가는 진나라와의
전투에서 이길 수 없음을 알고는 전군에 철군 명령을 내렸다.

滿城風雨 만성풍우

글자풀이   찰 만(滿 mǎn), 성 성(城 chéng), 바람 풍(風 fēng), 비 우(雨 yǔ).

뜻풀이   ① (주로 나쁜 소문으로 하여) 여론이 분분하다.

② 소문이 자자하다. ③ 여기저기서 쑥덕거리다.

출처   송(宋) 석혜홍(釋惠洪)『냉재야화(冷齋夜話)』

유래   북송北宋 때 서로 뜻이 맞는 친구가 있었으니 한 사람은 강서
江西 임천臨川에 사는 사일謝逸이요, 그 호를 무일無逸이라 했다. 다른 한 사람
은 호북湖北 황주黃州에 사는 반대림潘大臨이었는데 그 호가 빈로邠勞였다. 두
사람은 모두 가정형편이 어려웠으나 재능이 출중하여 유명한 시인으로 당
시에 크게 이름을 날렸다. 이들 두 사람은 사는 곳이 멀리 떨어져 있었으나
서로 마음이 통해 늘 서신 왕래 하면서 상대방에 대한 존중과 찬미를 아끼
지 않았고 시 창작과 관련해 많은 교류를 했다.

어느 한번은 사무일이 반대림을 생각하는 마음을 편지에 담았다. 그는
편지에서 안부를 묻고는 최근에 또 어떤 좋은 시작들을 창작했는지 보고
싶다고 적었다. 친구의 안부편지를 본 반대림은 매우 감격해하며 즉시 답
신을 보내 이렇게 전했다.

"근자에 청명한 가을 날씨에 경물들이 바뀌어 시흥이 저도 몰래 넘쳐나게 되었습니다. 가증스러운 것은 세속적인 일들이 마음을 흐리고 시흥을 깨 버리는 것입니다. 어제는 할 일 없이 침대에 누워 있다가 창밖에 스치는 바람소리와 가을 수림을 두드리는 빗소리에 시흥이 올라 즉시 붓에 먹을 묻혀 시를 짓기 시작했습니다. 벽에다 '도시에 비바람이 불고 중양절에 가까워진다'는 첫 구절을 적는 차에 부세를 걷으러 온 관리가 문을 차고 들어오는 바람에 시흥이 다 깨지고 말았습니다. 할 수 없이 이 한 구절만 보냅니다."

가을날 비바람이 불고 풍경이 바뀌는 모습을 생동하게 묘사한 이 시구는 비록 한 편의 완정한 시작은 아님에도 불구하고 많은 사람들에게 전해졌다.

후에 이 시구에서 파생된 성어 "만성풍우"는 가을날의 경물을 지칭하는 것이 아닌, 주로 좋지 않은 소문이 자자하거나 사람들이 쑥덕거리는 것을 비롯해 부정적인 의미로 사용하게 되었다.

盲人摸象 맹인모상

글자풀이	장님 맹(盲 máng), 사람 인(人 rén), 더듬을 모(摸 mō),
	코끼리 상(象 xiàng).
뜻풀이	① 장님 코끼리 만지기.
	② 부분만 알고 전체를 알지 못하다.
	③ 멋대로 추측하다.
출처	『대반열반경(大般涅槃經)』권32

유래　　　이전에 인도의 한 국왕이 코끼리를 특별히 좋아했다. 그는 왕궁에 많은 코끼리를 키웠고 매일 싱싱한 풀과 바나나를 먹였으며 코끼리에게 목욕을 시켜 주기까지 했다.

　어느 날 국왕이 코끼리를 타고 교외에 나갔다가 한 무리의 사람들이 길가에서 휴식하는 것을 발견했다. 그런데 그들 중의 누구도 국왕에게 인사를 올리지 않는지라 노한 국왕은 그들을 불러 연유를 묻도록 했다. 그런데 이 사람들이 가까이 온 것을 보니 모두가 장님들인지라 국왕은 이들을 놀리려고 이렇게 말했다.

　"나는 너희들의 국왕이니라. 내가 문제를 낼 것이니 답을 올려 보거라.

너희들 중에 코끼리가 어떻게 생겼는지 아는 자가 있느냐?"

장님들이 모두 연신 고개를 저으면서 사정을 했다.

"죽을죄를 지었습니다. 저희들은 모두 앞을 못 보는지라 국왕께서 행차하
신 것을 몰라 뵈었습니다. 허니 코끼리는 더욱 알리가 없습니다."

국왕이 웃으면서 말했다.

"너희들의 죄를 사하노라. 이제 너희들은 손으로 코끼리를 만진 후 그 모양
새를 말해 보거라."

장님들은 호기심이 동해 너도나도 앞으로 나와 코끼리를 만지기 시작했다. 한참 동안 만지고 나서 이들은 국왕에게 그 결과를 아뢰기 시작했다.

상아를 만진 장님은

"코끼리는 마치 굵고 길며 반들반들한 큰 무와 같습니다."

고 했다.
코끼리 귀를 만진 장님은

"코끼리는 파초부채와 같습니다."

하고 말했다.
코끼리 다리를 만진 장님은 코끼리는 절의 대전에 있는 기둥과도 같다고 말했고 코끼리 등을 만진 자는 마치 매끌매끌한 참대나무 침대와 같다고 말했다.
마지막 장님은 매우 진지하게 코끼리의 꼬리를 이리저리 만져보고 눌러보기도 한 후 이렇게 말했다.

"국왕님, 모두들 다 틀린 말을 했습니다. 코끼리는 굵은 밧줄과도 같습니다."

이들의 말을 들은 국왕은 크게 웃었고 장님들은 영문을 몰라 어리둥절
해했다.

每況愈下 매황유하

글자풀이   매양 매(每 měi), 하물며 황(況 kuàng), 더욱 유(愈 yù), 아래 하(下 xià).

뜻풀이   ① 상황이 갈수록 나빠지다. ② 형편이 날로 악화되다.

출처   『장자·지북유(莊子·知北遊)』

유래   『장자·지북유』에는 이런 이야기가 수록되어 있다. 어느 한 곳에 동곽東郭이란 성씨를 가진 선비가 살고 있었는데 학문에 정진하였고 그 식견이 높았다. 그러나 "도道"가 무엇인가 하는 문제에서 답을 얻지 못했다. 그는 선인들의 저작들을 다 찾아보았으나 여전히 명쾌한 결론을 얻지 못했고 결국 장자莊子를 찾아 가르침을 청하게 되었다.

장자를 만난 동곽 선생이 겸허하게 가르침을 청했다.

"저에게는 풀리지 않는 문제가 하나 있습니다. 선생의 저작을 보면 '도'라는 단어가 자주 등장합니다. '도'가 어떤 부분에서 제일 확실하게 보여지는지 쉬운 말로 풀이해 주실 수 있겠습니까?"

장자가 말했다.

"좋은 질문입니다. 허나 이 문제는 한 두 마디로 설명할 수 있는 것이 아닙니다. 간단하게 말씀드리면 '도'는 존재하지 않는 곳이 없으며 주위의 모든 사물은 '도'의 존재를 보여줍니다."

동곽자는 이 답이 너무 추상적이라고 생각해 성실한 태도로 다시 물었다.

"저는 아직도 잘 모르겠습니다. '도'가 도대체 어디에 있는지 말씀해 주실 수 있겠습니까?"

이에 장자가 단정조로 말했다.

"개미굴에 있습니다."

동곽자가 놀라며 물었다.

"'도'는 신성한 것인데 어찌 그런 천한 곳에 있단 말입니까? 혹시 지금 농담을 하시는 겁니까?"

장자가 다시 말했다.

"선생은 제 말을 믿지 않는군요. '도'는 돌피에, 벽돌과 기와 속에 그리고 돌무더기에 존재합니다."

동곽자는 더욱 이해가 되지 않아 머리를 저으며 말했다.

"선생께서 말씀하시는 곳은 점점 더 천한 곳이니 정말 알 수가 없군요."

장자가 동곽자의 물음에 여전히 생뚱맞은 말을 했다.

"'도'는 똥과 오줌 속에 존재합니다."

장자는 동곽자가 노기를 띤 것을 보고 이렇게 설명했다.

"'도'를 해석하는 것은 돼지가 살찌거나 여윈 정도를 검사하는 것과 같은 도리입니다. 장마당에서 돼지의 무게를 알아볼 때는 그 다리의 밑쪽으로 내려갈수록 그 살찌고 여윈 정도를 더욱 정확하게 알 수 있습니다 每下愈況. 왜냐 하면 돼지다리의 제일 밑 부분은 살이 찌기 어려운 부위이니 이곳에 살이 찌었다면 다른 부위는 더 말할 것도 없습니다. 제일 천한 곳이 '도'의 존재를 더 잘 보여주니 이는 간단한 도리가 아니겠습니까?"

동곽자는 그제야 크게 깨달음을 얻었고 만족스럽게 떠났다.

"매하유황"은 미천한 곳일수록 그 진리가 더욱 빛을 발한다는 뜻을 가진다. 그 후 사용 중에 "매황유하"로 변했고 그 뜻도 상황이 점점 나빠짐을 나타내게 되었으니 이는 고대의 뜻과는 많이 달라진 것이다.

門墻桃李 문장도리

글자풀이   문 문(門 mén), 담 장(墻 qiáng), 복숭아나무 도(桃 táo), 자두 리(李 lǐ).
뜻풀이   스승이 길러낸 제자나 그의 문하생을 이르는 말.
출처   『논어(論語)』 한(漢) 유향(劉向)『설원(說苑)』

유래   자공子貢은 공자의 출중한 제자 중 한 명이다. 노魯나라의 대부大夫인 숙손무숙叔孫武叔이 조정에서 "내가 보기에 자공은 그의 스승보다 더 출중하다"고 말한 적이 있다. 이 말이 자공의 귀에 들어가자 자공은 이런 말을 했다.

"예하면 저택의 주위에 담장이 있다고 합시다. 우리 집의 담장은 어깨 높이 정도여서 바깥의 사람이 들여다보면 집에 어떤 좋은 물건이 있는지 한눈에 보아낼 수 있습니다. 그러나 스승님 댁의 담장은 아스라니 높아 문을 찾지 않고서는 들어갈 수가 없으니 그 속에 있는 조상묘의 웅위롭고 화려한 모습과 여러 가지 집들의 금빛 찬란함을 전혀 알 수가 없습니다. 스승님 댁의 대문으로 들어간 사람이 많지 않으니 숙손무숙과 같은 대인께서도 그런 말을 하신거지요."

자공의 이 말은 자신의 덕과 학문이 스승의 높고 깊은 학문과 덕행에는 비할 바가 안 된다는 뜻이다.

후에 사람들은 스승을 "문장門墻"이라 칭했고 스승의 지식을 좀 배운 것을 일컬어 "입문入門"이라 했다.

"도리桃李"는 『설원』이라는 책의 『복은편復恩篇』에 기재된 이야기이다.

양호陽虎가 위衛나라에서 죄를 짓고 북쪽의 진晉나라로 도망을 와서는 조간자趙簡子에게 이렇게 말했다.

"이후에는 절대 사람을 키우지 않을 것입니다."

이에 조간자가 무슨 연유인가고 물었다.
양호의 대답은 다음과 같다.

"지방의 관원들과 조정의 관리들 그리고 변경의 장수들은 대부분 내가 천거한 사람들입니다. 그러나 지금에 와서 지방의 관원들은 나를 냉대해야 한다고 왕에게 말하고 조정의 관리들은 나를 원수처럼 대하라고 시키며 변경의 장수들은 나를 잡으려 혈안이 되어 있습니다."

이에 조간자가 말했다.

"복숭아나무와 자두나무를 심는 사람은 여름에 그 그늘 아래에서 더위를 식힐 수 있으며 가을에는 과일을 따 먹을 수 있습니다. 그러나 납가새나무를 심은 사람은 여름에 더위를 피할 수 있는 그늘을 얻을 수 없고 가을이면 가시가 많아 사람을 찌릅니다. 지금 보니 당신은 납가새나무만을 키워 왔군요. 이후에는 잘 고른 후 키우기 바랍니다. 절대 먼저 키우고 후에 선택해서는 안 될 것입니다."

"도리"는 우수한 인재를 키운다는 뜻을 가지는데 이는 조간자의 말에서 유래한 것이다.

孟母三遷 맹모삼천

글자풀이	성씨 맹(孟 mèng), 어머니 모(母 mǔ), 석 삼(三 sān), 옮길 천(遷 qiān).
뜻풀이	맹자의 어머니가 아들의 교육을 위하여 환경이 좋은 곳을 찾아 세 번이나 이사했다는 고사.
출처	한(漢) 유향(劉向) 『열녀전·모의(列女傳·母儀)』

유래   맹자孟子의 어머니 장仉씨는 남편이 사망한 후 고달픈 삶을 이어갔다. 고난 속에서 그는 아들을 꼭 나라에 유용한 인재로 키우리라 작심했다.

처음에 맹자네 집은 마안산馬鞍山, (현재 산동성 추성 이북 10킬로미터) 기슭에 살았는데 그 주변에 묘지들이 많았고 늘 장례를 치르는 사람들이 마을을 드나들었다. 마을의 철없는 어린이들은 장난을 칠 때면 어른들이 장사 지내는 예의를 모방하곤 했다. 이를 본 맹자의 어머니는 이런 환경이 아들의 성장에 불리하다고 여겨 이사를 가기로 했다. 한동안 찾던 끝에 맹자의 어머니는 원래 살던 곳에서 5킬로미터 상거한 묘호영廟戶營촌에 이사를 가게 되었다.

이 마을은 낮에는 장터로 이용하는 교역시장이었으며 홀수 날에는 여러 곳의 백성들이 새로 나온 물건들을 가져다 팔곤 했다. 마을은 장터의 홍정

하는 소리 등으로 조용할 새가 없이 늘 시끌벅적했다. 어린이들이 늘 눈에 보이는 대로 자질구레한 것까지 따지는 장사치들의 근성에 물들기가 일쑤였다. 이를 본 장씨는 아들이 이런 장사치 근성을 익힐까 걱정되어 반년 후 두 번째로 이사를 가기로 했다.

이번에 장씨는 추성雛城에 있는 학관學館 부근에 이사 가기로 했다. 그곳은 집들이 낡기는 해도 아들이 유용한 지식을 배울 수 있는 곳이었다.

장씨의 예상대로 학관 부근에는 선비들이 늘 오고갔다. 선비들의 고고한 기품과 세련된 행동거지 그리고 예의 바른 행위는 부근의 주민들에게 알게 모르게 영향을 주었으며 특히는 갓 철이 든 어린이들은 늘 나무 밑에 모여서는 학관에서 선비들이 행하는 예의범절을 그대로 따라하곤 했다. 이 정중한 모습을 지켜본 장씨는 마음속의 기쁨을 억제하지 못하며 이렇게 중얼거렸다.

"이곳이 바로 어린이들이 자라기 제일 적합한 곳임이 틀림없구나."

맹자가 좀 더 크게 되니 장씨는 좋은 스승을 찾기 위해 동분서주했다. 춘추전국시대에는 학술적인 분위기가 짙어 많은 학자와 학파, 즉 제자백가들이 나타났는데 많은 선비들은 이 중 어떤 학문을 배워야 할지 갈피를 잡을 수 없었다. 그러나 장씨는 자신만의 확고한 견해를 가지고 있었다. 그는 장자莊子의 도교나 기타 학설보다는 공자孔子의 유가 학설이 바로 아들이 배워야 할 학문이라고 생각했다. 온갖 수소문 끝에 장씨는 공자 가문의 여러 자제들 중에서 한 명을 아들의 계몽 스승으로 모셨다. 이 스승이 바로 공자의 손자인 공장孔伋이다. 이때 맹자는 이미 열다섯 살이었는데 어머니의 격려를 받으면서 추성을 떠나 곡부曲阜에 가서 공장을 정식 스승으로 모시는 예를 올렸다. 그 후 5년간 맹자는 학문에만 정진했는데 그 실력이 나날이 향상해 나중에는 공자의 학문을 이어간 "아성亞聖"으로 되었다.

民不聊生 민불요생

글자풀이	백성 민(民 mín), 아닐 불(不 bù), 애오라지 료(聊 liáo), 날 생(生 shēng).
뜻풀이	백성이 안심하고 생활할 수가 없다.
출처	한(漢) 사마천(司馬遷) 『사기·춘신군열전(史記·春申君列傳)』

유래   전국시대戰國時代 말, 여러 제후국들이 패권을 다투니 전쟁이
계속되었다. 진소왕秦昭王은 대장 백기白起를 파견해 이궐伊闕(지금의 하남성)
에서 한韓나라와 위魏나라의 연합군을 크게 이기고 무려 24만 명을 죽였다.
이후 몇 년간 진나라 군대는 한나라와 위나라를 빈번히 공격하였고 수많은
사람들이 전쟁으로 목숨을 잃었다. 후에 백기의 대군이 초楚나라에 쳐들어
가니 이번에는 초나라의 백성들이 도탄에 빠졌고 초나라는 황헐黃歇을 진
나라에 사신으로 파견해 강화를 청했다.

　　진나라에 도착한 황헐은 진소왕에게 이렇게 상주했다.

"지금 진나라를 위협하고 있는 나라는 초나라가 아니라 한나라와 위나라
입니다. 한, 위 두 나라는 무수한 백성들이 진나라 군대의 손에 목숨을 잃
었으니 백성들의 생활고가 말이 아니며民不聊生 유리걸식하는 자들이 많고

도처에 노비와 첩으로 들어가는 사람들이 속출하고 있습니다. 이들은 진나라와는 불공대천의 원수입니다."

상주문에는 이런 내용도 있다.

"작금에 대왕께서 원한이 있는 이 두 제후국과 연합해 우리 초나라를 공격하고 있는데 이는 이들 두 나라의 힘을 길러주는 것입니다. 더구나 대왕의 군대는 한, 위 두 나라의 길을 빌려야 하는 상황이며 만약 이들이 다른 마음을 품는다면 진나라 군대는 치명적인 타격을 입을 것입니다. 때문에 우리 두 나라가 연맹을 결성하여 한, 위 두 나라를 소멸하는 것만이 옳은 전략입니다."

진소황은 황헐의 말에 도리가 있다고 생각하여 결국 초나라와 연맹을 맺기로 했다. 황헐이 이 외교문서에서 적은 "민불요생"도 후에는 성어로 고착되었다.

名列前茅 명렬전모

글자풀이	이름 명(名 míng), 줄지을 렬(列 liè), 앞 전(全 qián), 띠 모(茅 máo).
뜻풀이	석차(서열)가 앞(위)에 있다.
출처	춘추·로(春秋·魯) 좌구명(左丘明)
	『좌전·선공12년(左傳·宣公十二年)』

유래   춘추전국春秋戰國 시대에 초楚나라가 정鄭나라를 공격하니 정나라는 진晉나라에 구원을 청했다. 진나라의 중군中軍통수인 순림부荀林父가 왕명을 받아 군사를 이끌고 정나라를 구원하러 갔다. 그러나 정나라로 가는 도중에 순림부는 정나라가 이미 초나라와 강화를 맺었다는 사실을 알게 되었으며 이에 전군의 회군을 주장했다. 상군上軍통수인 사회士會는 순림부의 주장을 지지하면서 이렇게 말했다.

"현재 초나라의 덕이나 명령, 법전, 예의 등이 상식을 벗어나지 않았습니다. 초나라의 군대는 질서가 잡히고 훈련이 잘 되어 있습니다. 군대가 출정할 때는 우군右軍이 통수의 수레 채를 뒤따르고 좌군左軍은 야영할 준비를 하며 전군前軍은 띠풀을 들어 표식으로 삼아 길을 냅니다. 중군中軍이 전술을 짜고 후군後軍은 정예 군사로 상대방을 압박합니다.

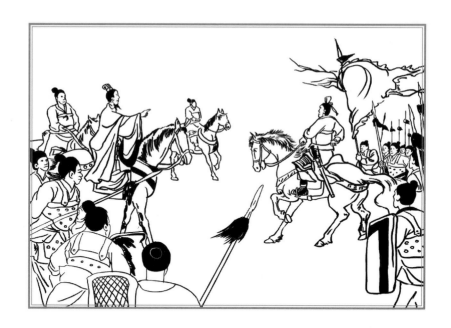

작전을 할 때는 장졸들이 자신의 공격 목표를 확실하게 알고 군율이 더없이 엄합니다. 이런 군대는 이길 수가 없으니 우리는 철군하여 군사의 실력을 더 키운 후 혼돈에 빠진 다른 나라를 정벌해야 합니다."

매우 설득력이 있는 사회의 주장에 순림부는 연신 머리를 끄덕였다. 그러나 이 주장을 거부하는 중군보좌中軍補佐 선곡先穀이 자신의 군사를 이끌고 초나라 군대를 공격하니 결국은 진나라 군대 전체가 패전을 하게 되었다.

名落孫山 명락손산

글자풀이	이름 명(名 míng), 떨어질 락(落 luò), 손자 손(孫 sūn). 메 산(山 shān).
뜻풀이	① 낙선하다. ② 낙방하다.
출처	송(宋) 범공칭(范公偁) 『과정록(過庭錄)』

유래　　　송宋나라 때는 선비들이 관리가 되려면 반드시 과거시험을 치러야 했다. 먼저 향시鄕試에 참가해 합격되면 거인擧人이라 불렀고 거인 자격을 가진 자만이 도성에 가서 최고급별의 과거시험인 회시會試에 도전할 수 있었다.

　어느 해 가을, 한 곳에서 향시를 거행하게 되었는데 손산孫山이라는 선비가 응시를 하려 했다. 손산은 말주변이 좋고 우스개를 잘하는 선비로 이름이 높았는데 그를 아는 사람들은 그가 향시를 거뜬히 통과해 거인 자격을 받을 수 있으리라 굳게 믿었다. 손산이 향시를 치르기 위해 출발하려던 때에 손산의 명성을 듣고는 한 노인이 찾아왔다. 노인의 아들도 과거시험을 볼 예정이었는데 함께 과거시험을 보러 가면서 도움을 받을 수 있기를 간곡히 부탁했다. 손산은 노인에게 걱정 말라면서 흔쾌히 부탁을 받아들였다.

　두 사람은 향시를 치르는 곳까지 무사히 가서 시험을 치렀고 합격자를 알리는 방이 붙기를 기다렸다.

드디어 합격자를 발표하는 날이 되었고 손산은 긴장한 마음으로 방을 붙이는 곳에 갔다. 많은 사람들이 합격자 명단을 보려고 몰려 있었고 손산은 가까스로 사람들 틈을 비집고 앞에 다가가 명단을 훑어보았다. 그런데 몇 번이고 보아도 손산이라는 이름은 없었다. 낙담한 그가 그래도 행여나 하고 다시 한번 명단을 훑어보니 제일 마지막 줄에 있는 자신의 이름을 확인할 수 있었다. 말등으로 과거에 합격한 손산은 삽시에 희비가 엇갈렸다. 함께 온 고향 응시자의 이름은 합격자 명단에서 찾아볼 수 없었으니 낙방된 것이 틀림없었다.

객사에 돌아온 손산은 함께 온 선비에게 결과를 알려주었다. 그 선비는 자신이 낙방했다는 소식에 우울함을 금치 못했고 며칠 더 남아 울적한 마음을 달래고 돌아가겠다고 말했다. 한시 급히 집에 돌아가려는 마음에 손산은 이튿날 집으로 향했다.

손산이 과거에 급제했다는 소식이 마을에 알려지자 많은 사람들이 찾아와 축하해 주었다. 아들을 부탁했던 노인도 찾아와서는 아들도 급제했는지 결과를 물었다. 이에 손산은 단도직입적으로 대답하지 않고 유머러스한 시 한수를 읊었다.

명단 마지막에 손산이 있었고
아드님은 손산 밖에 있더이다.

그 뜻인즉 내가 말등으로 과거급제를 했으니 그 아래에도 이름이 없는 당신의 아들은 낙방했다는 것이다.

名正言順 명정언순

글자풀이	이름 명(名 míng), 바를 정(正 zhèng), 말씀 언(言 yán), 순할 순(順 shùn).
뜻풀이	명분이 정당하면 말도 이치에 맞는다.
출처	『논어·자로(論語·子路)』

유래　　　공자孔子는 51살에 노魯나라의 중도재中都宰라는 관직을 맡았다가 후에 사구司寇가 되었는데 이는 율법을 관리하는 직무였다. 56살에는 재상의 직무를 대리했는데 석 달 만에 노나라의 풍속이 크게 좋아졌다. 공자의 이런 능력과 성과를 본 제경공은 노나라가 강대해질까 봐 두려워했다. 제경공은 아름다운 여자 80명을 선택해 이들에게 화려한 옷을 착용하게 하고 춤을 배우도록 했다. 그리고는 이들과 함께 준마 120필을 골라 향락만을 추구하는 노정공魯定公에게 선물로 보냈는데 그 목적은 노정공의 의지를 흐리려는데 있었다. 이 계책이 적중하여 노정공은 매일 가무와 향락을 즐겼으며 더는 정무에 신경 쓰지 않았다. 그렇게 되니 공자와 그의 제자들은 노나라를 떠나 위나라衛로 향했다.

　　어느 날 제자인 자로子路가 공자에게 이렇게 물었다.

　　"위나라의 국왕이 스승님께서 나라를 다스리기를 기다리고 있습니다. 스

117

승님은 무엇부터 하시렵니까?"

이에 공자가 말했다.

"내가 보기에는 도덕에 명분을 주어야 한다는 것이다. 군자는 자기가 모르는 것을 마음속에 두는데 이는 명분이 바로 서지 않는 것이며 도리에도 맞지 않다. 도리가 통하지 않으면 일을 해낼 수가 없으며 일을 해낼 수가 없으면 나라의 예악禮樂과 교화敎化도 빛을 발하지 못한다. 그렇게 되면 형벌이 들쑥날쑥할 것이며 형벌이 바르지 않으면 백성들은 어떻게 해야 할지를 모르게 된다. 때문에 군자가 사용하는 명분은 꼭 도리에 맞는 것이어야 하고 그 도리도 실행에 옮길 수 있는 것이어야 한다名正言順."

明目張膽 명목장담

글자풀이	밝을 명(明 míng), 눈 목(目 mù), 펼 장(張 zhāng), 쓸개 담(膽 dǎn).
뜻풀이	① 두려워하지 않고 용기를 내어 일을 하다.
	② 공공연하고 대담하게(노골적으로) 나쁜 짓을 하다.
출처	당(唐) 방현령(房玄齡) 등『진서·왕돈전(晉書·王敦傳)』

유래   왕돈王敦은 자가 처중處仲이며 진晉나라 때 낭야琅琊 임기臨沂 태생이다. 그는 진무제晉武帝의 딸인 양성襄城공주를 아내로 맞이했고 그 관직이 부마도위駙馬都尉, 태자사인太子舍人에 이르렀다. 왕도는 왕돈의 사촌동생이었는데 두 사람은 사이가 좋았으나 그 성격과 생각이 완전히 달랐다.

어느 한번은 같은 황족인 왕개王愷가 왕돈과 왕도를 연회에 청했다. 연회석에서 왕개는 미녀들에게 술을 붓게 하고 만약 손님이 마시지 않으면 술을 부은 미녀를 죽인다는 잔인한 방법을 내놓았다.

왕도는 술을 마실 줄 몰라 술 마시는 자리를 제일 싫어했으며 평소 술 한 모금만 마셔도 크게 취할 정도였다. 그러나 그는 왕개가 무슨 일이든 저지르는 자임을 알고 미녀들이 죽임을 당하는 것을 피하기 위해 억지로 몇 잔을 마셨고 그 결과 만취하였다.

왕돈은 평시에 술을 즐겼고 주량 또한 대단했다. 미녀가 술을 따랐으나

그는 일부러 마시지 않았다. 주인인 왕개가 크게 노해서 그 미녀를 죽이게 했으며 다른 미녀에게 계속 술을 따르라고 명했다. 그러나 왕돈은 여전히 마시지 않았다. 왕개는 자신이 뱉은 말이 있는지라 이 두 번째 미녀도 죽었다. 이렇게 왕개는 잠깐 사이에 미녀 세 명의 목을 베게 했다. 그런데도 왕돈은 여전히 술 한 모금도 입에 대지 않았고 아무 일도 없다는 듯이 다른 사람들과 얘기를 나누었다.

어떤 사람이 왕돈의 잔인함을 지적하자 왕돈은 그게 무슨 소리냐는 듯이 말했다.

"술을 마시고 안 마시고는 내 마음이고 시녀들을 죽이고 안 죽이고는 주인
의 마음이니 나와 무슨 상관이 있단 말이요?"

이 일이 있은 후 왕도는 탄식을 하며 말했다.

"왕개가 잔인하다고 했더니 왕돈은 그보다 한수 위구나. 이렇게 세상을 살아간다면 결국 좋은 끝장을 보지 못할 것이다."

진원제晉元帝 때 왕돈은 강주자사江州刺史로 승진했으며 얼마 후 반란을 평정한 공을 인정받아 진동장군鎭東將軍을 제수받았다. 그는 막강한 군대를 손에 넣었으며 여섯 개 주의 군대 사무를 관리하니 조정을 좌지우지하는 인물이 되었다. 이어 그는 조정을 핍박해 자신을 승상丞相으로 임명하도록 하고 무창군주武昌郡主, 강주목江州牧이라는 요직도 차지했다. 진명제晉明帝 때에 이르러 왕돈의 정치적 야욕이 점점 커졌으나 중병에 걸려 군사 통제권을 잃게 되었다. 그의 부하인 전봉錢鳳이 왕돈의 명의로 군사를 이끌고 도성을 공격하니 조정과 백성들이 불안해했다. 이때 사도司徒직을 맡고 있던 왕도가 나서서 태연한 어조로 말했다.

"현재의 상황이 급박하니 반드시 담략과 식견을 갖추어야 하며明目張膽 맡은 바 소임을 다해야 한다. 싸우다 죽을지언정 목숨을 구걸해서는 안 된다."

왕도가 직접 작전을 지휘해 전봉의 군대를 물리쳤다. 후에 왕돈이 병으로 죽으니 진나라는 위기에서 벗어나게 되었다.

磨杵成針 마저성침

글자풀이   갈 마(磨 mó), 공이 저(杵 chǔ), 이룰 성(成 chéng), 바늘 침(針 zhēn).

뜻풀이   ① 쇠공이를 갈아서 바늘을 만들다.

          ② 끈기 있게 노력하면 무슨 일이든 이룬다.

출처   송(宋) 축목(祝穆)『방여승람·마침계(方輿勝覽·磨針溪)』

유래   당唐나라의 대시인 이백李白은 어릴 때부터 총명했으며 훈장
은 총명한 이백이 마음에 들어 늘 다른 학생들 앞에서 이백을 칭찬했다. 그
러나 이백은 장난이 심했고 수업시간에 집중을 하지 않는 경우가 많았다.

    어느 날, 수업을 마치고 집에 돌아가던 이백은 냇물가에서 백발이 성성
한 할머니가 굵은 절구 공이를 돌에 갈고 있는 것을 보았다. 할머니는 열심
히 공을 들여 절구 공이를 갈았으며 땀방울이 연신 흘러내렸으나 팔소매로
대충 닦고는 계속 쇠공이를 갈았다.

    이백은 할머니가 힘들게 절구 공이를 가는지라 호기심이 동해 이렇게
물었다.

"할머니, 절구 공이를 갈아서 무엇을 하시려는 겁니까?"

할머니가 머리도 들지 않고 대답했다.

"나는 이 절구 공이를 갈아 가느다란 자수刺繡 바늘을 만들려는 참이란다."

이백이 놀라서 눈을 크게 뜨며 말했다.

"이렇게 굵은 쇠공이를 갈게 되면 바늘을 만들 수 있어요?"

할머니가 고개를 들어 이백을 보니 전혀 믿지 않는 표정인지라 하던 일을 멈추고 진지하게 말했다.

"얘야, 공을 들여 열심히 노력하면 쇠공이도 갈아서 바늘을 만들 수 있단다. 只要功夫深，铁杵磨成针."

이백은 할머니의 말에서 깊은 도리를 터득하고 연신 머리를 끄덕였다.

이 일은 이백에게 깊은 인상을 남겼고 그 후의 학문수련과 인생에 적극적인 영향을 주었다. 후에 이백은 공부를 하다가 난관에 부딪치면 자연스럽게 "공들여 열심히 노력하면 쇠공이도 갈아서 바늘을 만들 수 있다"는 가르침을 떠올리고 더욱 열심히 학업에 정진했다. 그는 학업에 몰두하기 위해 어느 한동안 도관道觀에 기거하며 열심히 책만 읽은 적도 있다. 이런 각고의 노력 끝에 이백은 끝내 깊은 지식을 갖추었고 중국 역사상 유명한 대시인으로 성장할 수 있었다.

莫測高深 막측고심

글자풀이	없을 막(莫 mò), 잴 측(測 cè), 높을 고(高 gāo), 깊을 심(深 shēn).
뜻풀이	① 높이와 깊이를 헤아릴 수 없다. ② 그 수준이나 심도가 어느 정도인지 추측할 수 없다. 　주로 학문에 대하여 사용하며, 때로 일부러 난해하게 　구는 자를 풍자할 때 사용하기도 함.
출처	한(漢) 반고(班固)『한서·엄연년전(漢書·嚴延年傳)』

유래　　　서한西漢 선제宣帝 때 조정에 엄연년嚴延年이라는 관리가 있었다. 성정이 올곧고 애증이 분명했고 일찍 탁군태수琢郡太守로 임직했다. 탁군은 자고로 토호와 지주들이 판을 치면서 약자를 억누르고 백성들을 마구 짓밟는 곳이었다. 특히 서고씨西高氏와 동고씨東高氏는 나쁜 짓만 골라 하였으나 엄연년이 부임되어 오기 전의 태수들은 이들을 감히 건드리지 못했다.

　서고씨와 동고씨가 거느린 많은 빈객들은 별 재주가 없고 사고만 치는 자들이 많았으며 사고를 친 후 고씨네 집에 숨어 있으면 관리들이 감히 이들을 잡을 엄두를 내지 못했다. 나쁜 짓을 계속해대는 이들을 관에서 방임해두니 탁군 경내의 악질 토호들은 그 세력이 점점 커졌다.

　현지인들은 백주에도 활과 검 같은 무기를 지니고서야 집을 나설 수 있었다.

　엄연년은 군수로 부임한 후 이런 상황을 알게 되었고 수하들인 여오蠡吾와 조수趙繡를 보내 고씨 가문의 죄행을 조사하도록 했다. 조수는 고씨 가문의 죄질로 볼 때 죽을 것임이 분명하나 이들의 세력이 두려웠고 이들의 미움을 사려고 하지 않았다. 그는 고씨네의 가벼운 죄장을 만들어 새로 부임해온 태수가 지시한 일을 어물쩍하게 넘기려 했다. 허나 엄연년이 조수의 일처리를 불만스럽게 생각하고 직접 비밀리에 조사를 진행하여 실제 정황을 파악했으며 고씨 가족이 저지른 엄중한 사건들을 알아냈다. 이어 엄연년은 고씨를 잡아들여 백성들의 속을 시원하게 해 주었을 뿐만 아니라 진상을 덮어 감추려 했던 조수도 참수했다.

몇 년 후 엄연년이 하남태수河南太守로 영전하게 되니 당지의 지주와 토호들이 이 소식을 듣고는 그의 속내를 종잡을 수가 없어 벌벌 떨었다고 한다莫測高深. 엄연년은 부임해 온 후 지방의 토호들을 엄하게 다스리고 노약자들을 힘써 도와주었다. 그는 사건을 처리할 때 가난하고 힘없는 사람들이 중한 죄를 범한 경우에도 율법의 규정에만 따르지 않고 너그럽게 판결했으며 토호열신들이 가난한 백성들을 기만하고 억누르는 사건일 경우 그 죄가 중하지 않아도 엄벌했다. 하여 관리와 백성들 모두가 엄연년의 속내를 판단할 수가 없었으니 감히 법을 어기는 자가 없었다.

莫逆之交 막역지교

글자풀이	없을 막(莫 mò), 거스를 역(逆 nì), 갈 지(之 zhī), 사귈 교(交 jiāo).
뜻풀이	마음에 거스름이 없는 사귐.
출처	『장자·대종사(莊子·大宗師)』

유래　　　이전에 "4대 괴짜"가 있었는데 자사子祀, 자홍子輿, 자리子犁, 자래子來가 그들이다. 이들은 만물이 모두 자연에 순응해야 하고 천지간에는 "무無"가 최고의 경지라고 주장했다.

어느 날 이 네 사람이 모여 "무無"의 숭고함과 위대함에 대해 토론하게 되었는데 결국은 "무無"가 인간의 머리와 같이 관건적인 역할을 발휘한다는 일치한 결론을 내렸다. 이들은 작별을 고하면서 서로 바라보고 웃음을 지었으며 서로 마음이 통하고 그 우정이 영원할 것이라 믿어 마지않았다莫逆于心 遂相與爲友.

얼마 후 자홍이 병에 걸려 자사가 문병을 갔다. 문밖에 나와 마중을 하는 자홍의 자세를 보니 허리를 굽히고 두 손으로 머리에 깍지를 끼고 두 어깨를 높이 올렸는데 등에 큰 농창이 다섯 개나 나있었다. 그는 웃으면서 이렇게 말했다.

신은 정말로 위대하여 제가 이런 사람이 되도록 했습니다."

자사가 걱정스러운 어조로 물었다.

"당신은 병환에 대해 전혀 걱정하지 않으십니까?"

자홍이 대답했다.

"뭘 걱정한단 말입니까? 사람의 생과 사는 신이 정해준 것이니 나는 자연에 순응하기만 하면 될 것입니다."

얼마 후 자래도 병에 걸렸는데 그 모양이 매우 고통스러웠고 죽기 일보 직전까지 갔다. 자리가 문병을 와보니 자래의 아내가 슬픔에 못 이겨 울고 있는지라 병상에 앉아 자래에게 이렇게 말했다.

"당신의 아내는 정말 무식하군요. 위대한 조물주가 당신을 변화시키고 있는데 어찌 아내로서 놀라고 의심하고 심지어 울기까지 한단 말입니까?"

자래는 아내의 비통한 심정은 안중에도 없이 자리에게 감사의 마음을 이렇게 표현했다.

"만약 철공이 쇠를 두드리다가 화로에서 철 조각이 튀어나온다면 이를 불

길한 징조라 여길 것입니다. 천지는 바로 큰 화로와 같고 음양은 위대한 철
공과 같습니다. 저는 지금 천지의 기운을 받아 새로 태어나고 있는 중이니
어찌 고통스럽다고 하겠습니까?"

자리는 자래의 손을 굳게 잡고는 이렇게 말했다.

"우리는 정말 서로 마음이 통하는 지기입니다."

후세 사람들은 이 이야기에서 "막역지교"라는 고사성어를 총화해
냈다.

墨守成規 묵수성규

글자풀이	먹 묵(墨 mò), 지킬 수(守 shǒu), 이룰 성(成 chéng), 법 규(規 guī).
뜻풀이	① 종래의 규칙, 관례 따위를 굳게 지키다.
	② 낡은 틀에 매달리다.
출처	『묵자·공수(墨子·公輸)』

유래 　　　전국시대戰國時代 때 초楚나라 왕은 송宋나라를 정벌하려 했다. 그는 당시 제일 유명한 목공 장인인 공수반公輸班에게 성을 공격할 때 쓰는 도구인 운제雲梯를 만들라고 했다. 묵자墨子는 겸애兼愛를 주장하고 전쟁을 반대하는 사람이었는데 이 소식을 듣고 즉시 노魯나라에서 초나라의 도읍을 찾아가 초왕에게 말했다.

"제가 듣기에 대왕께서 송宋나라를 진공하려 하신다고 하는데 정말입니까?"

초나라 왕이 그렇다고 대답했다.

이에 묵자가 이런 말을 하게 된다.

"송宋나라를 점령할 확실한 파악이 있은 후 공격을 하셔야지 만약 전쟁에서 이기지 못한다면 일이 더 틀어질 것입니다. 제가 보기에 대왕께서는 필히 송宋나라를 이길 수 없을 것이오니 송宋나라를 진공하려는 생각을 버리시는 게 좋을 듯합니다."

초왕이 묵자의 말을 믿지 않자 묵자가 설득을 이어갔다.

"그럼 제가 성을 수비하는 설비를 만들 것이니 공수반에게 성의 방어를 뚫을 수 있는지 공격을 시켜보십시오."

이에 공수반이 자신이 고안해낸 운제를 사용해 묵자가 지키는 성을 아홉 번이나 공격했으나 모두 실패하고 말았다. 후에 두 사람이 역할을 바꾸어 공수반이 성을 지키고 묵자가 성을 공격하였는데 아홉 번 모두 묵자가 이겼다. 초왕은 공수반이 만들어낸 공성무기가 묵자가 지키는 성을 뚫지 못하는 것을 보고 송宋나라를 진공하려던 계획을 포기했다.

묵자가 성을 지키는데 능하다는 이야기에서 "묵수성규"라는 사자성어가 유래되었다. 그러나 지금에 와서 이 성어의 뜻은 당시의 상황과는 많이 달라졌다.

目不識丁 목불식정

글자풀이	눈 목(目 mù), 아닐 불(不 bù), 알 식(識 shí), 장정 정(丁 dīng).
뜻풀이	① 낫 놓고 기역자도 모른다. ② 일자무식이다.
출처	오대·후진(五代·後晉) 유후(劉煦) 등 『구당서·장홍정전(舊唐書·張弘靖傳)』

유래 　당헌종唐憲宗 때에 장홍정張弘靖은 관운이 순조로워 유주절도사幽州節度使직까지 올랐다. 그가 부임하던 날 현지 백성들이 남녀노소 모두 새 절도사를 보러 오는 바람에 거리가 텅 빌 정도였다.

　장홍정은 유주에 도착하는 첫 순간부터 뭔가 보여줄 작정이었다. 그는 유주가 변경에 있는 곳이니 이곳의 백성들을 개화하려면 우선 민속부터 고쳐야 할 것이라고 생각했다. 그러나 습관을 고친다는 것이 어디 쉬운 일인가?

　그 후 장홍정은 다시 한번 생각을 굴렸다. 유주는 안사의 난安史之亂 때 안록산安祿山이 난을 시작했던 곳이라 그 무덤을 파헤쳐 유골을 훼손했으며 이로써 현지의 민풍을 개변하려 했다. 그러나 이를 본 백성들이 크게 실망하면서

　"우리 백성들이 안심할 수 있는 관리가 부임하는가 했더니 무덤을 파

헤치는 절도사가 왔구나"

고 말했다.

　장홍정뿐만 아니라 그 수하에 가증스러운 관리 두 명이 있었는데 바로 위옹韋雍과 장종후張宗厚였다. 이 두 사람은 사무는 보지 않고 늘 사람들을 모아 술집에서 술을 마셔댔으며 매번 거나하게 취해서야 밤늦게 술자리를 파했다. 술을 마실 때마다 이들은 군졸들에게 초롱불과 횃불을 밝히게 하고 집으로 돌아가곤 했다. 이때면 온 거리가 대낮처럼 밝았고 떠들썩한 소리로 온 성안이 부산스러웠으며 백성들은 이를 몹시 싫어했다. 위옹과 장종후는 또 유주에 원래부터 있던 군졸과 관리들을 매정하게 대했고 조금만 눈에 거슬리면 안록산과 같은 패거리라고 욕설을 퍼붓곤 했다. 욕을 먹은 사람이 조금이라도 변명을 하면 때리는 것은 약과요 심하면 옥에 가두었으니 이들 군졸들도 위옹과 장종후를 미워하면서 언젠가 손을 보리라 별렀다.

어느 날, 위옹이 또 술에 취해 군졸들을 욕했다.

"지금 천하가 태평하고 전쟁이 없으니 너희 같은 군졸들이 두섬 무게의 강궁을 당길 수 있다 한들 무슨 소용이 있겠느냐? 그럴 거면 정丁자 하나를 더 배워 두는 게 나을걸."

이 말을 들은 사졸들도 두 사람을 미워하게 되었다. 그 후 장홍정이 군비 20만 관을 유용한 일이 들통이 나자 유주의 군사와 백성들이 불같이 일어났다. 사졸들이 위옹과 장종후의 저택을 공격해서 이들을 잡아서 거리로 끌고 나왔으며 이어 장홍정을 붙잡아 계문관薊門關에 구금했다. 이어 군사들은 주회朱洄를 통수로 삼아 난을 일으켰다. 이에 조정에서 사람을 파견해 사건을 무마하였는데 장홍정은 무주자사撫州刺史로 강등되는 처분을 받았다.

目無全牛 목무전우

글자풀이	눈 목(目 mù), 없을 무(無 wú), 온전할 전(全 quán), 소 우(牛 niú).
뜻풀이	① 눈에 소 전체 모습은 보이지 않고 살과 뼈의 구조만 보이다.
	② 기술이 대단히 숙달된 경지에 이르다.
출처	『장자·양생주(莊子·養生主)』

유래   전국戰國시기의 사상가 장주莊周는 『장자莊子』라는 책에 이런 이야기를 기록했다.

한 백정이 양혜왕梁惠王을 위해 소를 잡게 되었는데 그 기술이 아주 숙달되었다. 백정이 큰 황소 한 마리를 밧줄로 묶어 놓고는 무릎으로 소의 다리를 누른 후 잽싸게 칼을 소의 몸통에 찔러 넣었다. 몇 번 칼질을 하는가 싶더니 가죽과 고기를 분리했고 몸을 숙여 칼을 몇 번 휘두르니 경쾌한 소리와 함께 고기와 뼈가 갈라지면서 삽시간에 소 한마리가 해체되었다. 이때까지도 소는 살아 있었다. 백정은 칼을 잡고 일어서서 땅바닥에 널린 소뼈와 소고기를 살펴본 후 깨끗한 천을 찾아서 칼을 닦아 잘 건사했다.

이를 지켜본 양혜왕이 자기 눈을 의심하면서 백정의 기술을 치하했다. 이에 백정이 이런 기술을 갖추기까지의 경력을 말했다.

백정은 처음으로 소를 잡을 때는 칼로 소의 다리와 힘줄, 척추 살을 베다

보니 많은 힘이 들었고 하루 동안에 소 잡는 칼을 세 자루나 바꿔 보았으나 소 한 마리도 제대로 해체하지 못했다. 후에 그는 경험교훈을 총화 했으니 바로 소의 골격구조, 힘줄 분포, 가죽과 고기 등 특징을 잘 알아야만 힘은 적게 들이고 해체는 완벽하게 할 수 있음을 알게 되었다. 그는 소 한 마리를 죽인 후 가죽을 벗겨내고 고기를 발라내어 소의 모든 특징을 손금 보듯 장악할 때까지 연구해 보았다. 이때부터 백정은 살아있는 소를 보면 가죽 속에 들어 있는 고기의 구조를 상상했고 점점 시간이 지나면서는 떨어져 있거나 이어진 골격과 힘줄만이 보이게 되었다. 目無全牛 지금에 와서 백정에게는 소 잡는 일이 너무나도 손쉽게 되었다.

백정의 소개를 들은 양혜왕이 물었다.

"너는 이 칼로 소를 몇 마리나 잡았느냐?"

백정이 이렇게 답했다.

"저는 이 칼을 19년 동안 써왔습니다. 아마도 소 몇 천 마리는 잡았을 것입니다. 그런데도 이 칼은 여전히 날이 서있습니다."

양혜왕이 감탄하며 말했다.

"너는 진짜로 백정 중의 고수로구나!"

沐猴而冠 목후이관

글자풀이	머리 감을 목(沐 mù), 원숭이 후(猴 hóu),
	말 이을 이(ér), 갓 관(冠 guàn).
뜻풀이	① 원숭이가 모자를 쓰고 사람처럼 꾸미다.
	② 외관만 훌륭하고 속은 완전히 엉터리다.
출처	한(漢) 사마천(司馬遷) 『사기·항우본기(史記·項羽本紀)』

유래   항우項羽는 함양성咸陽城에 입성한 후 진秦나라 황궁에 불을 질렀고 불은 3일 동안이나 타올랐다. 항우는 또 함양성의 사람들을 죽이라고 명했는데 이런 재난을 겪고 난 진나라의 도읍은 잿더미로 변했고 시체가 차고 넘쳐 지옥이나 다름없었다.

유생인 한생韓生이 이 소식을 듣고 즉시 항우를 만나 이렇게 권고했다.

"관중關中 지방은 나라의 네 개 요새를 통제하고 있는 요충지입니다. 동에는 험준한 함곡관函谷關이 위치해 있고 남으로는 튼튼한 무관武關이 있으며 서쪽에는 산관散關, 북쪽으로는 소관蕭關이 있습니다. 이런 요새들은 모두 작전상 방어에 절대적으로 유리한 곳입니다. 진나라는 이런 유리한 지형을 근거지로 삼아 군사들을 이끌어 6국을 병탄했습니다. 이렇게 험준하면서토 비옥한 곳은 나라를 세우고 도읍을 정하기에 안성맞춤이온데 왜 불을 놓아 태워버린단 말입니까? 대왕께서는 이곳에 나라를 세우고 도읍을 정할 생각이 없으신 겁니까?"

항우가 냉소를 지으며 말했다.

"너 같은 일개 선비가 천하의 대사를 어떻게 안단 말이냐? 함양은 멸망한 진나라의 도읍인데 내가 어찌 이곳에 머무른단 말이냐? 네가 말한 험준한 요새도 믿을 수가 없는 것이다. 유방劉邦의 군대는 별 힘을 들이지 않고 함양을 점령하였으니 험준한 요새라도 결국은 정예 군사들을 막을 수는 없다. 내가 천하를 차지하는 밑천은 용감한 군사들이지 그 무슨 유리한 지형이 아니다."

이에 한생이 연신 머리를 저었고 항우는 이렇게 말을 이었다.

"지금 이미 궁을 다 태워버렸으니 여기서 머무를 수는 없겠지. 게다가 나의 군사들이 집을 떠난 지 오래되어 귀향할 마음이 불같을 것이다. 나는 이들이 상심하는 모습을 볼 수가 없으니 동쪽에 있는 고향으로 돌아감이 좋을 것이다."

한생이 이상하게 여겨 물었다.

"그것도 이유로 된다는 말입니까?"

이에 항우가 화를 내며 말했다.

"귀한 몸이 된 후에 고향으로 돌아가지 않는 것은 옷을 차려입고 밤중에 걸어 다니는 것과 같으니 누가 나를 알아본단 말이냐?"

한생이 다른 말을 하지 않고 하직을 고했다. 그는 개탄하며 다른 사람에게 이렇게 말했다.

"사람들이 '초나라 사람들은 옷을 입고 관모를 쓴 원숭이沐猴而冠'라고 하더니 정말 틀린 말이 아니구나!"

그런데 이 말을 누군가가 항우에게 전했고 몹시 진노한 항우는 사람을 보내 한생을 죽였다.

南山可移 남산가이

글자풀이	남녘 남(南 nán), 메 산(山 shān), 옳을 가(可 kě), 옮길 이(移 yí).
뜻풀이	남산을 옮길 수는 있다. 결정된 일은 바꿀 수 없다.
출처	오대·후진(五代·後晉) 유구(劉昫) 등
	『구당서·이원굉전 (舊唐書·李元宏傳)』

유래   당태종唐太宗과 무측천武測天의 딸인 태평공주太平公主는 어릴 때부터 응석받이로 자라 자기밖에 모르고 전횡을 일삼았으며 오만방자했다. 하여 조정의 대신들이 모두 태평공주를 두려워했다.

어느 한번은 태평공주가 수종들을 거느리고 옹주雍州의 한 사찰에 놀러 갔다. 그는 절의 주방에 있는 큰 맷돌이 윤기가 흐르고 변두리에 아름다운 꽃무늬가 새겨져 있는 것을 보고 절의 노승에게 말했다.

"우리 집에 맷돌이 필요하다. 이 맷돌이 그럴듯하니 내가 가져갈 것이다. 너희 절이 나에게 올리는 선물이라 여겨라."

말을 마친 태평공주는 수종들에게 맷돌을 옮기라고 명했다.
노승은 태평공주의 심기를 거스를 수가 없는지라 웃으면서 이렇게 말했다.

"공주께서 이 맷돌을 마음에 들어 하시니 이는 우리 사찰의 복이옵니다. 그러나 저희 절에 있는 백여 명의 스님들이 평소에 이 맷돌로 가루를 빻아 음식을 만드니 공주께서 가져가시면 큰일입니다. 게다가 이 맷돌은 몇백 년 전부터 전해온 본 사찰의 귀한 물건이오니 공주께서 저희들에게 남겨주심이 어떠합니까?"

태평공주는 노승의 말에 아랑곳하지 않고 머리를 돌려 수종들에게 명령했다.

"빨리 옮겨라."

노승은 당지 관아의 이원굉李元紘이 권세를 두려워하지 않고 사건을 공정하게 처리한다는 것을 알고 관아에 가서 시비를 가려줄 것을 요구했다. 이원굉은 노승의 하소연을 다 듣고는 소장訴狀을 올리라고 한 후 수하 관리를 보내 이 맷돌이 확실히 절의 재산임을 확인했다. 그는 태평공주의 권세를 두려워하지 않고 맷돌을 절의 재산으로 판결하여 돌려주도록 했다.

이 소식이 이원굉의 상관인 두회정竇懷貞의 귀에 들어갔다. 두회정은 담이 작고 일이 생기는 것을 두려워하는 위인이라 급히 이원굉을 찾아와서는 큰소리로 힐난했다.

"맷돌을 절에 돌려주었다니 자네는 왜 이처럼 일을 처리할 줄 모르는가? 태평공주가 어떤 사람인지 몰라서 그러시는가? 자네는 목숨을 내놓는 것도 두려워하지 않겠지만 나는 몇 년이라도 더 살고 싶다네."

이원굉이 붓을 가져다 판결문에 "남산혹가개이, 차판종무요동南山或可改移, 此判終無搖動"이라는 글자를 크게 적어 놓았다. 그 뜻인즉 종남산終南山을 움직일 수는 있어도 이 판결은 절대 고칠 수 없다는 것이다. 이를 본 두회정은 화가 치밀었으나 아무 말도 하지 못하고 결국 풀이 죽어 돌아갈 수밖에 없었다.

南轅北轍 남원북철

글자풀이	남녘 남(南 nán), 끌채 원(轅 yuán), 북녘 북(北 běi),
	바퀴 자국 철(轍 zhé).
뜻풀이	① 수레 채는 남쪽으로 바퀴 자국은 북쪽으로, 남쪽으로 가려는
	사람이 북쪽으로 수레를 몰다.
	② 행동과 목적이 서로 맞지 않거나, 일의 결과가 의도와는 반대
	로 진행됨을 뜻함.
출처	한(漢) 유향(劉向)『전국책·위책4(戰國策·魏策四)』

유래   천하를 주름잡던 위魏나라가 전국戰國 후기에 가서 국력이 쇠했으나 안리왕安釐王은 여전히 출병하여 조趙나라를 정벌할 뜻을 굽히지 않았다. 대신인 계량季梁은 왕명을 받들어 인근 나라에 사절로 가는 도중 이 소식을 듣고 즉시 귀국하여 안리왕을 알현하고 조나라 정벌을 그만둘 것을 간했다.

계량은 안리왕에게 이렇게 말한다.

"제가 오는 길에 수레를 타고 북쪽으로 가는 사람을 만났는데 그는 초楚나라로 간다고 했습니다. 초나라는 남방에 있는데 왜 남쪽이 아니라 북쪽으로 가는가 하고 물으니 그 사람은 '괜찮습니다. 수레를 끄는 말이 훌륭하니 빨리 달릴 수 있습니다'하고 답하는 것이었습니다. 그래서 제가 이는 말과 전혀 관계가 없고 필경은 초나라로 가는 방향이 아니라고 알려주니 그 사람은 수레에 실은 주머니를 가리키며 이렇게 말하는 것이었습니다. '괜찮습니다. 제가 노자를 두둑이 챙겨 왔거든요.' 제가 다시 그 사람에게 노자가 아무리 많아도 이렇게 가면 초나라에 이를 수가 없다고 하니 그 사람은 '괜찮습니다. 저의 마차꾼이 수레를 잘 몰거든요.' 하고 대답하는 것이었습니다. 이 사람은 정말 아둔하기 그지없습니다. 방향이 틀렸다면 말이 아무리 빨리 달리고 노자가 아무리 많을지라도 또 마부가 아무리 말을 잘 몬다 해도 무슨 소용이 있겠습니까? 이런 조건들이 좋을수록 가려는 목적지와는 점점 멀어질 것입니다."

이어 계량은 화제를 돌려 이렇게 말했다.

"작금에 대왕께서 패업을 성취하려면 일거수일투족이 천하의 신뢰를 얻어야만 합니다. 그래야 나라의 위망을 떨칠 수 있고 다른 나라의 신망을 얻을 수 있을 것입니다. 만약 나라가 크고 군사력이 강한 것만 믿고 걸핏하면 다른 나라를 정벌하게 된다면 위망을 보여줄 수가 없게 됩니다. 마치 남방에 가려는 사람이 북쪽으로 가는 것과 마찬가지로 패업을 이루려는 목표와는 점점 멀어질 것입니다."

　안리왕은 계량이 중요한 도리를 깨우쳐 주는 것임을 알고는 조나라 정벌을 중단하라고 명했다.

　이 역사 사실에서 유래된 사자성어는 "북원적초北轅適楚"였는데 사용 중에 점차 "남원북철"로 고착되었다. 또 이 성어에서 파생된 다른 한 성어 "배도이치背道而馳"도 비슷한 뜻을 나타낸다.

囊螢映雪 낭형영설

글자풀이	주머니 낭(囊 náng), 개똥벌레 형(螢 yíng),
	비칠 영(映 yìng), 눈 설(雪 xuě).
뜻풀이	① 형설지공. ② 갖은 고생을 하며 학문을 닦다.
출처	남조·송(南朝·宋) 단도란(檀道鸞)
	『속진양추(續晉陽秋)』『손씨세록(孫氏世錄)』

유래　　　　진晉나라 때 차윤車胤이라는 선비가 있었는데 어릴 때부터 공부를 열심히 했다. 허나 집안이 가난하여 저녁에 등불에 사용되는 기름을 살 돈조차 없어 저녁에는 글을 읽을 수가 없었다. 어느 여름날 밤, 차윤은 개똥벌레의 반짝이는 불빛을 보고 큰 영감을 얻게 되었다. 그는 많은 개똥벌레를 잡아 얇은 천으로 된 주머니에 넣었는데 마치 작은 초롱과도 같이 빛을 내었다. 차윤은 이런 방법으로 저녁에 글을 읽을 수 있었고 후에 학업을 성취했다.

　　차윤은 얼굴이 수려하게 생기고 명민했으며 학문이 연박하여 출사하기 전에 이미 고향 인근에서 이름을 드날렸다. 그는 목제穆帝 영화永和 원년(기원 345년)에 환온桓溫의 발탁을 받아 형주종사荊州從事로 되면서 정계에 발을 들여놓았고 그 관직이 이부상서吏部尙書에까지 이르렀다. 그러나 차윤이 살았던 동진東晉 왕조는 그때 이미 황실의 권력이 날로 몰락하고 궁내의 암투가 극에 달했으니 차윤은 결국 자결하는 운명을 맞게 되었다.

진나라 때 손강孫康이라고 부르는 선비 역시 집안 형편이 매우 가난했다. 그는 낮에는 생계를 위해 일을 하고 밤 시간에만 글을 읽을 수 있었다. 그 역시 밤에 등불을 밝힐 기름을 살 형편이 못되었다. 그래서 생각해낸 방법이 바로 눈 오는 밤에 문가에 앉아 살을 에이는 칼바람을 맞으며 눈에 반사되는 빛으로 책을 읽는 것이었다. 북풍이 몰아치고 얼음이 어는 한겨울에도 그는 공부를 중단하지 않았다. 이런 노력 끝에 손강은 학문으로 대성하게 되었다.

후에 사람들은 이들의 이야기를 묶어서 "낭형영설"이라는 고사성어를 만들어냈다.

鳥盡弓藏 조진궁장

글자풀이	새 조(鳥 niǎo), 다할 진(盡 jìn), 활 궁(弓 gōng), 감출 장(藏 cáng).
뜻풀이	① 새를 다 잡으면 활은 창고에 두어진다.
	② 일이 성공하자 성공에 공을 세운 사람들을 버리다.
출처	한(漢) 사마천(司馬遷)『사기·월왕구천편(史記·越王句踐篇)』

유래　　　춘추春秋시대 말 오吳나라와 월越나라가 패권을 다투다가 월 나라가 패해 강화를 맺게 되었다. 월왕 구천勾踐이 와신상담臥薪嘗膽하면서 대부大夫 문종文種과 범려范蠡를 등용해 나라를 부흥했는데 10년이 지나 전 세가 역전되어 오나라를 멸망시키고 나라의 치욕을 씻게 되었다.

오나라 왕인 부차夫差가 가까스로 도망을 쳤고 일곱 번이나 월나라에 화 의를 청했으나 문종과 범려는 이를 완강하게 거부했다. 부차가 방법이 없 어 서찰을 화살에 묶어 범려의 군영에 날린 편지에는 이런 내용이 적혀 있 었다.

"토끼를 다 잡으면 사냥개는 쓸모가 없어져 결국 사람한테 삶아 먹히게 됩 니다. 원수의 나라를 멸망시킨 후에는 공신들이 더는 쓸모가 없어져 방치 되거나 제거될 것입니다. 두 분 대부께서는 오나라를 살려두어 자신에게

여지를 남겨둠이 어떠할지요?"

문종과 범려가 여전히 강화를 거부하니 부차는 자살했다.

오나라를 멸한 월왕 구천은 오나라의 왕궁에서 대신들을 위해 성대한 연회를 마련했는데 좌중에 범려가 보이지 않았다. 이튿날 어떤 사람이 태호가에서 범려의 옷을 발견했고 사람들은 그가 호수에 몸을 던져 자살했다고 여겼다. 그러나 얼마 지나지 않아 문종이 서찰을 받았는데 이런 내용이 적혀 있었다.

"새를 다 잡았으니 활은 창고에 버려질 것이요, 토끼 사냥이 끝났으니 사냥 개는 잡혀 먹힐 것이요. 적국을 멸했으니 이를 성사시킨 대신들은 버려지

거나 심지어는 죽임을 당할 것이요. 월왕의 위인을 보면 환난을 같이 할 수
는 있어도 안락을 함께 누릴 수 없소. 대부께서 아직도 월왕을 떠나지 않았
으니 얼마 후에 목숨을 잃을지도 모르오."

이때에야 문종은 범려가 죽지 않았고 어디선가 은거해 있음을 알게 되
었다. 그는 범려가 편지에서 전한 말을 다 믿지는 않았으나 이때부터 병을
핑계로 조회에 참가하지 않았다. 이런 일이 반복되니 구천이 의심을 가졌
고 어느 하루는 직접 문종의 병문안을 왔으며 작별할 때에는 차고 있던 검
을 남겨 주었다. 문종이 검을 들어 살펴보니 칼집에 "속루屬鏤"라는 두 글자
가 적혀 있었다. 이 검인즉 바로 오왕 부차가 충신인 오자서伍子胥에게 자살
하라고 주었던 검이었다. 구천의 뜻을 알아차린 문종은 범려의 권고를 받
아들이지 않은 것을 후회했으나 때는 이미 늦어 결국 검으로 자결하고 말
았다.

牛鼎烹鷄 우정팽계

글자풀이	소 우(牛 niú), 솥 정(鼎 dǐng), 삶을 팽(烹 pēng), 닭 계(鷄 jī).
뜻풀이	소를 삶는 가마에 닭을 삶다. 큰 인재를 낮은 자리에(작은 일에) 쓰다.
출처	남조·송(南朝·宋) 범엽(范曄)『후한서·변양전(後漢書·邊讓傳)』

유래   진류陳留 출신인 변양邊讓은 동한東漢 말의 유명한 문사였다. 대장군 하진何進이 변양에게 영사관令史官이라는 직을 내리고 자신의 수하에서 일하도록 했다. 이때 조정에서 의랑議郎을 맡고 있던 채옹蔡邕이 이를 전해 듣고는 이런 생각을 하게 되었다.

"변양은 그 재능이 출중하니 더 높은 관직을 맡기는 것이 합당할 것이다."

채옹은 직접 하진의 장군부에 찾아가 변양이 더 높은 관직을 맡을 수 있도록 천거해 줄 것을 부탁했다.
채옹은 옛 성현들의 말을 인용해 자신의 주장을 피력했다.

"제가 보기에 변양은 그 재능이 타의 추종을 불허하며 총명하고 현명하며 마음이 넓습니다. 또 예절에 어긋나는 행동을 하지 않고 도리에 어긋나는 말을 하지 않으니 정말로 얻기 힘든 인재입니다. 옛 성현의 말에 이르기를 '소를 삶는 솥에 병아리를 삶을 제牛鼎烹鷄 물을 많이 두니 맛이 없어 먹기 힘들고 물을 적게 두니 고기가 삶기지 않아 더욱 먹을 수가 없다'고 했습니다. 그 말인즉 큰 인재를 작은 일에 쓰는 것이 맞지 않다는 뜻입니다. 제가 지금 걱정하는 바는 소를 삶는 솥에 소를 삶고 있지 않다는 것입니다. 장군께서 변양에게 그 재능을 더욱 잘 드러낼 수 있는 기회를 줄 수 없을지 재고해 주셨으면 합니다."

후에 하진은 변양에게 더 높은 벼슬을 천거해 주었다.

弄巧成拙 농교성졸

글자풀이	희롱할 롱(弄 nòng), 공교할 교(巧 qiǎo), 이룰 성(成 chéng),
	졸할 졸(拙 zhuō).
뜻풀이	재주 피우려다 일을 망치다.
출처	송(宋) 황정견(黃庭堅) 『졸헌송(拙軒頌)』

유래   북송北宋 때 손지미孫知微는 인물화에 조예가 깊었고 그 화풍이 독특하여 널리 이름을 날렸다.

한번은 손지미가 성도成都 수녕사壽寧寺 주지스님의 부탁을 받고 절에 『구요성군도九曜星君圖』를 그렸는데 그림 속의 인물들이 살아 움직이는 듯했고 심지어 이들이 입은 옷은 바람에 날리는 듯했다. 손지미가 그림물감을 다 만들어 놓고 제일 마지막 단계인 착색을 하려고 하는 중에 친구가 찾아와 함께 술을 마시러 가자고 했다. 손지미가 붓을 내려놓고 제자들에게 말했다.

"이 그림의 기본 내용은 이미 다 그려 놓았고 이제 착색만 남았으니 너희들
이 마무리하면 되겠다. 색상이 잘못 입혀지지 않도록 조심해야 한다. 나는
친구 집에 갔다가 곧 돌아올 터이니 그때까지 다 그려 놓아라."

손지미가 간 후 제자들은 스승이 그린 『구요성군도』를 세세히 보면서 스승님의 기교와 총체적인 구도의 오묘함을 느꼈고 자신들의 느낀 바와 소감을 교류하기 시작했다.

이 제자들 중에는 평시에 노력하지 않고 소총명으로 다른 사람들의 환심을 사는 동인익童仁益이라는 제자가 있었다. 다들 토론에 열중하고 있었으나 그만은 침묵하고 있었다. 한 제자가 그에게 물었다.

"자네는 왜 아무 말도 하지 않는 건가? 혹시 이 그림에 잘못된 점이라도 있단 말인가?"

동인익이 여러 사람을 둘러보고는 짐짓 신비한 어조로 말했다.

"수요성군水曜星君의 옆에 있는 동자는 그 표정이 살아 있는 듯하나 들고 있는 수정 병에 무언가 부족한 느낌이 들지 않는가?"

여러 제자들이 동인익의 말을 듣고 다시 그림을 보고 나서 이구동성으로 부족한 점을 느끼지 못했다고 했다.

동인익이 이렇게 말했다.

"스승께서는 매번 병을 그릴 때마다 꽃 한 송이를 그리곤 하셨지. 헌데 이번에는 그렇게 하지 않았으니 아마도 친구 집에 갈 생각이 급하시어 꽃을 그리지 못한 것이야. 허니 우리가 스승님을 대신해서 꽃을 그려 넣고 착색

을 하는 것이 좋을 것 같네."

여러 사람이 말릴 새도 없이 동인익은 화필을 잡고 매우 진지하게 꽃병 입구에 화사한 붉은 연꽃을 그려 넣었다.

손지미가 친구 집에서 술을 마시고 돌아와 보니 수요성군의 옆에 시립한 동자가 들고 있는 꽃병에 난데없이 붉은 연꽃이 그려져 있는지라 웃지도 울지도 못하면서 말했다.

"어느 멍청이가 이런 짓을 한 것이냐? 화사첨족(뱀을 그릴 때 다리를 더 그려 넣는 것) 정도라면 내가 책망까지는 않겠다만 이건 재주를 피우려다 그림을 다 망쳐버린 것이다弄巧成拙. 동자가 들고 있는 병은 수요성군이 물 요괴를 제압하는 진요병鎭妖甁인데 이제는 꽃을 꽂는 꽃병이라니 정말 세상 사람들이 다 웃을 일이구나."

怒髮衝冠 노발충관

글자풀이 성낼 노(怒 nù), 머리 발(髮 fà), 빌 충(衝 chōng), 갓 쓸 관(冠 guān).

뜻풀이 ① 화가 머리끝까지 치밀어 오르다. ② 노발대발하다.

출처 한(漢) 사마천(司馬遷)

『사기·염파인상여열전(廉波藺相如列傳)』

유래 전국시대戰國時代에 진秦나라의 소양왕昭襄王은 조趙나라 혜문왕惠文王이 보기 드문 옥인 화씨벽和氏璧을 얻었다는 말을 듣고 성 15개와 바꾸자고 제안했다.

조왕이 중신들과 의논한 결과 만약 화씨벽을 진나라에 넘기면 그 속임수에 당할 것이고 그렇다고 주지 않자니 진왕이 이를 빌미로 조나라를 공격할까 봐 걱정되었다. 결국 조나라는 진나라에 사신을 보내 그 진의를 파악해 보기로 했다.

대신 중에 이번 사신으로 인상여藺相如를 보내자고 추천하는 사람이 있었다. 인상여는 왕에게 자신은 옥을 지니고 진나라에 사신으로 가서 만약 진나라가 성을 넘겨준다면 옥을 진나라에 남길 것이고 반대로 성을 넘겨주지 않는다면 흠집 하나 없이 옥을 조나라에 되돌려 올 것이라고 말했다.

인상여가 진나라에 도착해 화씨벽을 내놓으니 진왕은 크게 기뻐하면서 후궁들과 대신들에게 돌려가며 구경하게 했으며 대신들은 만세를 높이 불렀다. 인상여는 진왕이 화씨벽의 대가로 성을 내놓을 뜻이 전혀 없음을 알아채고는 그 대책을 생각한 후 이렇게 말했다.

"이 옥에는 작은 흠집이 있사오니 제가 대왕에게 알려드리지요."

진왕이 이 말을 믿고 인상여에게 옥을 돌려주자 인상여는 몇 걸음 뒤로 물러서 몸을 대전의 기둥에 대고 화를 크게 내며怒髮衝冠 말했다.

"이번에 옥을 지니고 진나라에 사신으로 와보니 대왕께서는 오만방자하여 여러 사람들에게 옥을 돌려 보이기만 하고 성을 넘기는 일은 입 밖에도 내지 않는군요. 하여 제가 옥을 돌려받았습니다. 대왕께서 이 옥을 내놓으라 소인을 겁박한다면 저는 머리를 옥에 부딪쳐 박살 낼 것입니다."

진왕은 인상여가 정말로 옥을 깨버릴까 두려워 즉시 사과하고는 지도를 가져오라 하여 조나라에 넘길 15개 성을 일일이 확인해 주었다.

그러나 인상여는 진왕이 이 성들을 넘길 생각이 전혀 없음을 간파하고는 이렇게 말했다.

"화씨벽은 천하가 인정하는 보물이어서 우리 조나라 왕께서는 화씨벽을 진나라에 보내시면서 5일 동안 목욕재계를 했습니다. 대왕께서도 이 옥을 받으시려거든 역시 5일간 목욕재계를 하신 후 조정에서 성대한 의식을 마련해야만 제가 이 옥을 드릴 수 있습니다."

진왕은 별다른 수가 없어 그렇게 하마고 대답했으며 인상여에게는 객사에서 기다리도록 했다. 인상여는 진왕이 재계를 하겠노라고 대답했지만 조나라에 성을 내어 줄 리는 없다고 판단하고 따라온 수종의 옷을 갈아입혀 화씨벽을 몸에 감추게 한 후 지름길로 조나라에 돌아가도록 했다.

진왕이 이를 알고 노발대발했으나 다시 생각해보니 인상여를 죽인다 해도 화씨벽을 얻을 수 없고 오히려 조나라와의 관계를 악화시킬 뿐이었다. 이에 진왕은 조정에서 예의를 갖춰 정식으로 인상여를 만나주고 다시 조나라로 돌려보냈다.

嘔心瀝血 구심역혈

글자풀이	게울 구(嘔 ǒu), 마음 심(心 xīn), 물방울 력(瀝 lì), 피 혈(血 xuè).
뜻풀이	① 문예 창작에 있어서 매우 고심하다. ② 심혈을 기울이다.
출처	당(唐) 이상은(李商隱)『이하소전(李賀小傳)』

유래   당唐나라 시인 이하李賀는 중국의 문학사에서 걸출한 시인이다. 그는 27세에 사망했지만 후세에 주옥같은 시편들을 남겼다. 이하는 비록 황족 가문이었으나 직계가 아니었고 아버지가 국경에서 하급 관리로 있다가 일찍 세상을 떠났기에 아주 빈한한 생활을 했다. 이하는 어릴 때부터 시 창작에 심취했고 열 살이 넘어서부터는 당대의 문단에 이름을 날리기 시작했으며 대문학가 한유韓愈가 이하를 높이 평가하기에 이르렀다. 이하는 시를 지을 때 먼저 내용을 정하는 것이 아니라 매일 여윈 말 한 필을 타고 여러 곳을 다니면서 창작의 영감을 찾곤 했다. 그를 수행한 노비는 등에 비단 주머니를 메고 다녔으며 이하가 좋은 시구가 떠오를 때면 이를 적어서는 두루마리로 말아 주머니에 넣었다. 저녁에 집에 돌아와서는 이하의 어머니가 시녀를 시켜 비단 주머니를 받아 놓고 내용물을 점검하곤 했다. 만약 비단 주머니가 차있으면 어머니는 근심스럽게 말하곤 했다.

"내 아들이 정말 시에 빠져 있구나. 심혈을 다 기울이지 않고는 그만두지
않을 정도야!嘔心瀝血"

이하는 전부의 심혈을 시가 창작에 기울였으며 결국 젊은 나이에 세상
을 하직하게 되었다.

攀龍附鳳 반룡부봉

글자풀이	더위잡고 오를 반(攀 ān), 용 룡(龍 lóng), 붙일 부(附 fù), 봉새 봉(鳳 fèng).
뜻풀이	① 권세 있는 사람에게 아첨하여 달라붙다.
	② 명철한 군주에게 복종하여 공을 세우다.
	③ 제자가 성현을 따라 덕업(德業)을 성취하다.
출처	한(漢) 반고(班固)『한서·서전하(漢書·敍傳下)』

유래   서한西漢의 개국황제 유방劉邦은 농민 가정에서 태어났다. 서른 살이 되던 해에 그는 진나라 패현沛縣의 향리인 정장亭長을 맡게 되었다. 유방은 사람됨이 활달하고 흉금이 넓었으며 일처리가 시원시원하여 많은 사람들이 그를 따랐다. 당시 유방에게는 능력 있는 조력자 네 명이 있었는데 이들은 유방이 한나라를 세우는 과정에 지대한 공을 세웠다.

한 사람은 유방과 한고향인 번쾌樊噲이다. 원래는 백정이었는데 후에 유방을 따라 전장을 누비면서 수많은 전공을 세웠으며 유방이 황제로 된 후에는 그를 무양후舞陽侯로 책봉했다. 두 번째 사람은 하후영夏侯嬰인데 역시 유방과는 한고향이다. 원래는 현 관아의 사어司御였고 후에 유방을 보좌해 진나라를 공격했으며 후에는 등공滕公에 봉해졌다. 세 번째 사람은 관영灌

嬰인데 휴양睢陽사람으로 원래는 비단 장사꾼이었다. 후에 유방을 따라 거병하였고 혁혁한 전공을 세웠으며 영음후穎陰侯에 책봉되었다. 네 번째는 고양高陽사람인 역상酈商이다. 진승의 봉기군에 몸담은 적이 있으며 후에 유방을 보좌하여 누차 군공을 세웠으며 곡주후曲周侯로 책봉된다.

한나라의 반고는 『한서』의 『서전』에서 이런 사람들은 비록 백정과 마부, 장사꾼 등 미천한 출신이지만 귀인인 유방을 만나 황제의 신임을 얻고 제후의 자리에까지 올랐다고 평가했다. 후에 사람들은 제왕이나 권세 높은 사람에게 귀의함을 형용하여 "반룡부봉"이라는 성어를 사용했다.

旁若無人 방약무인

글자풀이	두루 방(旁 páng), 같을 약(若 ruò), 없을 무(無 wú), 사람 인(人 rén).
뜻풀이	① 곁에 사람이 없는 것처럼 아무 거리낌 없이 함부로 말하고 행동하는 태도.
	② 안하무인이다.
출처	한(漢) 사마천(司馬遷)『사기·자객열전(史記·刺客列傳)』

유래　　　전국시대戰國時代의 유명한 자객인 형가荊軻는 위衛나라 사람이다. 검술을 좋아해 매일 벗들과 함께 검술을 연마하고 서로의 무예를 비겼다. 그는 매일 날이 밝으면 일어나서 검술을 연마하였는데 땀벌창이 되어서야 휴식하곤 했다. 형가는 또 책 읽기도 게을리하지 않아 당시 유명한 협객俠客으로 알려졌다.

　형가가 연나라에 온 후부터는 저잣거리에서 개고기를 팔아 생계를 유지하는 고점리高漸離와 마음을 나눈 지기가 되었다. 두 사람은 매일 저잣거리에서 취토록 술을 마셨다. 고점리 역시 용사勇士였으며 "축築, (고대 악기의 일종)"연주의 대가였다. 이들은 거나하게 술을 마시고는 저잣거리에서 크게 노래를 부르기도 했다.

　한번은 형가와 고점리가 또 장터에서 술을 마셨다. 이어 둘은 장터의 한

가운데에서 고점리가 축을 연주하고 그 음악에 맞춰 형가가 큰 소리로 노래를 불렀다. 두 사람은 흥이 올랐고 그 노랫소리도 점점 높아졌으며 이를 구경하는 사람들이 점점 많아졌다. 그러나 두 사람은 구경꾼들의 힐난과 수군거림을 전혀 개의치 않아 했으며 비분강개한 부분을 노래할 때는 서로 마주보며 통곡을 했는데 방약무인하여 마치 이 세상에 두 사람만 존재하는 듯했다.

이런 호방한 기질과 방약무인의 기개를 갖춘 형가였기에 후에 연나라 태자太子 단丹의 마음에 들어 상빈上賓으로 모셔졌으며 단은 형가에게 진왕秦王 암살이라는 중임을 맡기게 된다. 기원전 222년 형가는 연나라 지도 속에 비수를 감추고 함양咸陽에 가서 진왕을 암살하려 했으나 성공하지 못하고 목숨을 잃게 된다.

抛塼引玉 포전인옥

글자풀이	던질 포(抛 pāo), 벽돌 전(塼 zhuān), 당길 인(引 yǐn), 구슬 옥(玉 yù).
뜻풀이	① 벽돌을 던져 구슬을 끌어들이다.
	② 졸렬하고 성숙되지 않은 의견으로 다른 사람의 고견을 끌어내다.
	③ 남의 훌륭한 의견을 듣기 위해 먼저 자기의 미숙한 의견을 말 하다.
출처	송(宋) 석도원(釋道原)
	『경덕전등록·조주동원종심선사(景德傳燈錄·趙州東院從諗禪師)』

유래　　　당唐나라 때에 종심從諗이라는 고승이 있었는데 조군관음원趙郡觀音院의 주지스님으로 여러 해 동안 있었다. 그는 스님들이 좌선을 할 때 정신을 집중하고 절대 외부의 영향을 받아서는 안 되며 몸과 마음이 일치를 이루는 경지에 도달할 것을 요구했다.

　　어느 한번은 여러 제자들이 함께 저녁 좌선을 하게 되었는데 종심스님이 일부러 이런 말을 했다.

　　"오늘 저녁의 좌선에서 깨달음을 얻은 스님이 있으면 나와 주시오."

여러 제자들이 가부좌를 하고 정신을 집중하고 있었는데 한 동자승이 참지 못하고 설문자로 나왔다. 이에 종심선사가 동자승을 보고 느릿느릿한 어조로 말했다.

"방금은 벽돌을 던져 구슬을 끌어들이려는抛塼引玉 마음에서 말했는데 결국 벽돌보다 못한 흙덩이가 나왔구나."

그 외 『담증談證』이라는 책에는 이런 기록이 있다. 당나라 때의 문인 조하가 시로 이름을 날렸고 대시인 두목도 조하의 시를 즐겨 읽었으며 특히 "長笛一聲人倚樓장적일성인의루 즉 긴 젓대를 갖고 불어대는 한가락 곡조, 사람들이 누대에 기대어 눈을 감고 듣고 있네."라는 구절을 극찬했다. 하여 사람들은 조하를 "조의루趙依樓"라고 불렀다. 당시의 시인 상건常建은 조하의 명성을 부러워했고 조하가 소주蘇州의 영암사靈岩寺를 유람한다는 소식을 알고는 절에 먼저 가서 시 두 구절을 벽에 적어놓았다. 그는 조하가 와서 본 후 두 구절을 보충해 완정한 시를 만들 수 있기를 바랐다. 조하가 절에 와서 시가 적혀 있는 것을 보고 붓을 들어 뒤의 두 마디를 적어 넣는데 앞의 두 구절보다 훨씬 수준이 높았다. 후세의 문인들은 상건의 이런 방법이 "성숙되지 않은 작품으로 다른 사람의 좋은 작품을 이끌어내는 것" 즉 "포전인옥"이라고 여겼다. 사실 이는 전설일 뿐이다. 왜냐 하면 상건과 조하의 활동 시기는 백 년이나 차이 나니 상건이 시를 적어 후반의 두 구절을 구했다는 얘기는 그 가능성이 전혀 없는 것이라 하겠다.

鵬程萬里 붕정만리

글자풀이	붕새 붕(鵬 péng), 한도 정(程 chéng), 일만 만(萬 wàn), 마을 리(里 li).
뜻풀이	① 전도가 양양하다. ② 장래가 유망하다.
출처	『장자·소요유(莊子·逍遙遊)』

유래　　　『장자·소요유』에는 이런 내용이 있다. 북방의 큰 바다에 큰 고기가 있어 그 이름을 "곤鯤"이라 했다. 곤의 크기가 말로는 형용하기 힘든데 그 길이만 해도 몇 천리에 달했다. 후에 곤이 새로 변하니 그 이름을 "붕鵬"이라 했다. 붕은 거대한 새였는데 그의 잔등만 해도 몇천 리에 달했으며 새가 두 날개를 펴고 하늘을 날면 마치 하늘을 뒤덮은 구름과도 같았다. 대붕은 겨울이 되어 바닷물의 조수가 바뀔 때면 북해北海에서 남해南海로 가곤 했다.

　대붕이 북해에서 날아 남해로 갈 때 날개 짓을 한번 하면 3천리에 달하는 파도가 일었고 그 폭풍을 타고 하늘 높이 날아 구름 속으로 모습을 감추는데 한번 날면 9만 리를 가게 되었다.

　매미와 산비둘기 등 곤충들과 작은 새들은 붕의 행동을 괴상하고 가소로운 것이라고 여겼다. 이들은 대붕의 요란스러운 행동을 전혀 이해할 수가 없었다.

메추라기가 비꼬는 투로 이렇게 말했다.

"대붕처럼 저렇게 멀리 날아갈 필요가 있단 말인가? 나처럼 몇 장이 되는 범위에서 뛰어다니면 될 것이고 날려면 풀숲을 이리저리 누비는 것도 유유자적한 것이다. 저렇게 큰 몸체를 가진 새가 도대체 어디까지 갈려고 하는 것인가?"

披堅執銳 피견집예

글자풀이	입을 피(披 pī), 굳을 견(堅 jiān), 잡을 집(執 zhí), 날카로울 예(銳 ruì).
뜻풀이	① 갑옷을 입고 무기를 들다. ② 무장하다.
	③ 장군이 전쟁에 직접 나가서 싸우다.
출처	한(漢) 사마천(司馬遷) 『사기·항우본기(史記·項羽本紀)』

유래   진秦나라 말에 진승陳勝, 오광吳廣이 이끄는 농민 봉기군이 진나라 장군 장한章邯에 의해 진압되니 항량項梁과 항우項羽는 초회왕楚懷王의 손자인 웅심熊心을 왕으로 모시고 여전히 초회왕이라 칭했으며 진나라와의 싸움을 계속했다. 후에 항량은 몇 번 승리를 거두고 교만해졌고 결국 진나라군과의 싸움에서 패한 후 죽었다.

장한은 초나라 군대를 격파한 후 공격의 목표를 조趙나라로 돌렸다. 조나라군은 장한의 공격을 당해내지 못하고 거록巨鹿으로 퇴각하였고 장한의 군대가 이들을 겹겹이 에워쌌다. 이에 마음이 급해진 초회왕이 송의宋義를 상장군上將軍으로, 항우를 부장副將으로 임명하여 군대를 이끌고 조나라를 구원하라고 명했다. 회왕은 송의에게 경자관군卿子冠軍이란 직을 제수하고 여러 갈래의 군사들을 통솔하도록 했다.

송의는 군대를 인솔해 안양安陽에 도착한 후 46일 동안 진군을 멈추었다. 이에 항우가 말했다.

"진나라 군대가 조왕을 거록성에 포위하고 있으니 우리 군은 응당 신속하게 강을 건너 거록으로 진격한 후 조나라와 안팎에서 힘을 합쳐야 하고 그러면 진나라군을 반드시 크게 깨뜨릴 수 있을 것입니다."

송의가 고개를 저으며 말했다.

"아니 되오. 황소뱀은 소를 공격할 수는 있으나 물어 죽일 수는 없소. 만약 진나라군이 조나라를 공격하여 승리를 거둔다 해도 기진맥진할 것이니 우리 군은 그때를 기다려 공격하면 될 것이고, 진나라군이 승리를 거두지 못하고 양군이 교착상태에 빠진다면 우리 군이 기회를 타서 서쪽으로 진나라를 공략하면 되오. 허니 진나라와 조나라가 계속 싸우도록 내버려 두는 것이 상책이요. 단단한 갑주를 입고 예리한 무기를 들고 적군과 싸우는 데는披堅執銳 내가 장군보다 못하겠지만 이곳 군막에서 전략과 전술을 세우는 데는 장군이 나보다 못할 것이요."

이 말을 들은 항우는 매우 불쾌해했다. 후에 송의가 아들을 제왕齊王에게 보내 상국上國(재상)을 맡게 하고 그곳에서 연회를 즐기면서 초나라 군사들에게는 안양에서 계속 대기하도록 명령했다. 때는 겨울이라 군졸들이 굶주림과 추위에 떨게 되니 원망이 점점 커졌다. 항우가 다시 송의를 만나러 가서는 군졸들의 생사를 안중에도 두지 않고 허망하게 기회를 놓치고

있다고 책망하니 송의가 화를 내려 했고 이에 항우는 검을 들어 그의 목숨
을 거두었다. 이어 항우는 이 사실을 회왕에게 알렸고 회왕은 항우를 상장
군으로 임명하여 전군을 통솔하게 하였다. 항우는 이번 일로 그 이름을 천
하에 알리게 되었다.

披荊斬棘 피형참극

글자풀이	입을 피(披 pī), 가시나무 형(荊 jīng) 벨 참(斬 zhǎn), 가시나무 극(棘 jí).
뜻풀이	① 가시덤불을 헤치고 나아가다.
	② 어려움을 극복하고 장애를 없애다.
	③ 곤란을 극복해서 창업하다.
	(새 사업을 시작하는데 여러 어려움을 극복해야 함을 말함.)
출처	남조·송(南朝·宋) 범엽(范曄)『후한서·풍이전(後漢書·馮異傳)』

유래   동한東漢 때 유수劉秀가 낙양洛陽에서 황제위에 올라 한漢광무제光武帝가 되었다. 유수가 황제로 되기까지 큰 공을 세운 대장 풍이馮異는 칙령을 받아 장안長安을 지키면서 관중關中을 평정할 임무를 맡게 되었다. 풍이는 자신이 세운 공이 커서 황제의 의심을 받거나 소인배들의 무함을 받게 될까 걱정했다. 하여 그는 광무제에게 편지를 올려 조정에서 임직하고 싶다는 소망을 밝혔으나 광무제가 이를 윤허하지 않았다. 과연 얼마 후 어떤 사람이 풍이가 장안에서 제멋대로 장안현령長安縣令을 참수하였고 그 권세가 커서 "함양왕咸陽王"으로 자처하고 있으며 백성들의 한결같은 추앙을 받고 큰 병력을 거느리고 있으니 다른 마음을 품지 않도록 경계해야 한다고 황제에게 상소했다. 광무제는 이 상소를 보고 일소一笑에 부치고 말았으며 사람을 보내 상소문을 풍이에게 보이도록 했다. 풍이가 이를 보고 놀

라서 즉시 상소문을 올려 변명했다.

"소신은 본래 서생에 불과했으나 폐하의 은총을 입어 대장大將이 되었고 제후직을 제수받았습니다. 매번 전투에서 승리를 거둔 것은 폐하의 영명한 결단이 있었기 때문이지 결코 소신이 능력이 있어서가 아니었습니다. 예전에 전란이 빈발하고 영웅들이 천하를 놓고 다툴 때에도 소신은 그럴 생각을 감히 하지 않았습니다. 헌데 지금은 천하가 이미 안정되고 폐하께서 이 나라의 주인이 되었사온데 제가 감히 어찌 그런 망극한 생각을 할 수 있겠습니까?"

유수가 풍이의 상소문을 보고 급히 어지를 내렸다.

"경은 짐에게는 명의상 군신관계이나 감정적으로는 부자父子지간과 같으니 의심할 필요가 없고 공포를 느껴서는 더구나 안 될 것이다."

3년 후 관중의 전란이 평정되고 정세가 날로 안정되었으며 백성들도 편안히 살면서 즐겁게 일했다. 이때에야 풍이는 황제의 영을 받고 조정에 들어왔다.

풍이가 황제를 알현하니 유수는 여러 대신들에게 풍이를 이렇게 소개했다.

"이 사람은 내가 거병할 때 주부主簿를 맡아 가시덤불이 뒤덮인 길을 깨끗이 청소해 놓았고披荊斬棘 지금은 나를 위해 관중을 평정했으니 정말 공신

중의 공신이다."

그 후 유수가 황문 태감黃門太監을 보내 풍이에게 많은 귀한 보물과 황금, 재물, 비단을 하사하고 이런 어지를 내렸다.

"어젯날 내가 무루정에서 한풍과 폭설에 발이 묶였을 때 경이 콩죽을 보내주었고 후에 부타하滹沱河에서 폭풍우에 내 몸이 물자루가 되었을 제 경이 마른 장작을 보내 밥을 짓게 하였다. 이런 깊은 정을 진즉에 사례해야 했건만 오늘에야 감사를 표하노라."

그 후 풍이가 도성에서 10여 일을 머물렀는데 유수는 늘 연회를 차려 초대했고 풍이와 그 식솔들을 궁에 머무르게 했다. 그러다가 조정에서 사천四川 정벌을 결정하고 나서야 유수는 풍이에게 관저에 가서 영을 기다리도록 했다.

疲于奔命 피어분명

글자풀이	피곤할 피(疲 pí), 어조사 어(于 yú), 달릴 분(奔 bēn), 목숨 명(命 mìng).
뜻풀이	① 명을 받고 바삐 돌아다녀서 지치다.
	② 바빠서 숨 돌릴 새도 없다.
출처	춘추·로(春秋·魯) 좌구명(左丘明)『좌전·성공7년(左傳·成公七年)』

유래　　기원전 595년 장군 자중子重이 초나라 왕에게 일부 땅을 하사해 줄 것을 청했으나 신공申公 무신巫臣이 왕에게 간하여 이를 막았으며 이에 자중은 무신을 미워하게 되었다. 초나라의 다른 한 장군 자반子反이 하희夏姬라는 여인을 아내로 맞으려 하였는데 무신이 이를 막았으며 자기 아내로 삼고는 함께 진晉나라로 도망쳤다. 이에 자반도 무신이라면 이를 갈았다.

　　기원전 584년에 초나라에 새 왕이 보위에 오르자 자중과 자반이 대권을 장악했으며 이들은 무신 일가를 죽인 후 그 재산을 나누어 가졌다. 무신은 진나라에서 이 소식을 듣고 자중과 자반에게 편지를 보내 이렇게 전했다.

"너희들은 사악하고 탐욕스러운 마음으로 국군을 모시고 여러 무고한 사람들을 죽였다.

나는 너희가 명을 받고 바삐 돌아다녀서 지쳐 죽도록 할 것이다疲于奔命."

이어 무신이 오吳나라에 사신으로 가기를 자청하니 진왕이 허락했다. 오나라에 도착한 무신은 오나라와 진나라가 사이좋게 지내도록 했고 거느리고 간 전차 30대 중 15대를 오나라에 남겨 두었으며 오나라 사람들에게 전차의 사용법과 진법을 가르쳐 주고 초나라를 배반하도록 꼬드겼다. 무신은 또 자신의 아들을 오나라에 남겨 관리로 일하도록 했다.

이후 오나라가 초나라와 그 주변 지역을 끊임없이 공격하니 자중은 이를 구원하기 위해 이곳저곳 바삐 돌아다녀야 했다. 오나라가 주래州來를 공격하니 자중이 초왕의 명을 받아 정鄭나라에서 출발해 오나라 군대와 싸웠다.

이런 상황이 계속되어 자중과 자반은 한해에 일곱 번이나 전장에 나가 오나라 군대의 진공을 막아야 했다. 오나라는 초나라 땅이던 소수민족 지역을 점령했으며 이때부터 점차 국력이 강성해졌다.

匹夫之勇 필부지용

글자풀이	짝 필(匹 pǐ), 사내 부(夫 fū), 갈 지(之 zhī), 날랠 용(勇 yǒng).
뜻풀이	① 필부의 용기.
	② 지략에 의하지 않고 개인의 혈기에만 의지하는 작은 용기.
출처	『국어·초어상(國語·楚語上)』

유래   춘추시대春秋時代에 월越나라가 오吳나라와의 전쟁에서 패하여 월왕 구천勾踐은 모진 수모를 다 겪었으며 월나라도 큰 피해를 입었다. 구천은 이 원수를 꼭 갚으리라 결심하고 월나라 백성들에게 이렇게 선포했다.

"내가 제 주제를 몰라 월나라와 척을 지었고 결국 패전하였다. 무수한 백성들이 목숨을 잃었으니 이는 나의 업보이다. 내가 개과천선하도록 백성들 모두가 도와주기를 바란다."

이어 구천은 솔선수범하여 검소한 생활을 하고 직접 밭일을 하였다. 자신이 직접 심은 곡식이 아니면 입에 대지 않았고 아내가 천을 짜서 만든 옷이 아니면 입지 않았다. 또 법령을 제정할 때에는 백성들의 이익을 충분히 고려하였고 백성들이 싫어하면 이를 취소하였으며 백성들이 부족하다거나 타당하지 않다고 여기는 부분은 수정하고 보완하였다. 또 생산을 촉진하고 출산을 권장하는 일련의 정책을 실시했으며 10년간 조세를 면제하는 정책을 펴니 백성들의 살림이 점점 윤택해지고 집집마다 3년 치의 식량이 쌓이게 되었다. 이에 백성들이 구천에게 이렇게 청을 드렸다.

"지금 월나라 백성들은 주군을 마치 부모와도 같이 존경하고 사랑합니다. 자식 된 도리로 반드시 부모의 원수를 갚으려 하고 신하 된 도리로 모두가 주군의 원한을 풀려고 합니다. 하여 오나라와 싸운다면 그 누군들 죽을힘을 다하지 않겠나이까? 오나라와 결전을 치를 수 있도록 영을 내려 주십시오."

구천은 오나라와 싸울 시기가 성숙되었음을 알고 백성들의 청을 허락했다. 그는 사람들을 모아 놓고 이렇게 훈시를 했다.

"내가 듣기로 현명한 국왕은 그 군졸이 적음을 걱정하지 않으며 오히려 이들의 품행이 좋지 않을까, 공을 탐해 무모하게 진격하거나 전장에서 도망칠 것을 우려한다고 했다. 지금 오왕吳王 부차夫差는 수많은 정예 군사를 가지고 있으나 이들의 품행이 어떠한지를 따지지 않으며 자신의 군사가 적다고만 말한다. 작전에 있어서 인원수의 많고 적음이 제일 중요하단 말인가? 지금 나는 하늘의 뜻을 받들어 오나라를 멸하려 한다. 나는 너희들이 일시의 혈기와 용기로匹夫之勇 싸우기를 바라지 않으며 모두가 명령에 따르고 함께 행동하기를 명한다. 목숨을 걸고 적을 베는 자 상을 받을 것이고 전장에서 도망치는 자 엄벌을 받을 것이다!"

백성들은 부자간, 부부간, 형제간에 서로 격려하며 말했다.

"그 어느 군주가 우리의 왕처럼 백성들에게 이처럼 많은 은혜를 베푼단 말인가? 우리 어찌 이런 왕을 위해 목숨 걸고 싸우지 않겠는가!"

기원전 473년 월나라는 오나라를 멸망시켰으며 오왕 부차는 자살했다.

貧賤之交 빈천지교

글자풀이	가난할 빈(貧 pín), 천할 천(賤 jiàn), 갈 지(之 zhī), 사귈 교(交 jiāo).
뜻풀이	① 빈천했을 때의 교유. ② 가난한 사람이 스스로를 일컫는 말.
출처	남조·송(南朝·宋) 범엽(范曄)『후한서·송홍전(後漢書·宋弘傳)』

유래   동한東漢의 대신이었던 송홍宋弘은 선평후宣平侯로 책봉되었으나 집에 모아둔 재산이 전혀 없고 청렴하기로 정평이 나있어 광무제光武帝 유수劉秀의 신뢰를 한 몸에 받았다.

어느 한번은 유수가 송홍을 불러 담소를 나누는데 수시로 얼굴을 돌려 뒤쪽에 있는 병풍을 쳐다보았다. 그 병풍에는 교태를 자랑하는 수많은 미녀들이 그려져 있었다. 이를 본 송홍이 엄숙한 어투로 말했다.

"폐하께서는 높은 덕행보다 여색을 더욱 가까이하는 것 같습니다."

유수가 즉시 사람을 시켜 병풍을 거두게 한 후 웃으면서 말했다.

"짐이 바른 지적을 받아들여 즉시 시정했으니 어떠한가?"

유수의 누이인 호양湖陽공주의 남편이 죽은 후 유수는 조정 관리 중 한 명을 골라 누이를 개가시킬 생각이었다. 어느 날, 유수와 호양공주 두 사람이 함께 담소를 나누게 되었고 유수는 이 기회를 타서 누이에게 알맞은 사람을 골라 주리라 생각했다.

그 뜻을 안 호양공주가 말했다.

"송홍은 훌륭한 사람이니 내가 보기에는 그와 비할 남자가 없다고 생각합니다."

며칠 후 유수가 송홍을 불러 시탐조로 물었다.

"속담에 지위가 높아지면 친구가 바뀌고 돈이 많아지면 조강지처가 싫어진다고 하던데 이는 인지상정이 아닐까요?"

이에 송홍이 답했다.

"제가 듣기로는 빈곤한 때에 사귄 뜻이 맞는 친구貧賤之知를 잊어서는 안 되고 고난과 역경을 함께 해온 아내를 버려서는 더욱 안 된다고 합니다."

송홍이 돌아간 후 유수는 호양공주에게 이렇게 말했다.

"송홍이 그의 아내를 깊이 사랑하고 있으니 공주는 다른 사람을 선택하도록 하라."

송홍이 한 말 중에 "빈천지지貧賤之知"가 후에는 사자성어인 "빈천지교"로 변형되었다.

平易近人 평이근인

글자풀이	바를 평(平 píng), 쉬울 이(易 yì), 가까울 근(近 jìn), 사람 인(人 rén).
뜻풀이	① 태도가 겸손하고 온화하여 쉽게 접근할 수 있다. 붙임성이 좋다. 사귀기 쉽다. ② (문장 따위가) 평이하여 쉽게 이해되다.
출처	한(漢) 사마천(司馬遷) 『사기·노주공세가(史記·魯周公世家)』

유래　　　서주西周 초의 유명한 정치가 주공周公은 성이 희姬요, 이름은 단旦이며 주무왕周武王의 동생이다. 주공은 무왕을 도와 상商나라를 멸망시켰다. 무왕이 죽은 후 그 아들인 성왕成王이 보위에 올랐으나 나이가 어려 주공이 섭정하였다. 주공은 젊은 성왕이 나라를 다스림에 있어 소홀함이 있을까 걱정되어 『다사多士』, 『무일無逸』 등의 문장을 써서 성왕에게 올렸는데 이런 글들은 모두 『상서尚書』에 수록되어 있다.

　　『사기』에는 이런 기록이 있다. 백금伯禽(주공의 아들)이 노魯나라에 책봉을 받아 3년 만에야 그곳의 상황을 주공에게 알리니 주공이 물었다.

　　"왜 보고가 이토록 늦었단 말이냐?"이에 백금이 답했다.

"저는 그곳의 풍속과 예의 제도를 개혁하여 상을 당하면 최장 3년 후에 상복을 벗도록 하였습니다. 하여 보고가 늦어졌습니다."

비슷한 시기에 태공太公 망望도 제齊나라에 부임하였고 5개월 후에 주공에게 국정 운영을 보고했다. 이에 주공이 물었다.

"왜 보고가 이토록 빠른 것인가?"

이에 태공은

"저는 군신의 예를 간단히 하고 현지의 풍속에 따라 정사를 펼쳤습니다"

하고 답했다. 주공은 감개무량함을 금치 못하며 말했다.

"보아하니 제나라가 노나라보다 강하구나. 노나라의 후손들은 제나라에
항복해야 할지도 모르겠구나. 나라의 법령이 평이하고 백성들의 생활에
밀착하면 백성들은 반드시 이를 따를 것이다平易近民, 民必歸之."

"평이근민平易近民"은 후에 성어 "평이근인平易近人"으로 고착되었으며 태
도가 겸손하고 온화하여 사귀기 쉬움을 이르는 말로 사용되었다.

破鏡重圓 파경중원

글자풀이	깨뜨릴 파(破 pò), 거울 경(鏡 jìng), 거듭할 중(重 chóng),
	둥글 원(圓 yuán).
뜻풀이	헤어진 부부가 다시 결합하다.
출처	당(唐) 맹계(孟棨)『본사시·정감(本事詩·情感)』

유래　　　　남북조南北朝 때 진陳나라의 후주後主 진숙보陳叔寶는 황제로 등극한 후 취생몽사의 나날을 보냈다. 재위 십수 년간 그는 후궁의 미인들과 술을 마시고 향락을 누리는데 정신이 팔렸으며 대신들과 시를 논하는 외의 나머지 시간은 휴식을 취하고 잠을 잤다. 그에게 있어서 국가 대사와 백성들의 질고는 안중에도 없었다. 부마도위駙馬都尉 서덕언徐德言은 조정의 기강이 날로 해이해지고 나라 사정이 계속 나빠지는 지라 근심이 태산 같았으나 이를 되돌릴 힘이 없어 고민했다. 어느 날 그는 아내인 낙창공주樂昌公主에게 말했다.

"진나라가 곧 무너질 것이요. 그러면 우리 부부는 난세에 흩어질 가능성이 있으니 이후 다시 만날 때 무엇을 징표로 삼는단 말이요?"

낙창공주가 놀라며 물었다.

"지금 나라가 평화롭고 백성들이 편안한 생활을 하는데 부군께서는 어찌 이런 불길한 말씀을 꺼낸단 말입니까?"

서덕언이 처량한 어조로 말했다.

"부인은 깊은 궁중에 계시니 어찌 궁 밖의 일들을 아시겠소? 지금 천하는 혼란 속에 빠졌고 북쪽의 수隋나라 황제 양견楊堅이 영명하고 위풍당당하여 그 수하에 맹장들이 구름 같고 책사들이 많으니 우리 진나라를 무너뜨리는 것은 손바닥 뒤집듯 쉬운 일이오. 황제께서 정신을 차려 나라를 다스릴 방법을 강구한다면 한동안 지탱할 수도 있을 것이오. 허나 황제는 전방에서 보내온 장계를 열어 보지도 않고 그대로 버리니 이 나라는 얼마 못 갈 것이오."

낙창공주가 급해서 물었다.

"그럼 우리는 어찌해야 한단 말입니까?"

서덕언이 한참 숙고를 하더니 구리거울 하나를 가져와서는 두 조각을 낸 후 반쪽을 낙창공주에게 주고 나머지 반쪽은 자기가 챙기면서 이렇게 말했다.

"이 반쪽 거울을 몸에 지니시오. 만약 우리가 정말로 흩어진다면 해마다 정월 보름날에 자신이 갖고 있는 반쪽 거울을 저잣거리에 내다 팝시다. 그렇게 되면 다시 만날 날이 올지도 모르오."

얼마 후 수문제가 장강長江을 건너 일거에 진나라를 멸망시키니 남북이 분열되었던 국면이 끝났다.

낙창공주와 남편 서덕언도 피난길에 올랐다가 서로 흩어졌으며 공주는 길에서 수나라군에 포로로 잡혔고 월국공越國公 양소楊素의 예기藝妓로 들어갔다. 서덕언은 유리걸식하며 천신만고 끝에 수나라의 도읍까지 왔다.

이듬해 정월 대보름이 되자 서덕언은 약속대로 저잣거리에 나왔고 어떤 사람이 낙창공주의 반쪽 거울을 팔고 있는 것을 보았다. 서덕언이 그 사람에게 다가가 거울을 받아 보고 거울에 시 한수를 적은 후 거울 주인에게 전해달라고 부탁했다.

낙창공주는 서덕언이 거울에 남긴 필적을 보고 그 자리에서 울음을 터뜨렸다. 양소가 무슨 연유냐고 물으니 낙창공주는 자신의 신분과 사정을 낱낱이 고했다. 낙창공주의 자초지종을 들은 후 양소는 연민의 마음이 생겨 사람을 보내 서덕언을 찾아오라 하였으며 갈라졌던 부부는 끝내 다시 만나게 되었다.

撲朔迷離 박삭미리

글자풀이 칠 박(撲 pū), 초하루 삭(朔 shuò), 미혹할 미(迷 mí), 떠날 리(離 lí).

뜻풀이 ① 겉모양으로 남녀(암수)를 구별하기 어렵다.

② 복잡하게 뒤섞여(비금비금하여) 분명히 구별할 수 없다.

출처 『악부시집·목란시(樂府詩集·木蘭詩)』

유래   민요는 노동 백성들이 창작하고 구두로 전해졌으며 그 과정에서 단체로 가공하거나 문인들이 첨삭, 윤색한 일종의 민간문학 방식이다.

"악부시집"중에는 남북조 때의 서사민요인 "목란시"가 있다. 그 내용은 목란이 남장을 하고 아버지를 대신해 군대에 나간 이야기이다.

남북조 때 화목란이라는 처녀가 있었는데 어릴 때부터 무예를 익혔다. 그러던 어느 해, 나라에서 전쟁에 나갈 군인을 모집하게 되고 화목란의 아버지도 징집 대상에 속했다. 아버지는 이미 나이가 들고 몸도 좋지 않았고 남동생은 아직 어린 상황이라 화목란은 남장 차림을 하고 아버지를 대신해 군에 나갈 생각을 했다. 그녀가 이 생각을 말하니 아버지는 그럴 수 없다고 한사코 반대했다. 후에 부모님들은 화목란의 효심에 감동해 그의 요구를 들어주었다. 화목란은 부모님과 작별하고 변방에 가서 싸우게 되었다. 비록 여자의 몸이었지만 무예가 출중하고 총명한 화목란은 전장에서 여러 번

공을 세운다. 그렇게 10년간의 전쟁이 끝나고 이들은 적을 물리치고 개선
한다. 황제는 화목란의 공이 크다는 것을 알고 상서직을 제수한다. 화목란
은 이를 고사하면서 황제에게 자신은 하루빨리 고향에 돌아가 부모님을 뵙
기를 바란다고 고했다. 그가 갑옷을 벗고 다시 여장을 하고 나타나니 그와
함께 전장을 누볐던 전우들은 크게 놀란다.

시의 마무리 부분에는 이런 구절이 있다.

웅토각박삭, 자토안미리	雄兔脚扑朔, 雌兔眼迷离
쌍토방지주, 안능변아시자웅?	双兔傍地走, 安能辨我是雄雌?

그 뜻은 "토끼의 귀를 잡고 공중에 매달고 있을 때 수토끼의 앞발은 수

시로 움직이고, 암토끼의 두 눈은 실눈을 뜨고 있는데 수토끼와 암토끼가 함께 달리면, 수놈인지 암놈인지 그 누가 알겠는가?"하는 것이다. 이는 전포를 갖춰 입은 화목란이 남자인지 여자인지 구분할 수 없음을 비유한 것이다. 그 후 화목란이 아버지를 대신해 군에 나간 이야기는 미담으로 전해졌고 민간에 널리 알려졌다.

후에 이 고사에서 "박삭미리"라는 성어가 나왔으며 사물이 복잡하게 뒤섞여 쉽게 그 본질을 구별할 수 없음을 비유한다.

齊心同力 제심동력

글자풀이	가지런할 제(齊 qí), 마음 심(心 xīn), 한가지 동(同 tóng), 힘 력(力 lì).
뜻풀이	한마음 한뜻으로 협력하다.
출처	남조·송(南朝·宋) 범엽(范曄)『후한서·왕상전(後漢書·王常傳)』

유래   서한西漢 말에 왕망王莽이 보위를 찬탈하고 국호를 "신新"이라 했다. 얼마 후 녹림綠林, 적미赤眉 등 농민봉기가 일어났고 한나라 황실의 먼 친척으로 황제의 숙부뻘이 되는 유연劉縯, 유수劉秀 형제도 녹림군에 참가했다. 이들은 자신의 힘을 기른 후 농민 봉기군의 하강군下江軍 수령인 왕상王常과 대사를 논의하게 되었다.

유연은 군대를 이끌고 함께 왕망정권에 대항함으로써 한나라 왕조를 회복하자고 왕상에게 권고했다. 그러면서 이런 약속을 했다.

"만약 일이 성사된다면 우리 함께 승리의 열매를 맛봅시다."

왕상이 그러자고 대답을 하고 돌아가서 기타 두령들인 성단成丹과 장인張印에게 이를 알렸다.

그러나 성단과 장인이 이를 반대했다.

"우리 하강군은 인마가 많은데 왜 그들의 인입인민 밑입니까? 대장부는 일을 함에 있어서 각자의 주장대로 해야지 어찌 다른 사람의 지휘를 받는단 말입니까?"

왕상이 답했다.

"왕망은 이미 민심을 잃었고 백성들도 한 왕조의 회복을 요구하고 있는 상황입니다. 지금 한나라 황족인 유연, 유수 형제가 거병하였으니 그들과 연합한다면 꼭 대업을 이룰 것입니다."

여러 장수들이 왕상의 영을 따르겠다고 나섰다. 이에 왕상이 하강군을 인솔해 유현, 유수의 군대와 합쳤다. 사서에서는 이들을 "제심동력齊心同力, 예기익장銳氣益壯"이라고 묘사해 그 전투력과 사기를 보여주었다. 이들은 며칠이 지나지 않아 왕망 수하의 장수인 견부甄阜와 양구사梁丘賜가 이끄는 군대를 소멸했다.

岐路亡羊 기로망양

글자풀이	갈래질 기(岐 qí), 길 로(路 lù), 잃을 망(亡 wáng), 양 양(羊 yáng).
뜻풀이	① 학문의 길이 여러 갈래이므로 진리를 찾기 어렵다.
	② 정세가 복잡하여 갈 바를 모르다.
출처	『열자·설부(列子·說符)』

유래　　　양주楊朱는 전국시대戰國時代에 큰 영향력을 보여준 사상가이다. 그는 가정형편이 넉넉하여 많은 시동과 노비들이 가사를 전담했다. 평시에 양주는 학문을 배우러 온 제자들을 가르치면서 이웃들과는 별로 내왕을 하지 않았고 서로 아무 일도 없이 평온하게 지냈다.

　양주의 이웃은 양을 길렀는데 어느 한번은 양 한 마리를 잃어버렸다. 이웃집 식구들이 다 나서서 양을 찾았으나 결국 찾지 못했다. 집주인은 속이 탔으며 꼭 양을 찾으리라 생각했다. 어떤 사람이 이런 제안을 했다.

"양주 선생 집에 시동과 노비들이 많으니 그들의 도움을 받으면 찾을 수도 있지 않겠는가?"

이웃집 주인이 양주를 찾아와 사연을 말하고 꼭 도와달라고 청했다. 양주가 이상하게 생각하며 물었다.

"양 한 마리를 잃었을 뿐인데 그 많은 사람들을 동원해 찾을 필요가 있겠는 가?"

이웃집 주인이 그 연유를 말했다.

"선생께서는 잘 모르실 수도 있겠습니다만 마을 밖의 갈림길이 원체 많아 양이 어느 길로 갔는지 전혀 알 수가 없습니다. 사람이 적으면 찾을 가망이 없으니 꼭 도와주시기 바랍니다."

양주는 거절할 수가 없어 노비와 시동들을 보내 함께 찾도록 했다.

날이 저물어 양을 찾으러 나갔던 사람들이 하나둘 돌아왔다. 그 결과가 궁금했던 양주는 이웃집 주인에게 양을 찾았는지 물어보았다. 이웃집 주인은 한숨을 내쉬며 이렇게 말했다.

"말도 마십시오. 잃어버린 양의 그림자도 보지 못하고 헛수고만 했습니다."

양주가 이상하게 생각해서 또 물었다.

"그 많은 사람들이 양 한 마리도 찾지 못한단 말인가? 거참 이상하도다. 그 럼 양이 하늘에라도 올라갔단 말인가?"

이에 이웃집 사람이 말했다.

"갈림길의 갈래가 어찌나 많은지 그 갈래를 따라가다 보면 또 다른 갈림길이 나오곤 했습니다. 사람 수가 갈림길의 갈래보다 적은지라 양이 도대체 어느 길로 갔는지 알 수가 없으니 찾지 못할 수밖에요."

양주가 이 말을 듣고는 뭔가 깊이 생각하면서

"음, 그랬구나"

하고 말했다.

이웃집 주인이 돌아간 후 양주는 깊은 사색에 잠겼고 웃음기도 사라져 무언가 걱정하는 바가 있는 듯했다. 그의 제자들은 스승님이 우울해하는 모습을 보고 이해가 되지 않아 이렇게 물었다.

"양 한 마리를 잃은 것이 큰일도 아니고 더구나 스승님 댁의 양도 아닌데 왜 이렇게 울적해하시는 겁니까?"

이에 양주는 이런 대답을 했다.

"내 집의 양을 잃었다 해도 큰 손해는 아니다. 나는 양 때문에 걱정하는 것이 아니라 이 일로부터 학문을 연마하는 도리가 연상되었기 때문이니라. 만약 학문을 연마함에 있어서 한 우물을 파지 않고 이것저것 수박 겉핥기 식으로 한다면 갈림길에서 양을 찾는 것처럼 결국 아무 소득도 없을 것이 아니겠느냐?"

후에 심도자心都子라는 사람이 이런 말을 했다.

"큰길에 갈림길의 갈래가 많아 양을 찾지 못했듯이岐路亡羊 글 읽는 사람이 정확한 방향이 없다면 기로에 빠져 일생을 헛되이 보낼 것이다."

이는 양주의 생각과 궤를 같이 하는 것이다.

騎虎難下 기호난하

글자풀이	말 탈 기(騎qí), 범 호(虎hǔ), 어려울 난(難nán), 아래 하(下xià).
뜻풀이	① 호랑이를 타고 있어 내리기가 힘들다.
	② 어떤 일을 중도에 중지하고 손을 뗄 수 없다.
	③ 이러지도 저러지도 못하는 딱한 처지.
	④ 호미난방(虎尾難放).
출처	당(唐) 위정(魏征) 등『수서·후비전(隋書·后妃傳)』

유래　　　북주北周 때 주선왕周宣王은 재위 기간에 황음무도하고 잔인하여 무고한 충신들을 죽이기를 일삼았기에 조정의 분위기가 흉흉하였다. 이에 황제의 장인인 양견楊堅은 황제를 몰아내고 그 자리를 차지하려는 생각을 점점 굳혀갔다.

　어느 날 대장군 우문경宇文慶이 양견의 집에 와서 술을 마시게 되었고 두 사람은 얘기를 나눌수록 의기투합했다. 양견이 사람들을 물리치고 우문경에게 조용히 말했다.

"황제의 덕이 모자라고 그 얼굴색을 보아도 명이 길지 않음을 알 수 있습니다. 또 황제가 율법이 가혹하고 주색잡기에 빠져 있으니 보위가 오래가지는 못할 것 같습니다. 게다가 제후들과 친왕들이 나약하고 자신들의 봉지에서 향락만을 추구하며 큰 포부를 가진 자가 없으니 북주는 그 위기가 눈앞에 닥쳐왔소."

우문경이 이 말을 듣고 깜짝 놀랐으나 즉시 양견의 뜻을 알아차렸다. 이 때부터 두 사람은 서로 마음을 나누는 사이가 되었으며 심복들을 적극 모으기 시작했다. 문무백관들 중에서 양견의 위망도 점점 높아졌다.

주선제는 양견의 위험한 존재를 감지하고 경계하고 두려워하게 되었으며 나아가서 시기 질투하게 되었다. 어느 한번은 술에 취한 주선제가 후궁에 돌아와서 양황후를 욕하면서 "어느 날엔가 꼭 너의 온 가족을 멸하리라."고 했다.

양견의 부인인 독고씨獨孤氏가 궁에 들어와 딸인 양황후楊皇后를 만나니 황후가 전후 사정을 말해 주었다.

집에 돌아온 독고씨는 주선제가 했던 말을 양견에게 들려주었고 이를 전해 들은 양견은 보위를 탈취하려는 결심을 더욱 다지게 되었다. 독고씨가 이 기회를 타서 양견을 부추기며 말했다.

"작금의 정세는 이미 불 보듯 뻔한 것입니다. 이는 마치 부군께서 호랑이 등에 올라탄 것과 같아 호랑이를 죽이지 않으면 그 등에서 내려올 수가 없습니다騎虎難下. 그러니 이제는 결단을 해야 합니다."

이에 양견은 정권 찬탈에 더욱 속도를 내게 되었다. 그 후 주선제가 병으로 죽고 양견이 아홉 살 나는 어린 황제를 죽인 후 자신이 황제위에 오르고 수隨나라를 세웠다.

旗鼓相當 기고상당

글자풀이	기 기(旗 qí), 북 고(鼓 gǔ), 서로 상(相 xiāng), 당할 당(當 dāng).
뜻풀이	① 세력이 대등하다. ② 대등한 형세이다. ③ 막상막하이다.
출처	남조·송(南朝·宋) 범엽(范曄)『후한서·외효전(後漢書·隗囂傳)』

유래　　기원 25년에 유수劉秀가 낙양洛陽에서 동한東漢 왕조를 세웠고 역사상 광무제光武帝라 부른다. 그러나 전국이 아직 통일되지 않았고 게다가 이전에 촉군태수蜀郡太守였던 공손술公孫述이 익주益州를 점령하고 성도成都에서 황제로 칭했다. 또 천수天水와 무도武都, 금성金城 등 군을 보유한 외효隗囂는 서천西川대장군으로 자칭하면서 공손술과 지역 다툼이 끊이지 않았다.

공손술을 고립시키기 위해 유수는 외효를 안무하기로 했으며 외효 또한 정치적인 출로를 얻기 위해 유수에게 상서를 올려 동한의 신하를 자청했다. 하여 유수는 외효를 서천대장군으로 정식 임명하였다. 그 후 외효는 장안長安에서 서쪽으로 진격하는 적미군赤眉軍을 격퇴함으로써 유수의 존경과 신뢰를 얻게 되었다.

후에 공손술이 중원으로 진출하게 되는데 이때 유수는 외효에게 편지를 보낸다. 편지에서 유수는 완곡한 어조로 외효가 자신의 병력을 이용해 공

손술의 공격을 막아 내 줄 것을 부탁했다. 편지의 내용은 이러하다.

"나는 지금 동부의 작전을 지휘하고 있으며 대부분 병력을 그곳에 집중시
키다 보니 서부의 병력이 부족하게 되었소이다. 만약 공손술이 한중漢中에
출병하고 장안을 침공한다면 장군의 북과 깃발을 빌려 적에게 맞설 수 있
는 대등한 세력을 형성할 수 있기를 바랍니다旗鼓相當. 그렇게 된다면 나는
하늘이 내린 복을 받는 것이나 다름이 없을 것입니다."

외효가 유수의 제안을 받아들여 함께 출병하였고 결국 공손술의 군사를
대파하였다.

유수가 편지에서 쓴 원문 중에 "장군의 병마를 빌린다면 대등한 세를 이

룰 것입니다."라고 한 구절이 있는데 이로부터 "기고상당"이라는 성어가
유래되었다.

起死回生 기사회생

글자풀이	일어설 기(起 qǐ), 죽을 사(死 sǐ), 돌 회(回 huí), 날 생(生 shēng).
뜻풀이	기사회생하다.
출처	한(漢) 사마천(司馬遷)
	『사기·편작창공열전(史記·扁鵲倉公列傳)』

유래   어느 한번은 편작이 괵나라號에 왕진을 가게 되었다. 왕궁을 지나가던 그는 태자太子가 아침나절에 혈기가 고르지 못한 병으로 급사했다는 소식을 듣게 되었다. 전후 사정을 물어보고 난 편작은 아직 태자를 살릴 수 있을 것으로 판단하고 궁에 들어가 태자를 살펴보겠노라고 말했다. 왕후가 이 말을 전해 듣고 즉시 편작을 태자의 침상 앞에 모셨다.

편작이 태자의 코에 귀를 대고 한참 들어보니 아직 가늘게 숨을 쉬고 있었고 다시 두 다리를 만져보니 안쪽에 미온이 남아 있었다. 편작이 맥을 짚어 보았는데 가늘게 뛰고 있는지라 이렇게 말했다.

"태자는 진짜로 운명한 것이 아니라 심한 중태에 빠진 것이니 아직 구명할 가망이 있습니다."

그러고는 금침을 꺼내 태자의 머리와 가슴, 손과 발에 시침하니 얼마 지나지 않아 태자가 숨을 돌렸다. 이어 태자의 겨드랑이 양쪽에 뜨거운 찜질을 하니 얼마 지나지 않아 태자는 완전히 정신이 돌아왔다. 옆에 있던 괵나라의 왕과 신하들은 이 신기한 광경을 보고 기쁨을 금치 못하였고 연신 감사를 표했다.

이에 편작이 국왕에게 말했다.

"태자가 쾌차하도록 제가 약을 지어드리겠사오니 연속 20일간 복용하게 되면 필히 약효가 보일 것입니다."

태자가 20일간 편작이 지어준 약을 먹으니 과연 건강을 완전히 회복하였다. 국왕이 재삼 편작에게 감사의 뜻을 전했으나 편작은 겸손하게 말했다.

"이는 소인이 죽은 사람을 살릴 수 있는 재능이 있는 것이 아니옵고 태자가 완전히 운명한 것이 아니어서 제가 의술로 치료했을 따름이옵니다."

千金一笑 천금일소

글자풀이	일천 천(千 qiān), 쇠 금(金 jīn), 한 일(一 yī), 웃을 소(笑 xiào).
뜻풀이	① 한번 웃음이 천금의 값이 나간다. ② 미인을 형용해 이르는 말.
출처	명(明) 풍몽룡(馮夢龍)『동주열국지(東周列國志)』제2회

유래   서주西周의 마지막 제왕 유왕幽王은 역사상 유명한 폭군이다. 그는 괵공虢公, 제공祭公, 윤구尹球 이 세 명의 간신들을 총애했다. 충신인 조숙대趙叔帶가 세 갈래 강이 마르고 기산이 허물어지는 불길한 징조를 들어가며 유왕에게 정무에 힘쓰고 백성을 사랑하는 동시에 현자들을 청해 나라의 사직을 튼튼히 할 것을 간했다. 허나 유왕은 조숙대를 조정에서 쫓아내고 다시는 출사하지 못하게 명했다. 다른 한 충신인 대부大夫 포향襃珦은 조대부가 축출되었다는 소식을 듣고 급히 궁에 들어가 간언을 했으며 이에 유왕이 대로하여 포향을 하옥시켰다.

   포향의 아들 홍덕洪德은 주유왕이 호색한임을 아는지라 포촌襃村에서 절세미인을 사서 그 이름을 포사襃姒라 하였으며 포사를 유왕에게 바쳐 아버지의 죄를 면하려 했다. 유왕은 포사를 보자마자 마음에 쏙 들어 했으며 그 다음 날로 궁에 들였다. 그리고는 즉시 포향의 죄를 면하고 석방하도록 했다. 포사로 말할라 치면 그 자태가 요염하기 그지없었으니 주유왕은 포사

를 경대瓊臺에 머물게 하고 밤낮으로 함께 즐겼다. 후에 포사가 아들을 낳으니 그 이름을 백복伯服이라 했으며 유왕은 태자 의구宜臼를 폐서인하고 백복을 태자로 삼았다. 이어 정실인 신申황후를 연금하고 비빈이던 포사를 황후로 삼았다.

포사는 유왕의 총애를 독차지했지만 종래로 환하게 웃은 적이 없었다. 유왕이 여러 가지 방법을 다 써보았으나 여전히 포사의 웃음을 볼 수 없었다. 이에 유왕은 누구든지 포사를 한번 웃게 하는 자는 천금을 상으로 주겠다는 어명을 내렸다.

괵부가 이런 계책을 내놓았다.

"선왕께서 서융西戎의 침입을 막기 위해 여산驪山 기슭에 봉화대 20기를 만들어 놓았습니다. 만약 적들이 쳐들어오면 봉화대에 연기를 지피고 부근의 제후들이 이를 보면 즉시 군사를 거느리고 구원하러 오게 되어 있습니다. 지금 천하가 태평하여 봉화가 오랫동안 꺼진 상태입니다. 대왕께서 황후마마와 함께 여산에 오르시어 봉화를 지피도록 한다면 여러 제후들이 구원하려 달려올 것이며 적정이 없음을 알아차리고는 김이 새어 돌아갈 테니 왕후께서 이를 보시면 꼭 웃음을 지을 것입니다."

유왕이 그 계책대로 행했다. 과연 여러 제후들이 여산에 봉화가 오른 것을 보고는 급히 군사를 이끌고 달려왔다. 이때 유왕은 산정에서 포사와 함께 음주가무를 즐기고 있었다. 여러 제후들이 사면팔방에서 모여드는데 급히 달려오느라 모두들 땀벌창이 되었다. 이들이 산기슭까지 와보니 변고가 발생하지 않았는지라 서로 쳐다보며 놀라면서도 황당해했다. 유왕이 이들에게 어지를 내렸다.

"여러 제후들을 기다리고 있었노라. 외적이 침입한 것이 아니니 경들은 즉시 회군하라."

이에 제후들은 풀이 죽어 본국으로 귀환했다. 포사는 제후들이 아무 일도 없는데 급히 달려왔다가 서둘러 돌아가는 모습을 보고는 이들의 어리석음이 우스워 활짝 웃음을 지었다. 유왕은 약속대로 괵부에게 천금을 내주었다.

후에 견융犬戎이 호경鎬京에 쳐들어오니 유왕은 봉화를 지피게 하였으나 제후들은 또 유왕이 허망한 짓을 하는 것이라 여겨 구하러 오는 자가 없었고 서주는 멸망하게 되었다.

千慮一得 천려일득

글자풀이	일천 천(千 qiān), 생각할 려(慮 lǜ), 한 일(一 yī), 얻을 득(得 dé).
뜻풀이	(어리석은 사람이라도) 많은 생각 속에는 간혹 쓸 만한 것이 있다.
	(주로 의견을 발표할 때 자기를 겸양하는 말로 쓰임)
출처	『안자춘추·내편잡하(晏子春秋·內篇雜下)』

유래   춘추春秋시대 때 안영晏嬰은 제나라의 상국相國(재상) 이었다. 그는 성품이 정직하고 청렴했으며 검소하게 생활했다. 어느 하루 점심때 그가 밥을 먹고 있는데 제경공齊景公이 사람을 보내 문안인사를 전했다. 이에 안영은 자신이 먹던 밥과 반찬을 절반 갈라 손님을 대접하였다.

이 일을 전해 들은 경공은 상국 안영이 넉넉하지 못한 생활을 하고 있음을 알고 안쓰러운 마음에 황금 천 냥을 보내 손님 접대용으로 쓰도록 했다. 그러나 안영은 가정형편이 어렵지 않다고 하면서 경공이 하사한 황금을 받지 않았다. 금을 가져온 사람이 난처해하지 않도록 하기 위해 안영은 그 사람과 함께 입궁해 경공을 만났다.

안영은 먼저 주공의 하해 같은 은덕에 감사를 드리고 나서 신하 된 자로서 응당 먹고 입는데 지장이 없을 정도이면 만족해야 하며 지나친 재부를 탐해서는 안 된다고 말했다. 이 말을 들은 경공이 여전히 황금 천 냥을 하사하면서 이렇게 말했다.

"이전에 우리나라의 현명한 재상이었던 관중管仲은 환공桓公이 당시의 여러 제후국들 중 제일 큰 맹주가 될 수 있도록 큰 공을 세웠습니다. 환공이 관중에게 많은 봉읍을 하사하니 관중은 사양하지 않고 이를 받아들였습니다. 헌데 공께서는 왜 내가 내린 하사품을 재삼 거절한단 말입니까?"

이에 안영이 말했다.

"제가 알기로 '성현은 천 가지 생각을 하나 반드시 놓치는 것이 있고 아둔한 사람도 천 가지 생각 중에 반드시 얻는 것이 하나 있다'고 합니다千慮一得. 관중은 성인이지만 잘못 생각하는바가 있을 수 있고, 저는 비록 아둔하지만 이 일을 처리함에 있어서는 옳을지도 모릅니다."

이 말을 들은 경공은 안영을 더욱 존경하게 되었다고 한다.

千人所指 천인소지

글자풀이	일천 천(千 qiān), 사람 인(人 rén), 바 소(所 suǒ), 손발가락 지(指 zhǐ).
뜻풀이	① 많은 사람들에게 지탄의 대상이 되다.
	많은 사람의 손가락질을 받다.
	② 대중의 비난을 받다.
	③ 천부소지(千夫所指)와 같은 뜻으로 쓰임.
출처	한(漢) 반고(班固) 『한서·왕가전(漢書·王嘉傳)』

유래   서한西漢 때 잘생긴 외모에 아첨을 잘하는 동현董賢이라는 자가 한애제漢哀帝의 총애를 한몸에 받았고 그 가족도 따라서 상당한 혜택을 누리게 되었다. 그 아내는 궁에 드나들면서 향락을 누렸고 여동생은 비妃로 간택되었으며 아버지와 장인, 처남까지도 높은 관직을 차지할 정도였다. 애제는 또 동현을 위해 화려한 저택을 마련해주고 궁에 들어오는 진상품에서 제일 귀중한 물건은 동현에게 하사했다. 그럼에도 불구하고 애제는 여전히 부족함을 느꼈고 기회를 보아 동현을 제후侯로 봉하려 했다. 바로 얼마 후 그 기회가 생겼다.

애제에게는 아들이 없었고 게다가 체질이 약해 병이 많았다. 동평왕東平王이 왕후와 짜고들어 애제가 죽기를 바라는 주술을 행했다. 자신이 왕으로 되기 위함이었다. 그런데 이 일이 조정의 두 대신에게 발각되었고 이들은 황제에게 올리는 표주문을 태감 송홍宋弘을 통해 애제에게 전했다. 그 결과 동평왕은 죄가 두려워 자살했고 왕후는 죽임을 당했다.

사건이 처리된 후 논공행상을 하게 되자 어떤 자가 애제의 환심을 사려고 표주문을 송홍이 아니라 동현을 통해 애제에게 전달한 것으로 하자고 제안했다. 이렇게 되면 동현을 제후로 봉할 구실이 있게 된다. 애제는 크게 기뻐하며 직접 조서를 써서 동현과 두 공신을 제후로 봉했다. 조서가 내려지자 승상丞相 왕가王嘉와 어사대부御史大夫 가연賈延이 극력 반대했다. 이들은 이 사건에서 동현이 공이 있는지, 제후로 봉할 수 있는지에 대해 조정의 공론에 붙이자고 제안했다. 애제가 그렇게는 하지 못했고 결국 이 일은 유야무야 되었다.

기원전 2년, 애제의 할머니인 부태후傅太后가 사망하니 애제는 부태후의 유명이라 하면서 동현에게 식읍 2천 호를 주었다. 조서를 받은 왕가가 이를 애제에게 돌려주면서 이렇게 간언을 했다.

"동현은 폐하의 은총을 믿고 교만 방자하며 그 악명이 널리 알려져 천하의 공분을 일으키고 있습니다. 속담에 '천명의 손가락질을 받게 되면千人所指 병이 없어도 죽게 된다' 고 했으니 동현의 이후가 근심되옵니다. 폐하께서 선조들의 창업이 힘든 점을 부디 헤아리시고 이런 조서는 내리지 마시기를 바랍니다."

왕가의 직언에 애제가 크게 노했고 사람을 보내 왕가에게 사약을 내렸으나 왕가는 이를 거부했고 결국 옥중에서 단식 끝에 목숨을 잃었다.

왕가가 죽은 후에는 애제에게 직언을 하는 대신이 없었다. 애제는 동현을 삼공三公 중의 한 자리인 대사마大司馬로 봉했는데 이때 동현은 겨우 22살이었다. 이때부터 동현은 조정을 손아귀에 넣었으며 심지어 신임 승상마저도 동현을 두려워할 정도였다. 동현의 권세가 점점 커지니 결국은 애제와 어깨를 겨루게 되었다.

그러나 이런 호시절은 얼마 가지 못했다. 기원전 1년 애제가 병으로 죽자 동현은 자신을 지탱해주던 기둥을 잃었고 왕후는 동현의 관직을 삭탈했다. 관직이 삭탈당한 그날로 동현과 그의 아내는 자살했고 동현의 집에서 회수한 재산만 해도 43만전錢에 달했다고 한다.

千萬買隣 천만매린

글자풀이	일천 천(千 qiān), 일만 만(萬 wàn), 살 매(買 mǎi), 이웃 린(隣 lín).
뜻풀이	좋은 이웃을 찾기 어려움을 이르는 말.
출처	당(唐) 이연수(李延壽) 『남사·여승진전(南史·呂僧珍傳)』

유래   남조南朝의 양무제梁武帝는 중신인 여승진呂僧珍의 능력을 높이 평가해 궁의 금군과 비밀문서를 다루는 사무를 총괄하는 좌위장군左衛將軍에 임명했다.

한번은 여승진이 고향에 성묘를 가겠다고 하니 양무제가 이를 허락하고 여승진을 남연주南兗州 태수太守로 임명하여 가문의 영광을 보여주도록 했다.

여승진은 부임한 후 사사로운 정을 고려하지 않고 공정하게 일을 처리했다. 그의 저택 앞에는 수하의 관사官舍가 있었는데 평시에 드나드는 사람이 많았다. 이를 본 어떤 사람이 여승진에게 수하는 다른 곳에 가서 일을 보도록 하고 관사를 본인이 사용하라고 권했으나 여승진은 이를 단마디로 거절했다.

여승진의 청렴하고 나라를 위해 온 힘을 다하는 여승진의 고상한 인격은 사람들의 칭송을 받았다. 송계아宋季雅라는 관원이 나이가 들어 남연주에 낙향을 했는데 특별히 여승진의 이웃집을 사서 기거했다. 어느 날 여승

진이 얼마를 주고 집을 샀느냐고 물으니 송계아는 도합 1100만을 주었다고 답했다.

여승진이 크게 놀라며 물었다.

"1100만이라니 왜 그리 비싼 겁니까?"

송계아가 웃으면서 말했다.

"그중의 백만은 집을 산 것이고 천만은 이웃을 산 것입니다."

여승진은 그 뜻을 알고 저도 모르게 웃음을 지었다.

千載難逢 천재난봉

글자풀이	일천 천(千 qiān), 해 재(載 zǎi), 어려울 난(難 nán), 맞이할 봉(逢 féng).
뜻풀이	① 천년의 긴 세월 동안 한번 올까 말까 하는 기회. ② 좀처럼 얻기 힘든 좋은 기회.
출처	당(唐) 한유(韓愈)『조주자사사상표(潮州刺史謝上表)』

유래   당唐나라 때 불교가 성행했고 당헌종唐憲宗도 독실한 불교도
였다. 당헌종은 어느 한 절에 부처 석가모니의 사리가 있다는 소식을 듣고
사리를 궁에 봉안하려 했다.

　당시 형부시랑刑部侍郞이던 한유韓愈는 이에 반감을 가지고 "간영불골표諫
迎佛骨表"라는 표문을 써서 반대 입장을 밝혔다. 그 내용 중에는 불교가 중원
에 전해진 후 황제들의 재위 기간이 모두 길지 않았으며 부처님의 보우를
바라던 황제들도 비참한 결과를 맞이했다는 구절이 있다.

　이에 당헌종은 한유가 엇박자를 낼 뿐만 아니라 역사를 이용해 현 황제
가 오래 살지 못할 것임을 비유했다고 여겨 크게 노했다. 당헌종은 이를 죄
목으로 한유를 죽이려 했는데 재상이 나서서 황제에게 사정을 해서야 그
관직을 조주자사로 강등시키는 처벌에 그쳤다.

　당나라 중반에는 중앙의 통치력이 날로 약화되었다가 당헌종이 집권한

후에는 적폐를 청산하면서 중앙 정권의 통치력이 강화되었다. 조주에 좌천된 한유는 이런 변화를 감지하고 당헌종에게 『조주자사사상표潮州刺史謝上表』라는 글을 올려 당헌종을 칭송했다. 그 목적은 다시 황제의 신뢰를 얻어 조정에 돌아가려는 것이었다.

이 표문에서 한유는 당헌종이 역사를 바꾼 중흥中興의 황제이니 태산泰山에 가서 "봉선封禪"을 해야 한다고 아부한다. "봉선"이란 하늘과 땅에 제를 지내는 대형 제례이다. 옛사람들은 오악五嶽 중에서 태산이 제일 높다고 여겼고 태산 정상에 올라 제단을 만들고 하늘에 제를 지내는 것을 "봉封"이라 했고 산 남쪽의 양부산梁父山에 제단을 만들고 제를 지내는 것을 "선禪"이라고 했다. 역사적으로 유명한 진시황秦始皇과 한무제漢武帝는 모두 성대한 봉선 행사를 했다. 한유의 제안은 바로 헌종을 걸출한 기여를 한 제왕들과 비견한 것이다.

한유는 또 표문에서 헌종이 봉선을 할 때 자신도 참여할 수 있기를 바라면서 이런 "천재난봉"의 성회에 참가할 수 없다면 이는 평생 유감으로 남을 것이라고 적었다.

후에 헌종은 한유를 다시 조정으로 불러들여 이부시랑吏部侍郎직을 맡게 했다.

前車之鑒 전거지감

글자풀이   앞 전(前 qián), 수레 거(車 chē), 갈 지(之 zhī), 거울 감(鑒 jiàn).

뜻풀이   ① 앞 수레가 뒤집히는 것을 보고 뒷 수레가 교훈으로 삼다.

② 앞사람의 실패를 보고 교훈으로 삼다.

출처   한(漢) 반고(班固)『한서·가의전(漢書·賈誼傳)』

유래   가의賈誼는 서한西漢 초의 걸출한 정치평론가이고 문학가이다. 그는 짧은 32년의 생을 살다가 갔지만 후세에 귀중한 문학 유산을 남겨주었다.

가의는 열여덟 살에 출중한 문필로 낙양洛陽 문인과 학자들의 칭송을 받았고 사람들은 그를 천재라고 했다. 이에 정위廷尉 오공吳公은 한문제漢文帝에게 가의를 천거했다. 얼마 후 가의는 황명을 받고 도성인 장안長安에 왔는데 조정의 신료들 중 가장 젊고 학문과 견식이 제일 높은 관원이 되었다. 한문제가 가의의 능력을 높이 여겨 가의에게 태중대부太中大夫를 제수하였다. 조정에서 중요한 직을 맡은 가의는 근면 성실하게 일했고 여기에 학문까지 깊으니 조정 대신들이 가의를 칭찬해 마지않았다. 가의가 이때 쓴『과진론過秦論』은 천고의 명문장으로 평가받는다. 글은 진秦나라가 6국을 통일한 후 단명 왕조가 된 역사적인 원인을 분석했다.

가의에 대한 한문제의 깊은 신뢰는 조정의 일부 대신들의 시기를 받게 되었고 결국 가의는 장사왕 태부長沙王太傅로 좌천되었다가 후에는 양회왕 태부梁懷王太傅로 자리를 옮겼다. 양회왕 태부로 있는 기간 가의는 자신의 뜻을 실현할 수 없고 재능을 펼칠 곳이 없음을 한탄했으며 문장을 써서 자신의 재능을 보여주는 방식을 선택했다. 이 시기에 그는 정론 명문장인『치안책治安策』을 썼다. 이 글은 진 왕조가 흥성에서 쇠망으로 나아간 쓰라린 교훈을 다시 한번 심도 있게 분석했다. 글에는 이런 내용이 있다.

"진시황秦始皇이 사구沙丘에서 병으로 죽은 후 간신인 조고趙高가 술수를 써서 호해胡亥를 황제로 옹립했다. 조고가 호해의 눈을 가리고 국정 운영에 대해서는 전혀 배우지 못하게 했으며 잔혹한 수단으로 범인을 괴롭히는 방법만 가르쳤다. 그 결과 황제인 호해는 살인 외에는 아는 일이 없었다. 어떤 자가 호해에게 천하를 다스리는데 정력을 기울일 것을 권고했으나 호해는 이를 황당무계한 일이라고 여겼다. 이는 호해가 태어날 때부터 나쁜 사람인 것이 아니라 주위의 조고와 같은 자들에게서 나쁜 영향을 받았기 때문이다. 옛말에 '관리직에 미숙한 사람은 그가 하는 일처리를 보면 그 인품을 알 수 있다'고 했다. 진나라의 실패는 우리들에게 큰 경계심을 가질 것을 시사한다前車之鑑. 그렇지 않으면 우리는 진나라의 오류를 또 범할 것이며 이는 대단히 위험한 것이다."

한문제는 가의의 이 문장을 보고 가의를 더욱 중히 여겼다. 그는 가능한 범위 내에서 가의의 일부 주장을 가납하여 자신의 조치와 정책을 보완했다.

前功盡棄 전공진기

글자풀이	앞 전(前 qián), 공 공(功 gōng), 다할 진(盡 jìn), 버릴 기(棄 qì).
뜻풀이	① 지금까지의 공로가 수포로 돌아가다. ② 공든 탑이 무너지다.
출처	한(漢) 유향(劉向)『전국책·서주책(戰國策·西周策)』

유래   춘추전국春秋戰國 시대에 진秦나라는 상앙변법商鞅變法을 통해 국력을 크게 신장했다. 진소왕秦昭王 때에 이르러 진나라는 이미 경제와 군사대국으로 성장했다. 천하통일의 패업을 달성하기 위해 진소왕은 좌서장左庶長 백기白起를 대장大將으로 임명하여 한韓나라를 공격하도록 했다. 이에 한나라는 진나라의 침공에 대항하는 한편 위魏나라에 구원을 청했다. 위나라는 한나라를 구할 생각이 있었으나 강대한 진나라와 맹장 백기의 위세에 눌려 감히 출병하지 못했으며 결국 백기가 한나라 군대를 대패시키고 한나라의 많은 성들을 점령하는 것을 보고만 있었다.

후에 진나라는 암둔한 초양왕楚襄王이 집권하는 기회를 타서 대장 백기에게 초나라의 도성을 점령하게 했다. 이어 진나라 군대는 산서山西 상당上黨지역의 장평長平에서 조趙나라 군대를 대파하였다. 진나라의 군세가 강하니 백기는 승전한 군사들을 이끌고 위나라를 공격해왔고 결국은 위나라의 도성인 대량大梁을 포위하기에 이르렀다.

이에 위나라는 풍전등화의 위기에 처했다.

위나라 왕이 화를 내며 대신들에게 말했다.

"애초에 진나라 군대가 한나라를 공격할 때 우리는 응당 군사를 내어 진나라를 함께 물리쳐야 했소. 그러나 경들은 진나라 군대의 위세에 눌려 저항하려 하지 않았소. 지금은 우리의 이웃 나라인 한나라, 조나라가 모두 진나라에 패했고 진나라 군사가 이제는 우리 도성을 포위했으니 우리는 구원을 청할 나라조차 없게 되었구려. 이 일을 어찌하면 좋단 말이요?"

한 대신이 나서서 말했다.

"6국의 재상 직을 맡았던 소진蘇秦의 아우 소려蘇厲가 지금 대량에 있사옵니다. 대왕께서 소려에게 계책을 물으신다면 혹시라도 진나라 군사를 물리칠 좋은 방도가 나오지 않을까 사료되옵니다."

위나라 왕이 즉시 소려를 불러 이렇게 말했다.

"선생, 우리 위나라의 도성이 누란의 위기에 처해 있는데 이 재난을 피할 좋은 방도가 없겠소?"

소려가 말했다.

"진나라는 이번에 큰 야심을 가지고 출병했습니다. 이들은 일찍부터 6국을 멸망시킬 계획을 가지고 있었으니 이 위기를 넘기기가 쉽지 않을 것 같습니다. 소인이 이제 주천자周天子를 알현할 생각인데 주천자께서 진나라의 지속적인 공격을 중지할 방도가 있을지도 모르겠습니다."

위왕이 소려의 말을 듣고는 그리 하라고 하명했다.
소려는 즉시 주천자가 있는 낙양洛陽에 가서 주난왕周赧王을 알현하고 이렇게 고했다.

"근자에 진나라가 제멋대로 날뛰고 그 발호가 지나치옵니다. 진소왕이 대장 백기를 파견해 초나라를 강점했고 조나라, 한나라 군사를 연이어 대파한 후 지금은 위나라의 도성인 대량을 포위했습니다. 만약 천자께서 이를 제지하지 않는다면 주나라는 소멸될 위기에 처할 것입니다."

주난왕은 고개만 끄덕였고 가타부타 말이 없었다. 이에 소려는 발길을 돌려 백기를 찾아갔다.
백기를 만난 소려가 이렇게 말했다.

"장군의 공은 이미 하늘을 찌를 듯 하온데 지금 군사를 이끌고 먼 길을 걸어 주나라, 한나라를 지나 위나라의 대량을 공격하고 있습니다. 만약 이번 전투에서 승리하지 못한다면 지금까지의 공이 수포로 돌아갈 것입니다前功盡棄. 그러니 장군께서는 병을 핑계로 철군하는 것이 좋을 듯합니다."

백기가 소려의 말을 듣지 않고 공격을 계속하니 소려는 별 소득이 없이 돌아왔다.

前無古人 전무고인

글자풀이	앞 전(前 qián), 없을 무(無 wú), 예 고(古 gǔ), 사람 인(人 rén).
뜻풀이	① 지금까지 그 누구도 해본 적이 없다. ② 공전(空前)의.
출처	당(唐) 진자앙(陳子昂) 『등유주대가(登幽州對歌)』

유래 　진자앙陳子昂은 당唐나라 때의 문학가이며 초당初唐 시詩 문학의 혁신파 대표 인물이다. 무측천武則天의 신임을 얻어 인대정자麟臺正字로 임명되었고 후에는 우습유右拾遺로 승진했다. 진자앙은 정치적으로 무측천을 지지했지만 외척이 권력을 차지하고 날뛰는 현실에 대해서는 불만을 품었는데 이는 무씨武氏 형제의 원한을 사게 되었다.

　기원 696년 무측천이 군대를 내어 거란을 정벌하니 건안왕建安王 무유의武攸宜가 군사를 통솔하게 되고 진자앙은 참모로 함께 출정했다. 무유의는 군사에 대해 잘 모르는 지라 전장의 당나라군은 열세에 처했고 이를 본 진자앙이 여러 번 방책을 대주었으나 무유의는 이를 받아들이지 않았을 뿐만 아니라 오히려 진자앙이 군심을 어지럽힌다고 하면서 군조軍曹로 강등시켰다.

　역경에 처한 진자앙은 나라에 대한 근심이 태산 같았다. 그는 슬프고 통분한 심정으로 유주대幽州臺에 올라 이것저것 생각하다가 불현듯 전국시대戰國時代 때 연소왕燕昭王이 현자賢者를 등용해 적을 물리친 고사를 떠올렸다.

전국시대 연소왕이 국군으로 된지 얼마 안 되어 제齊나라 군사들이 쳐들어왔고 얼마 후 연나라의 도읍마저 함락되었다. 허나 연소왕은 낙심하지 않고 군사를 재정비하면서 나라를 다시 찾을 방도를 연구했다.

연소왕은 당시의 명인인 곽외를 청해 오기 위해 황금대를 만들고 국사國師로 임명했다. 곽외가 국사를 맡으니 사면팔방에서 인재들이 앞다투어 모여들었다. 위나라의 군사재능이 뛰어난 악의樂毅라는 사람도 이때 연소왕을 찾아왔다. 연소왕은 즉시 악의에게 아경亞卿직을 제수하고 이어 상장군上將軍으로 봉했다. 후에 악의는 조趙, 초楚, 한韓, 위魏 네 개 나라를 연합한 후 총 5개국의 군사를 통솔해 제齊나라를 정벌하였다. 그 결과 악의가 이끈 군사는 파죽지세로 진격해 제나라의 70여 개 성을 공략함으로써 연소왕을 위해 나라의 치욕을 씻었다.

이전에 악의가 현명한 군주를 만나 세상을 놀라게 하는 큰일을 해냈으나 현재 자신은 나라를 위한 큰 뜻을 펼 곳이 없으니 어찌 개탄스럽지 않으랴! 그야말로 과거를 돌이켜보니 옛사람들은 이미 보이지 않고 이후를 생각해보니 그 전도가 분명하지 않았다. 비록 눈앞의 경물이 넓고 아름다우나 자신은 얼마나 고독한 것인가. 진자앙은 하늘을 향해 이런 탄식을 내뱉었다.

뒤돌아보아도 옛사람 볼 수 없고	前不見古人,
앞으로 보아도 올 사람 볼 수 없네.	後不見來者.
우주의 유구함을 생각하노라니	念天地之悠悠,
홀로 참담해져 눈물이 흐르누나.	獨愴然而涕下.

폐부에서 우러나온 이 말은 봉건사회에서 재능과 학문을 펼칠 기회가 없는 데 대한 불만을 잘 표현했다. 성어 "전무고인"은 바로 이 이야기에서 나온 것이다.

黔驢技窮 검려기궁

글자풀이   검을 검(黔 qián), 당나귀 려(驢 lǘ), 재주 기(技 jì), 다할 궁(窮 qióng).

뜻풀이   쥐꼬리만한 재간마저 바닥이 나다.

출처   당(唐) 유종원(柳宗元)『삼계·검지려(三戒·黔之驢)』

유래   과거 귀주貴州 일대에는 나귀가 없었다. 어떤 사람이 배에 나귀를 실어 왔으나 나귀를 어떻게 할지 몰라 산기슭에 풀어 방목했다. 산중의 호랑이가 나귀를 보니 체대가 큰지라 어떤 재주가 있을지 몰라 감히 접근하지 못하고 멀리 숲속에 숨어 나귀의 동정만을 살펴보았다.

한동안 시간이 흐르니 호랑이는 대담하게 수림에서 나와 조금씩 나귀에게 접근했으며 자세히 살펴보았으나 여전히 나귀가 어떤 동물인지 알 수 없었다.

어느 하루는 나귀가 불시에 큰 소리를 질렀다. 호랑이는 나귀가 자기를 잡아먹으려는 줄 알고 깜짝 놀라 멀리 도망쳤으나 별다른 일이 없었다. 또 며칠이 지난 후 호랑이는 다시 나귀에게 접근했으며 나귀가 별다른 재주가 없음을 간파했고 나귀가 지르는 소리에 더는 겁을 먹지 않았다. 이에 호랑이는 점점 더 나귀와 가까운 곳으로 접근했고 나귀 주위를 이리저리 휘저으며 다녔으나 별 다른 일이 생기지 않았다.

　후에 호랑이는 나귀와 점점 가까운 곳에 다가갔으며 심지어는 나귀의 몸을 툭툭 치기도 했다. 이에 성이 난 나귀는 발굽으로 호랑이를 찼다. 이를 본 호랑이가 오히려 기뻐하면서 나귀의 능력도 별로 무서워할 것이 없다고 생각했다. 호랑이는 큰 소리를 지르면서 나귀를 덮쳐 목줄을 끊어 놓은 후 한 끼 포식을 하고는 유유히 사라졌다.

强弩之末 강노지말

글자풀이	강할 강(强 qiáng), 쇠뇌 노(弩 nǔ), 갈 지(之 zhī), 끝 말(末 mò).
뜻풀이	① 쇠퇴 몰락의 처지. ② 힘이 다 빠진 상태.
출처	한(漢) 사마천(司馬遷) 『사기·한장유열전(史記·韓長孺列傳)』

유래　　　서한西漢 때의 한안국韓安國은 원래 양왕梁王 유무劉武 수하의 중대부中大夫였으며 "오초 7국의 난吳楚七國之亂"을 평정하는 과정에서 큰 무공을 세웠다. 그러나 후에 국법을 어겨 관직을 삭탈당하고 집에서 무료한 시간을 보냈다.

한무제漢武帝 때에 전분田蚡이 태위太尉로 되자 한안국은 전분에게 뇌물을 먹여 그의 천거를 받아 북지도위北地都尉를 맡게 되었고 얼마 지나지 않아 대사농大司農으로 승차했다. 후에 한안국이 전란을 평정한 공이 있어 한무제가 그를 어사대부御史大夫로 임명했다.

이때 한나라와 흉노는 싸우다가도 강화를 체결하는 상태가 거듭되었다. 어느 한번은 흉노가 강화를 위해 사신을 파견했으나 한무제가 어떻게 할지를 결정하지 못하고 조정의 대신들을 불러 이 일을 의논하도록 했다. 왕회王恢라는 대신이 변경에서 몇 년간 임직한 경험이 있었고 흉노의 상황에 대해 잘 알고 있었다. 그는 한나라의 군사력으로 흉노를 평정하기에 문제가 없다고 생각했고 이를 근거로 흉노와의 강화를 반대했으며 오히려 한무제에게 즉시 군대를 파견해 흉노를 토벌할 것을 제안했다.

그 자리에 있던 대신들은 모두 침묵을 지켰으나 한안국이 일어나서 큰소리로 반대했다.

"지금 흉노의 세가 점점 커지고 신출귀몰하면서 어디로 올지 모르는 상황이요. 만약 우리가 군사를 내어 천리 밖의 흉노를 친다면 이는 성공하기 힘들 것이요. 게다가 흉노는 쉬면서 힘을 비축했다가 일격에 성공할 가능성이 커질 것이요. 이는 마치 시위를 떠난 화살이 마지막에 가서는 힘이 떨어져 엷은 비단마저도 꿰뚫지 못하는 것과 같은 것이요强弩之末, 광풍의 끝자락은 가벼운 깃털조차도 날리지 못하는 것과 같은 도리요. 지금 우리가 군사를 내어 흉노를 정벌하는 것은 실로 온당치 못한 처사이며 내가 보기에는 그들과 강화를 맺는 것이 더 나을 것이요."

많은 대신들이 한안국의 의견을 지지하니 한무제도 이를 가납하고는 흉노와 강화를 맺는데 동의했다.

巧奪天工 교탈천공

글자풀이	공교할 교(巧 qiǎo), 빼앗을 탈(奪 duó), 하늘 천(天 tiān), 장인 공(工 gōng).
뜻풀이	① 인공적인 것이 천연적인 것보다 낫다. ② 기술 혹은 기교가 훌륭하다.
출처	원(元) 이세진(伊世珍) 『낭환기(琅環記)』

유래   삼국시대三國時代 때 위魏나라의 초대 황제 조비曹丕의 황후 견씨甄氏는 원래 원소袁紹의 아들 원희袁熙의 아내였는데 그 미모가 출중해 조비가 황제가 되기 전에 빼앗아서 아내로 삼았다. 후에 견씨는 마흔 살 때 황후 자리에 올랐다. 조비의 총애를 독차지하기 위해 견씨는 매일 아침 많은 시간을 들여 화장을 했다.

전하는데 의하면 그가 기거하는 곳의 정원에는 매우 아름다운 푸른 뱀이 있었다. 뱀은 늘 붉은 구슬을 입에 물고 있었으며 견씨가 화장을 할 때마다 그 앞에서 기묘한 모양으로 똬리를 틀었다. 견황후도 후에는 이 뱀이 트는 똬리가 한 번도 중복되지 않음을 발견했고 그 모양을 본따 머리를 올렸다. 이때부터 견황후의 머리 모양이 타의 추종을 불허할 정도로 정교하고 아름다우니巧奪天工 후궁들은 이를 "영사계靈蛇髻"라고 불렀다. 조비가 이를 보고는 견황후가 여전히 젊다고 생각해 예전처럼 총애했다.

그러나 세월의 흐름을 막을 자 없어 정교하고 아름다운 머리 모양도 황제의 마음을 영원히 잡지는 못해 결국 더 젊은 곽황후가 견황후의 자리를 대신했다. 이에 불만을 품은 견황후가 조비의 심기를 건드리니 조비는 견황후에게 죽음을 명했다.

巧取豪奪 교취호탈

글자풀이	공교할 교(巧 qiǎo), 취할 취(取 qǔ), 뛰어날 호(豪 háo),
	빼앗을 탈(奪 duó).
뜻풀이	(재물, 권리따위를) 교묘한 수단이나 힘으로 빼앗다.
출처	송(宋) 소식(蘇軾) 『차운미불이왕서발미(次韻米黻二王書跋尾)』

유래　　　송宋나라 때의 서예를 논할라치면 미불米芾과 미우인米友仁 부자를 빼놓을 수 없다. 이들은 당대의 걸출한 화가였다.

화가가 그림을 좋아하는 것은 당연한 일이다. 그러나 천방백계로 다른 사람들이 소장한 옛 명화들을 끌어 모은 미씨 부자의 행위는 사람들의 손가락질을 받았다.

먼저 미불을 보자. 어느 날 그의 친구인 채유蔡攸가 동진東晉의 서예가 왕희지王羲之의 "압두환첩鴨頭丸帖"을 얻게 되었다. 채유가 기쁜 마음으로 연회를 마련하고는 미불을 청해 술을 마시면서 서첩을 감상하자고 했다. 서첩을 본 미불은 탄복해 마지않았으며 물건이 욕심났으나 쉽게 입이 떨어지지 않았다. 미불은 그림을 얻을 수 있는 계책을 생각하기 시작했다.

미불이 갑자기 눈물을 흘리며 술을 연거푸 몇 잔 마시더니 잔을 던지면서 일어나 친구들에게 읍을 하며 말했다.

"이 슬픔을 주체할 수가 없으니 나는 굴원의 뒤를 따라 강에 몸을 던질 예
정이오. 여러분과 영원한 이별을 고하는 바이오."

말을 마치고는 자리를 떴다.
채유가 크게 놀라며 미불을 잡고 연유를 물으니 미불이 말했다.

"내가 평생토록 많은 명인들의 서첩을 모아 왔지만 이 서첩과는 비교가 안
되는구려. 그러니 내가 더 살아서 무슨 의미가 있단 말이요?"

채유가 하는 수 없이 아끼는 묵보墨寶를 미불에게 내줄 수밖에 없었다.
미우인은 아버지의 집착에 가까운 성격을 그대로 이어받았다. 그가 연

수漣水에 있을 때 어떤 사람에게 당唐나라 화가 장훤張萱의 "망월望月"도를 빌렸는데, 며칠 밤을 새워가며 그림을 모사한 후 진품은 자기가 가지고 모사한 그림을 주인에게 돌려주었다.

며칠이 지나 그림 주인이 속은 줄을 알고 미우인의 집을 찾아와 진품을 내놓으라 했고 만약 진품을 돌려주지 않으면 관에 가서 시비를 가릴 것이라고 했다. 이런 일을 이전에도 해왔으나 종래로 발각된 적이 없었던 미우인이 이상해서 물었다.

그림 주인은 이렇게 답했다.

"자네의 그림 수준이 높아 진짜와 가짜를 내가 구분하지 못할 줄 알았는가? 내가 가지고 있던 원래 그림은 화가의 기예가 대단해 촛불이 비쳐지면 달 속의 항아姮娥와 옥토끼까지 보인다네. 자네는 모사할 때 이 정도까지는 생각하지 못했겠지?"

미우인은 이 말을 듣고 화가의 수준에 깊이 탄복하면서 하는 수없이 진품을 꺼내 주인에게 돌려주었으며 관에 소송을 하지 말아 달라고 빌었다.

소식의 시 중에는 "교투호탈고래유巧偷豪奪古來有, 일소수사치호두一笑誰似痴虎頭"라는 구절이 있는데 일부 사람들은 이것이 미불, 미우인 부자를 쓴 것이라고 분석하기도 한다. 성어 "교투호탈"이 후에는 "교취호탈"로 변했다.

勤能補拙 근능보졸

글자풀이	부지런히 할 근(勤 qín), 능할 능(能 néng),
	기울 보(補 bǔ), 졸할 졸(拙 zhuō).
뜻풀이	① 근면은 서투름을 보충한다.
	② 부지런하면 없는 재간도 보충할 수 있다.
출처	당(唐) 백거이(白居易)『투한주필제24운(偸閑走筆題二十四韻)』

유래   기원 825년 조정에서 백거이白居易를 소주자사蘇州刺史에 임명했다. 이해 3월 백거이는 배를 타고 낙양洛陽을 떠나 소주蘇州로 갔다. 소주 백성들은 거리를 깨끗이 청소하고 신임 지방관을 맞이했으며 이에 백거이는 감동을 금치 못했다. 백거이는 소주의 명성을 일찍부터 들어왔으며 수많은 명승고적이 있는 것도 알고 있었으나 공무가 다망한 관계로 밤낮으로 일을 처리해야 했으며 밤샘을 하는 경우도 허다했다.

    백거이가 열심히 공무를 처리한 흔적은 친구에게 보낸 서신 중, "보졸막여근補拙莫如勤"이라는 구절에서도 나타난다. 그 뜻인즉 아둔한 사람도 부지런하면 그 부족점을 미봉할 수 있다는 것이다勤能補拙. 과중한 업무 때문에 백거이는 피로가 쌓여 눈병에 걸리게 되었다. 기원 826년 가을 그는 소주자사 직을 사임하고 낙양으로 돌아왔다.

靑雲直上 청운직상

글자풀이	푸를 청(靑 qīng), 구름 운(雲 yún), 곧을 직(直 zhí), 위 상(上 shàng).
뜻풀이	① 입신출세하다. ② 관운(官運)이 좋아서 곧장 높은 자리에 오르다.
출처	한(漢) 사마천(司馬遷)
	『사기·범저채택열전(史記·范雎蔡澤列傳)』

유래   전국시대戰國時代 위魏나라의 범저范雎는 그 재능이 출중했으나 집안 형편이 어려워 중대부中大夫 수가須賈의 수하에서 일했다. 어느 한 번은 수가가 위왕의 명을 받아 제齊나라에 사신으로 가게 되자 범저도 사신단을 수행했다. 제양왕齊襄王이 범저의 달변을 귀히 여겨 황금과 미주美酒를 하사했다. 이를 본 수가는 범저가 위나라와 내통한다고 여겨 이를 위나라의 상국相國인 위제魏齊에게 고했고 대로한 위제가 사람을 시켜 범저를 만신창이 되도록 두들겨 패고는 뒷간에 버리게 했다. 어떤 사람이 뒷간에 버려진 범저를 구해 주었다.

후에 범저는 장록張祿이라고 이름을 고치고 친구의 도움을 받아 진秦나라로 도망쳤으며 출중한 언변과 능력으로 진나라의 높은 관직을 맡게 되었다. 그는 진소왕秦昭王을 도와 국내외의 많은 중대 사안들을 훌륭하게 처리했고 "원교근공遠交近攻"의 외교 정책을 펴서 진나라가 전국 6국 중에서 앞

선 위치를 선점하도록 도왔다. 그 후 범저는 진나라의 상국相國을 맡아 대권을 장악하면서 여러 제후국들에 그 이름을 날렸다.

진소왕 41년 진나라가 한韓나라와 위魏나라를 공격하려 하니 위나라는 매우 두려워하며 수가를 보내 강화를 청하게 했다. 함양咸陽에 도착한 수가는 먼저 진나라의 상국인 장록을 만날 생각이었다. 범저가 허름한 옷을 입고 수가가 묵고 있는 숙소에 찾아가 뵙기를 청했다. 범저를 만난 수가는 어떻게 살아남았고 또 왜서 이렇게 곤궁한 처지에 있는지 물었다. 범저는 죽었다가 다시 소생하였고 진나라에까지 유랑하여 와서 머슴으로 일한다고 둘러댔다. 수가가 범저를 가련하게 여겨 음식과 비단옷을 내주었다. 범저가 수가에서 진나라에 행차한 목적을 물으니 수가는 한숨을 쉬며 말했다.

"말도 말게. 지금 우리나라의 운명은 진나라의 장상국張相國 손에 달렸는데 언제 만나 뵐 수 있을지도 모르겠네."

범저가 자신이 모시는 주인이 장상국을 잘 알고 그 인연으로 자신도 상국과 안면이 있으니 소개해 드리겠다고 말했다.

범저가 직접 수가의 수레를 몰고 상국 관저에 도착했다. 범저는 먼저 들어가 기별을 주겠다 하고는 집으로 들어갔다. 수가가 살펴보니 상국 관저의 하인들이 범저를 대하는 태도가 매우 공경스러워서 좀 의심이 들기는 했으나 별다른 말을 하지 않는지라 일이 될 모양이라고 기뻐했다. 그런데 아무리 기다려도 범저가 나오지 않는지라 문지기에게 물었다.

"범저가 들어간 지 한참 지났는데 왜 나오지 않는 것이냐?"

이에 문지기가 "범저가 누구시냐"고 되물었다. 수가가 방금 수레를 몰고 온 사람이라고 하자 문지기는 "그분이 바로 장상국 대감이십니다."하고 말했다.

깜짝 놀란 수가가 문지기에게 큰 죄를 지었노라고 상국에게 전해줄 것을 부탁했다. 범저를 만난 수가는 이렇게 말했다.

"소신 수가는 눈이 있으되 태산을 알아보지 못했습니다. 공께서 출중한 재능으로 입신양명하시고 진나라의 상국으로까지 되실 줄은 생각지도 못했습니다. 이후 저는 전하의 재능과 학식을 다시는 논하지 않을 것이며 조정의 일도 더는 묻지 않을 것입니다. 죽을죄를 지었으니 벌을 주십시오."

범저가 수가의 세 가지 죄를 일일이 밝히며 꾸짖었다. 그러나 수가가 비단옷을 내준 것은 정과 의리가 있는 행위라 여겨 결국 용서해 주었다.

傾城傾國 경성경국

글자풀이	기울 경(傾 qīng), 성 성(城 chéng), 경(傾 qīng), 나라 국(國 guó).
뜻풀이	① 경국(傾國)의 미인. ② 절세의 미인.
출처	한(漢) 반고(班固)『한서·효무이대인전(漢書·孝武李大人傳)』

유래   한漢나라 때 중산中山 이연년李延年은 중경성인 장안長安에 이주하게 되었다. 그는 음악인 가정에서 태어났으며 부모와 형제들이 모두 춤과 노래에 능했다. 그 자신도 음악 창작에 천부적인 재능을 보였고 특히 노래와 춤 실력이 뛰어났다. 후에 그는 궁에 들어가 개를 관리하는 관원이 되었으며 한무제漢武帝를 만날 기회가 늘 있었다. 이연년이 출중한 음악재능을 보이니 황제의 총애를 받게 되었다.

이연년은 늘 새로운 노래를 창작하곤 했으며 그가 신곡을 연주하고 노래할 때면 듣는 사람들이 완전히 도취되었다.

어느 한번은 이연년이 춤을 추면서 이런 노래를 불렀다.

北方有佳人 絶世而獨立   북방유가인 절세이독립

一顧傾人城 再顧傾人國   일고경인성 재고경인국

寧不知傾城與傾國 佳人難再得   영부지경성여경국 가인난재득

북방에 가인이 있어

세상을 벗어나 홀로 서 있네.

한번 돌아보면 성이 기울고

다시 돌아보니 나라가 기우는구나.

성을 흔들고 나라를 무너뜨림을 어찌 알지 못하는가.

가인은 다시 얻기 어렵다네.

무제가 듣고 이렇게 탄식했다.

"세상에 어찌 이런 미인이 있단 말인가! 쳐다보기만 해도 전반의 도시와 나라를 홀릴 수 있다니 이런 미인이 있다면 짐은 반드시 비로 맞을 것이다."

평양공주平陽公主가 이 말을 듣고 이런 말을 전했다.

"왜 없단 말입니까? 이연년의 누이가 바로 그런 미인이옵니다."

무제가 이 말을 듣고 크게 기뻐하며 즉시 이연년의 누이를 부르라고 했다. 만나보니 과연 절세의 미인인지라 즉시 후궁으로 들이고 이부인李夫人으로 봉했다.

請君入瓮 청군입옹

글자풀이	청할 청(請 qǐng), 임금 군(君 jūn), 들 입(入 rù), 항아리 옹(瓮 wèng).
뜻풀이	① 자신이 정한 엄격한 규칙이나 금지 조항에 자기 자신이 걸려들다.
	② 제 도끼에 제 발등 찍히다.
	③ 제가 놓은 덫에 치이다.
출전	송(宋) 사마광(司馬光)
	『자치통감·측천황후천수2년(資治通鑑·則天皇后天授二年)』

유래   무측천武則天은 재위 기간에 잔혹한 관리들인 내준신來俊臣과 주흥周興을 등용해 정적들을 무자비하게 제거함으로써 공포 분위기를 형성했다. 이를 기회로 상서성尚書省의 도사都事였던 주흥은 형부시랑刑部侍郎으로 승진해 전국의 형벌과 감옥을 관리하는 대권을 손에 넣었다. 무측천이 황제로 된 후 주흥은 상서좌승尚書左丞으로 승차했다.

천수天授 연간에 주흥과 금오위대장군金吾衛大將軍 구신적丘神勣이 모반을 꾀한다고 밀고하는 자가 있었고 이에 무측천은 좌대어사중승左臺御史中丞 내준신에게 이 사건을 처리하라고 명했다. 내준신의 잔혹한 수단은 주흥을 넘어설 정도였다. 그는 주흥을 잡자면 쉽지 않으리라 생각하고 한꺼번에

제압할 수 있는 방도를 찾기에 골몰했다.

하루는 내준신이 주흥을 청해 식사를 대접했다. 두 사람은 예전과 마찬가지로 웃음꽃을 피우며 술을 마시면서 흥을 돋우었다. 이때 내준신이 자신이 맡고 있는 사건이 꽤 힘들다고 하면서 무심한 어투로 물었다.

"지금 범인들이 쉽게 죄를 승인하지 않는데 주대인은 이들을 치죄하는 좋은 방도가 있으십니까?"

이에 주흥은 선배의 틀거지를 차리면서 이렇게 말했다.

"죄를 시인하려 하지 않는 자들을 대처하는 방법은 간단하다네. 큰 독을 가져다가 숯불로 달구어 놓고 범인을 독 안에 들어가 서게 하면 견딜 자가 없을 걸세."

"그 방법이 그토록 영험하단 말입니까?"

내준신도 이런 혹형을 사용해본 적이 있었지만 일부러 이렇게 물었다.

"그렇고 말고."

주흥은 아무 생각도 없이 대답했다.

"그럼 오늘 주대인이 말한 그 고명한 방법을 써보도록 하지요."

내준신은 이렇게 말하며 하인들에게 마당에 독을 가져오라 명하고 장작을 쌓아 불을 붙이니 삽시간에 독이 벌겋게 달아올랐다.
주흥은 독이 달아오른 것을 보고는

"이제 범인을 데려오라."

고 말했다.
내준신이 자리에서 일어서며 말했다.

"대인께서 모반을 꾸민다고 신소한 사람이 있어 황제의 밀명을 받아 대인을 고신할 것이요. 만약 자백할 생각이 없으시다면 어서 독 안으로 드시지요 請君入瓮."

주홍은 깜짝 놀라 식은땀을 흘리며 자백하겠노라고 연신 머리를 조아렸다. 당시 사람들은 이를 두고 "내준신이 주홍의 방법으로 주홍의 죄를 다스렸다"고 했다. 내준신은 주홍을 사형에 처했으나 무측천이 과거 주홍의 "공"을 봐서 죽이지는 않고 유배를 보내는데 그쳤다. 그러나 악한 짓을 골라했던 주홍은 유배지로 가던 도중 암살당했다.

磬竹難書 경죽난서

글자풀이	빌 경(磬 qìng), 대 죽(竹 zhú), 어려울 난(難 nán), 글 서(書 shū).
뜻풀이	(죄상이 많아서) 필설(筆舌)로 다 표현할 수 없다.
출처	오대·후진(五代·後晋) 유구(劉昫)
	『구당서·이밀전(舊唐書·李密傳)』

유래   수隨나라 말에 수양제隋煬帝 양광楊廣이 황음무도하고 토목공사를 크게 벌였으며 연달아 다른 나라를 상대로 전쟁을 일으키니 백성들이 더는 살아갈 방법이 없어서 도처에서 들고일어났다.

여러 갈래의 농민 봉기군중의 한 갈래는 적양翟讓이 이끄는 와강군瓦崗軍군이었다. 용감하고 담략이 뛰어난 적양은 얼마 안 되어 만여 명에 달하는 군사력을 가지게 되었다. 후에 다른 한 갈래 봉기군에 있던 이밀李密이 와강 봉기군에 참가했다. 이밀은 부근의 여러 봉기군과 연합하도록 적양을 설득했으며 그 결과 수나라 군대와의 싸움에서 연속 승전보를 올렸고 적양의 절대적인 신임을 얻게 되었다. 그다음 해에 이밀은 와강군의 통수권을 장악하고 위공魏公이라 칭했다.

이밀은 대권을 장악한 후 여러 갈래 봉기군을 더 연합했다. 또한 수나라의 문무 관원들을 장악하기 위해 수나라 도읍인 낙양洛陽으로 진공하면서 양제를 토벌하자는 격문檄文을 발표했는데 그 내용은 식견 있는 많은 사람들이 함께 수나라의 통치를 뒤엎자는 것이었다.

격문은 수양제의 잔혹한 통치와 나라와 백성에게 끼친 열 가지 해악을 열거한 후 이렇게 성토했다.

"남산의 대나무를 다 베어 죽간竹簡을 만들어도 양광의 죄를 다 적을 수 없을 것이고磬竹難書 동해의 물을 다 써도 그의 죄악을 씻어내지는 못할 것이다."

대업大業 14년에 금군장령 우문화급宇文化及이 강도江都에서 수양제를 살해했다.

窮兵黷武 궁병독무

글자풀이	다할 궁(窮 qióng), 군사 병(兵 bīng), 더럽힐 독(黷 dú), 굳셀 무(武 wǔ).
뜻풀이	무력을 남용하여 전쟁을 일삼다.
출처	진(晉) 진수(陳壽) 『삼국지·오서·육항전(三國志·吳書·陸抗傳)』

유래   동오東吳의 육항陸抗은 명장 육손陸遜의 아들이다. 기원 264년
에 손호孫皓가 동오의 군주로 등극하고 38살의 육항이 진군鎭軍대장군으로
임명되었다. 기원 272년에 서릉西陵을 지키던 오나라 장군 보천步闡이 진晉
나라에 투항했다는 소식을 접한 육항은 즉시 군사를 이끌고 보천을 정벌하
여 결국 보천을 죽이고 말았다.

　당시 진나라의 거기장군車騎將軍 양호羊祜가 양양襄陽을 지키고 있었다.
그는 육항이 진공과 수비에 모두 능한 것을 보고 동오의 군대를 격파하기
가 쉽지 않음을 직감하여 유화책을 쓰기로 했다. 부하 군사들이 동오의 어
린애들을 잡아오면 놓아주라고 명했고 동오의 국경에 도착해서는 군사들
이 동오의 곡식을 베었을 경우에 천과 돈을 내어 동오 측에 배상했다. 사냥
한 짐승도 오나라 사람이 먼저 명중했을 때에는 동오에 돌려주도록 했다.
육항은 양호의 속내를 아는지라 같은 방식을 취했다. 두 사람은 늘 사신을
파견해 우호적인 관계를 보여 주곤 했다. 때문에 오나라와 진나라 간의 일

부 국경 지역에서는 한동안 평화로운 세월이 흘렀다.

손호는 국경 지역이 평화롭다는 말을 듣고는 매우 불쾌해하면서 사람을 파견해 육항을 책망했다. 이에 육항이 장계를 보내왔다.

"한 마을이나 한 현縣도 신의가 있어야 할진대 하물며 대국 관계는 더 말할 나위가 있겠습니까? 소신이 이렇게 하지 않으면 오히려 양호의 위망을 높여줄 뿐이고 그한테는 아무 손해도 없습니다."

육항의 설득에 손호는 할 말이 없었으나 여전히 진나라를 공격할 마음을 버리지 못했다. 육항은 군사 출정이 빈번하고 백성들의 생활고가 점점 심해지는 것을 목격하고 손호에게 상서를 올렸다.

"작금의 조정은 농사일에 힘을 넣어 식량을 비축해야 하며 능력 있는 자가 그 재능을 발휘하도록 권장해야 할 것입니다. 각급 관아가 직무에 태만하지 않도록 해야 하며 관리들의 승진 제도를 엄격히 해서 백관을 격려해야 하옵니다. 형벌 사용을 신중히 해야 하며 관리들을 덕으로 가르치고 인의로써 백성들을 어루만져야 할 것이옵니다. 이와 반대로 여러 장수들이 명성을 좇도록 방임하고 모든 병력을 동원해 전쟁을 계속한다면窮兵黷武 여기에 드는 물자와 돈은 만으로 헤아릴 것이고 군사들은 피로에 시달릴 것입니다. 이렇게 되면 적들은 그 실력이 약화되지 않으나 우리는 마치 큰 병이 난 것과 같습니다."

육항은 오나라와 진나라는 그 실력이 다르기 때문에 오나라가 군사를 파견해 승리를 거둔다 해도 잃는 것이 훨씬 많을 것이라고 지적했다. 육항은 군사 출정을 중지하고 힘을 기르면서 때를 기다려야 한다고 주장한 것이다.

그러나 손호는 육항의 이런 충고를 귓등으로 흘려보냈다. 그 후 육항이 죽으니 진나라 군사는 동오 정벌을 시작했다. 이들은 장강을 이용해 동오를 진공했는데 그 기세가 하늘을 찌를 듯했고 결국 오나라는 멸망하고 말았다.

秋毫無犯 추호무범

글자풀이   가을 추(秋 qiū), 잔털 호(毫 háo), 없을 무(無 wú), 범할 범(犯 fàn).

뜻풀이   ① 추호도 백성들의 이익을 침해하지 않다.

② 군기가 엄하거나 사람됨이 청렴결백함을 가리킴.

출전   한(漢) 사마천(司馬遷) 『사기·회음후열전(史記·會陰侯列傳)』

유래   한漢나라 때의 제후왕인 한신韓信은 대성하기 전까지는 나약하고 무능한 사람으로 치부되었다. 그는 항량項梁이 이끄는 항진抗秦 봉기군에 가담했으나 계속 무명 세월을 보냈다. 후에 항우項羽의 부하가 된 한신은 여러 번 계책을 올렸으나 항우가 이를 받아들이지 않았다. 이에 한신은 항우의 진영을 떠나 한왕漢王 유방劉邦을 찾아갔다. 유방은 한신에게 군량과 급료를 관리하는 직책을 맡기고는 크게 써주지 않았다. 후에 승상丞相 소하蕭何가 여러 번 유방에게 한신을 천거해서야 장군으로 임명되었다.

장군 임명식이 끝난 후 유방은 한신에게 이렇게 물었다.

"승상께서 여러 번 장군을 천거하였는데 그렇다면 장군은 어떤 고견을 가지고 있는가?"

한신이 겸손하게 몇 마디 한 후 이렇게 반문했다.

"대왕께서 생각하시기에 용감함과 너그러움, 군사력 등에서 항왕項王과 비할 때 누가 한수 위라고 보십니까?"

유방이 한참 동안 침묵하다가 말했다.

"나는 여러 가지에서 항왕보다 부족한 점이 많다."

이에 한신은 항우의 특징을 구체적으로 분석한 후 항우의 치명적인 약점도 짚었다. 항우는 명의상에서 천하를 호령하나 실제로는 인심을 얻지 못하여 백성들의 지지를 받지 못하고 있다는 것이다. 한신은 마지막으로 이런 출병 계획을 내놓았다.

"지금 대왕께서 항왕과 상반되는 방법을 취해 천하의 용감하고 재능 있는 자들을 등용한다면 평정 못할 곳이 없을 것입니다. 천하의 성들을 공을 세운 부하들에게 분봉해주면 그 누군들 감읍하지 않겠습니까! 우리의 군사 작전이 산동으로 진격하려는 장졸들의 요구에 부합된다면 이기지 못할 적수가 없을 것입니다. 게다가 대왕께서는 무관武關에 입성하시면서 군사들에게 군율을 엄수하게 하여 백성들의 이익을 추호도 침해하지 않았으며 진秦나라의 가혹한 법령도 폐지하고 백성들에게 살인과 상해, 도둑질을 하지 말라는 세 가지 기준 또한 세워 주었습니다. 관중關中 백성들 모두가 대왕이 그곳의 왕이 될 것을 바라고 있습니다. 상황이 이러하니 대왕께서 군사를 이끌고 동진하여 통문 한통만 돌리면 관중지역을 손쉽게 점령할 수 있을 것입니다."

한신의 말을 듣고 난 유방은 한신의 재능을 알아보고 즉시 이 계획을 받아들였다.

曲高和寡 곡고화과

글자풀이	가락 곡(曲 qǔ), 높을 고(高 gāo), 화할 화(和 hè), 적을 과(寡 guǎ).
뜻풀이	① 재주가 있으면서도 기회를 만나지 못하다.
	② 너무 고상하여 일반 사람의 환영을 받지 못하다. 언론이나 예술작품이 지나치게 고상하여 대중의 인기(이해)를 얻지 못하다.
출전	전국·초(戰國·楚) 송옥(宋玉)『대초왕문(對楚王問)』

유래   전국시대戰國時代 초楚나라 사람인 송옥宋玉은 중국 역사상 유명한 문학가이다. 후에 초나라의 관리로 있으면서 언변이 뛰어나고 문재가 출중해 많은 동료들의 시기와 질투를 받았다. 이런 사람들이 초나라 왕에게 계속 송옥의 험담을 하니 초나라 경양왕頃襄王은 결국 송옥을 의심하게 되었다.

어느 한번은 경양왕이 송옥에게 물었다.

"선생께서는 최근에 잘못한 일이 있습니까? 왜 그렇게 많은 사람들이 선생을 헐뜯는 말을 하는 겁니까?"

송옥이 화려한 언변으로 자신을 위해 변명했다.

이를 듣고 난 경양왕이 말했다.

"선생의 말이 지당하기는 합니다만 왜서 그렇게 많은 사람들이 당신과 척을 지고 당신의 험담을 할까요? 만약 선생이 내가 납득할만한 도리를 말한다면 나는 그 사람들의 말이 거짓이라 여길 것이고 그렇지 않으면 선생이 아무리 자신을 변명하기 위해 좋은 말을 한다 해도 소용이 없을 것입니다."

이에 송옥이 이런 설명을 했다.

"최근에 한 예인이 우리 영郢 지방에 와서 노래를 했습니다. 그가 처음에 제일 통속적인 노래인 『하리下里』와 『파인巴人』을 부르자 거리에서 함께 부르는 사람이 수천 명에 말했습니다. 이어 예인이 『양하陽河』와 『해로薤露』를 불렀는데 이 역시 통속적인 노래였으나 따라 부르는 사람이 적어졌지만 그래도 수백 명이나 되었습니다. 후에 그는 격조가 우아한 『양춘陽春』과 『백설白雪』을 불렀사온데 이때는 따라 부르는 사람이 몇십 명 정도밖에 되지 않았습니다. 마지막에 이 사람이 격조가 더욱 높은 상음商音과 우음羽音을 부르고 여기에 유창한 치음徵音을 넣어 불렀는데 이때에는 따라 부르는 사람이 몇 사람밖에 되지 않았습니다."

이어 송옥이 초왕에게 이렇게 말했다.

"이로부터 볼 때 부르는 노래의 격조가 고상할 수록 따라 부르는 사람이 점점 적어지지 마련입니다曲高和寡."

이 도리를 더 깊이 있게 설명하기 위해 송옥은 동물의 행동을 예로 들었다.

"울바자 사이에서 뛰노는 작은 새가 어찌 구름 밖을 날아예는 봉황처럼 하늘의 높이를 잴 수 있겠습니다. 얕은 물에서 사는 작은 물고기가 어찌 아침에 곤산崑山에서 출발해 저녁이면 대택大澤에서 밤을 지내는 곤어鯤魚, (전설 중의 큰 물고기)처럼 강과 바다의 광대함을 헤아릴 수 있겠습니까? 새 중에 봉황이 있고 물고기 중에 곤어가 있듯이 인간들 중에도 그런 인물이 있습니다. 성인聖人들은 남들보다 위대한 생각과 행동을 하기에 일반인들을 뛰어넘을 수 있습니다. 그러니 범인凡人들이 어찌 이들의 생각과 행동을 이해한단 말입니까?"

송옥의 말을 듣고 난 초왕이 말했다.

"그렇군요. 선생의 뜻을 잘 알겠습니다."

趨炎附勢 추염부세

글자풀이	추창할 추(趨 qū), 탈 염(炎 yán), 붙일 부(附 fù), 세력 세(勢 shì).
뜻풀이	권세 있는 자에게 나아가 아부하며 빌붙다.
출처	원(元) 탈탈(脫脫) 등 『송사·이수전(宋史·李垂傳)』

유래　　　　송진종宋眞宗 때 요성聊城 지금의 산동성 경내 사람인 이수李垂가 진사進士에 급제하고 선후로 저작랑著作郎, 관각교리館閣校理 등 관직을 지냈다. 그는 『도하형승설導河形勝說』이라는 책을 썼는데 옛 물길을 정비하는 것과 관련해 많은 유익한 건의를 적었다.

　　이수는 재능이 출중했을 뿐만 아니라 사람됨이 정직했으며 당시 관리들 중에서 만연하던 아부하는 풍기에 대해 매우 반감을 가지고 있었는지라 중용을 받지 못했다. 당시 재상이던 정위丁謂는 윗사람에게 아부하는 졸렬한 방법으로 진종의 총애를 받았다. 그는 권세를 휘둘러 자신을 배척하는 세력을 제거하고 조정의 대권을 한 손에 거머쥐었다. 이렇게 되니 승진을 하려는 자들은 정위를 떠받들기에 급급했다. 어떤 사람이 이수에게 왜 한 번도 정위 재상을 찾아가지 않는가 물으니 그는 이렇게 대답했다.

　　"정위는 재상의 신분이지만 일을 공정하게 처리하지 않고 게다가 권세로

남을 누르니 이는 조정의 부탁과 백성들의 기대를 저버린 것이다. 내가 왜

이런 사람을 찾아가야 한단 말인가?"

이 말을 전해 들은 정위가 크게 노해 구실을 찾아 이수를 외직으로 내보

냈다.

송인종이 즉위한 후에는 정위가 실세를 하고 관직이 강등되어 먼 곳에

가서 임직하게 되었으나 이수는 오히려 조정의 부름을 받고 도읍으로 귀환

했다. 그를 관심하는 벗들이 이렇게 말했다.

"조정의 일부 대신들이 자네의 재능을 알고 지제고知制誥, (황제의 조서를 작

성하는 관원)로 천거하려 한다네. 헌데 지금의 재상께서 아직 자네를 모르

시니 한번 찾아가 인사를 드림이 어떠한가?"

이에 이수가 이런 대답을 했다.

"만약 30년 전에 내가 그때의 재상인 정위를 배알했다면 한림학사翰林學士,
(황제의 최측근고문 겸 비서관)가 되고도 남았을 거네. 나는 이제 나이가 든
몸인지라 대신들이 일처리를 공정하게 하지 않으면 늘 면전에서 지적하곤
한다네. 내가 어찌 권세 있는 자에게 아부하고 빌붙으며 다른 사람의 수족
처럼 행동해 그들의 천거를 받는단 말인가?"

이수의 이 말이 얼마 후 재상의 귀에까지 들어가니 결국 이수는 또다시
도읍에서 밀려나 지방 관리로 가게 되었다.

取長補短 취장보단

글자풀이	취할 취(取 qǔ), 긴 장(長 cháng), 기울 보(補 bǔ), 짧을 단(短 duǎn).
뜻풀이	장점을 취하여 단점을 보충하다.
출처	『맹자·등문공상(孟子·騰文公上)』

유래   전국시대戰國時代에 등문공騰文公이 초楚나라에서 宋나라를 경유하면서 맹자孟子를 만났다. 맹자는 등문공에게 사람의 마음은 본래 선량하다는 도리를 강하면서 요堯와 순舜의 도道로 천하를 다스릴 것을 권했다. 맹자는 또 장점을 취하여 단점을 보충하며 어진 정치로 천하를 다스린다면 등騰나라가 강국이 될 수 있다고 말했다. 등문공은 맹자의 말을 들으면서도 가타부타 말이 없었고 웃음으로 응대했다. 후에 공명의公明儀는 등나라가 강국이 될 수 있는 이유를 이렇게 말했다.

"지금 등나라가 토지에 대해서도 긴 것을 취하고 짧은 것을 보충한다면絶長補短 한쪽의 길이가 거의 50리에 달할 것입니다. 어진 정치를 베풀기만 하면 이 나라를 훌륭한 나라로 만들 수 있을 것입니다."

사자성어 "취장보단"은 "절장보단"에서 유래한 것이다.

雀屏中選 작병중선

글자풀이	참새 작(雀 què), 병풍 병(屏 píng), 가운데 중(中 zhòng),
	가릴 선(選 xuǎn).
뜻풀이	사윗감으로 선발되다.
출처	송(宋) 구양수(歐陽脩)
	『신당서·대목두황후전(新唐書·大穆竇皇后傳)』

유래　　　당고조唐高祖 이연李淵의 황후 두후竇後는 수隋나라 정주총관
定州總管 두의竇毅의 딸이다. 두후는 어머니가 북주北周 무제武帝의 누님인 양
양장공주襄陽長公主였기에 어릴 때부터 주무제의 궁에서 자랐다.

　　당시 주무제의 여러 후궁들 중에는 돌궐突厥 귀족의 딸도 있었는데 주무
제가 그를 냉대했다. 두씨가 이를 보고는 어느 조용한 기회에 주무제에게
이렇게 간했다.

　　"폐하, 현재 사방의 국경이 안정되지 못하고 돌궐의 세력이 강한 상황에서
　　절대 개인의 좋고 나쁨에 따라 후궁들을 대해서는 안 됩니다. 돌궐 출신의
　　비를 잘 보듬어야 하고 국가의 대사를 마음에 새겨야 합니다. 우리나라는
　　돌궐의 도움을 받게 되면 다른 나라들을 겁내지 않아도 됩니다."

주무제가 두씨의 말을 가납하고 돌궐 출신의 비에 대한 태도를 바꾸었다.

그 후 몇 년이 지나니 두씨는 능력과 미모를 겸비했고 혼기도 찼다. 두의 부부는 딸에게 무예가 출중한 남편을 골라 주려고 했다. 두의는 사람을 시켜 병풍에 아름다운 공작새 두 마리를 그리게 했으며 딸에게 청혼을 하러 오는 자는 백보 밖에서 화살 두대를 쏘아 각기 공작새의 눈을 맞혀야 하며 이를 할 수 있는 자에게 딸을 내주겠노라 소문을 냈다.

당시 청혼자는 많았으나 공작새의 눈을 화살로 맞히는 자는 없었다. 후에 영준하고 무예가 출중한 이연이 왔다. 그는 백 보 밖에서 연속으로 화살 두 대를 날렸는데 각기 공작새의 눈을 꿰뚫었고 두의는 약속대로 딸을 이연에게 시집보냈다.

人傑地靈 인걸지령

글자풀이　　　사람 인(人 rén), 호걸 걸(傑 jié), 땅 지(地 dì), 신령 령(靈 líng).

뜻풀이　　　　① 걸출한 인물이 나면, 그 지방도 (그로 인해) 이름이 난다.

　　　　　　　② 인물은 영검한 땅에서 난다.

출전　　　　　당(唐) 왕발(王勃) 『등왕각서(滕王閣序)』

유래　　　　　기원 663년 9월 초아흐레 중양절重陽節에 홍주洪州 염도독閻都督이 새로 낙성된 등왕각滕王閣에서 크게 연회를 차리고 많은 손님들을 청했는데 왕발王勃도 초청되었다. 당시 열네 살이었던 왕발은 눈에 잘 띄지 않는 자리를 배정 받았다.

　　주흥이 오르자 염도독이 자리에서 일어나 말했다.

　　"오늘 홍주의 문사들이 즐겁게 한자리에 모였으니 이번 성회를 적은 글이 없어서야 되겠습니까? 자리에 계신 여러 분들은 이 시대의 명사들이니 서문을 써서 등왕각과 여러분의 문장이 천고에 전해지도록 함이 어떠하겠습니까?"

　　염도독이 말을 마치니 시종들이 지필묵을 여러 사람들 앞에 가져다 놓왔다. 허나 사람들은 서로 양보를 하면서 붓을 잡는 사람이 없었다. 지필묵이 왕발의 앞에 오니 왕발은 전혀 사양을 하지 않고 붓을 들어 서문을 쓰기 시작했다. 염도독은 어린아이가 글을 쓰는지라 내심 언짢아 대청을 떠나 밖의 난간에 기대어 강의 운치를 감상하면서 시종들에게 왕발이 쓰는 구절을 필사하여 가져오라고 분부했다.

얼마 후 시종이 『등왕각서』의 시작 부분을 베껴왔다. 문장은 "남창고군南昌故郡 홍두신부洪都新府. 성분익진星分翼軫 지접형여地接衡廬."로 시작되었다. 그 뜻인즉 등왕각이 있는 곳은 과거 남창군에 속했고 지금은 홍주부에 속한다. 그 상공에는 익성翼星과 진성軫星 두 별이 있고 지상에는 형산衡山과 여산廬山이 이어져 있다는 것이다. 이를 읽어본 염도독은 선비들이 상투적으로 쓰는 구절이라 시답지 않게 여겼다.

이어 시종이 필사해온 두 구절은 "금3강이대오해襟三江而帶五湖, 공만형이인구월控蠻荊而引甌越"이었다. 이를 본 염도독이 놀라움을 금치 못하며 생각했다. '이 소년이 삼강(형강,상강,절강)을 옷자락으로 삼고 5호(태호, 파양호, 청초호, 단양호, 동정호)를 댕기로 삼아 남방의 드넓은 초楚나라 땅을 통제하고 동방의 비옥한 월越나라 땅을 이어 놓는다고 하니 이런 기백이 넘치는 구절을 써낼 수 있는 사람이라면 그 흉금과 포부가 대단할 것이다.'

시종이 필사해온 그다음 몇 구절을 본 염도독이 더욱 놀랐다.

"물화천보　物華天寶,　용광사우두지허　龍光射牛斗之墟,

　인걸지령　人傑地靈,　서유하진번지탑　徐孺下陳蕃之榻."

왕발은 여기서 두 개의 고사를 사용했다. 그 하나는 지상의 정화는 하늘에서 준 보물과 같으니 용천검龍泉劍의 빛발은 하늘의 28수 중 두수斗宿와 우수牛宿 사이를 지난다는 것으로 홍주에 기이한 보물이 있음을 은유적으로 말한 것이다. 그다음 고사는 동한東漢 때 남창南昌 사람인 서유徐孺가 집안이 가난했으나 출사를 거부했으며 태수 진번陳蕃과는 친구사이여서 진번이 특별히 침상을 마련해 서유가 오면 쓰도록 했다는 것이다. 그 뜻은 홍주에 걸출한 인재들이 있다는 것이다. 염도독은 왕발의 글이 볼수록 마음에 들었고 탄복을 금치 못하며 "정말 명문장이로다."하고 칭찬했다.

왕발이 글을 다 쓰고 나서 염도독 앞에 나아가 겸손하게 말했다.

"어설픈 글이오니 도독께서 많이 지적해 주십시오."

염도독이 기뻐서 왕발을 이렇게 치하했다.

"너야말로 작금의 기재奇才로다."

염도독이 자리를 다시 정하는데 왕발을 상석에 앉히고 자신이 그 옆에 앉았다.

人面獸心 인면수심

글자풀이	사람 인(人 rén), 낯 면(面 miàn), 짐승 수(獸 shòu), 마음 심(心 xīn).
뜻풀이	① 얼굴은 사람이나 마음은 짐승과 같다. ② 사람의 탈을 쓴 짐승.
출처	『열자·황제(列子·皇帝)』

유래   열자列子는 이런 도리를 말한 적이 있다.

사람이나 일을 평가할 때 그 사람의 외표外表가 어떤 지를 볼 것이 아니라 그 마음속 지혜를 보아야 한다. 성인들은 모두 마음의 지혜를 본 것이지 외표를 본 것이 아니다.

그러나 평범하고 용속한 자들은 외표만 보며 외표가 자신과 같으면 가까이하고 다르면 멀리한다. 사람을 볼 때 그 몸과 손, 발, 머리칼, 치아만 있으면 사람이라 하는데 이들이 짐승의 마음을 가지고 있을 수도 있다人面獸心. 그가 짐승의 마음을 가지고 있으나 외표는 사람과 꼭 같으니 당신은 그와 가까이한다. 그러나 날개와 뿔, 발가락이 있고 뛸 수도 날 수도 있는 금수일 지라도 사람의 마음을 가지지 않았다고 단정할 수는 없다. 이들은 비록 사람의 마음을 가지고 있으나 그 외표가 사람과 다르니 당신은 그들을 멀리 한다.

과거의 복희씨伏羲氏, 여와씨女媧氏와, 신농씨神農氏, 하후씨夏後氏는 모두

뱀의 몸에 사람의 얼굴, 소의 머리에 호랑이의 코를 가져 사람의 외표가 없었으나 이들은 지고무상의 성덕聖德을 가지고 있었다. 하걸夏桀, 은주殷紂, 노환魯桓, 초목楚穆과 같은 자들은 외표가 사람과 같으나 짐승의 마음을 지니고 있었다. 사람들이 이들의 외표만 보고 이들도 높은 덕행을 가지고 있다고 생각한다면 이는 기만을 당한 것이라 할 수 있겠다.

맹수의 마음도 어떤 경우는 사람과 비슷한 점이 있다. 예하면 이들도 먹이를 찾아 먹고 암수가 함께 살아가며 모자가 서로 아끼면서 다른 맹수의 위협에 대처한다. 추울 때면 따뜻한 곳을 찾고 무리를 지어 살며 다닐 때는 열을 짓는데 새끼들을 안에 세우고 수컷과 어미들이 밖에서 이들을 보호한다. 먹이를 찾을 때면 서로 돕고 위험을 당하면 함께 울음소리를 낸다… 그러나 짐승의 마음속 지혜는 사람보다는 많이 뒤떨어지기 때문에 사람들은 이들을 다룰 수 있다.

황제黃帝와 염제炎帝의 시기에는 곰과 이리, 표범 등도 전쟁터에 나가고 날짐승들이 공격을 도왔는데 이는 힘으로 짐승들을 훈련시킨 결과이다. 요제堯帝 때는 달랐다. 그는 음악을 사용해 백수百獸들이 춤추게 하고 젓대와 통소로 봉황들이 날아오고 백 가지 새들이 노래를 하게 했다. 이 모든 것들은 상고上古시대 사람들의 신성함을 보여준다. 그들은 만물의 정을 알고 다른 동물들의 소리를 알고 있었기 때문에 동물들을 길들일 수 있었으니 바로 성인들이기에 이를 해낼 수가 있었다.

人面桃花 인면도화

글자풀이	사람 인(人 rén), 얼굴 면(面 miàn), 복숭아나무 도(桃 táo), 꽃 화(花 huā).
뜻풀이	한번 떠난 애모하는 사람을 다시 만나지 못하다.
출처	당(唐) 맹계(孟棨) 『본사시정감(本事詩情感)』

유래　　당唐나라 때 선비인 최호崔護가 3년에 한 번씩 열리는 진사進士시험에 참가하러 장안長安으로 향했다. 최호는 잘생긴 외모에 고고함이 넘치는 선비인지라 다른 사람과 어울리기를 꺼려 장안으로 가는 동안 혼자서만 행동했다.

　청명절이 되어 날씨가 화창하여 따뜻한 봄바람이 불어왔고 수양버들이 휘날리며 새들은 나뭇가지에서 즐거운 노래를 부르니 다시없는 봄 풍경이었다. 최호도 기분이 좋아 혼자서 소풍을 나갔고 걷다 보니 장안성 교외에 다다르게 되었다. 걸으면서 보니 멀지 않은 곳에 오솔길이 나있었는데 그 길은 나뭇가지와 무성한 잎새들로 가려져 한적하기 그지없었다. 그 길을 따라가 보니 들꽃들이 울타리 곳곳에서 피어나고 울타리 안에는 정갈한 집 한 채가 꽃과 나무들 속에 자리 잡고 있었다.

　이를 본 최호가 이 집에 사는 사람도 비범한 사람일 것이라 판단해 주인과 만나 보자 생각했다. 그는 조용조용 걸어가서 조심스럽게 문을 두드렸다. 헌데 생각과는 달리 젊은 아가씨가 집에서 나와 인사를 하고 물었다.

"공자公子께서는 찾는 사람이 있나요 아니면 볼 일이 있으신 겁니까?"

나온 사람이 아가씨인지라 최호는 자신이 혹시 결례를 하지 않았을까 생각하면서 이렇게 둘러댔다.

"먼 길을 오느라 목이 말라서 그러니 물 한 그릇만 얻어먹읍시다."

이에 아가씨가 조금만 기다리라 하고는 집안으로 사라졌다.

최호는 예쁜 처녀의 뒷모습을 멍하니 바라보고 있었다. 이때 처녀가 물 그릇을 내오니 최호는 물을 마시면서 저도 모르게 처녀 쪽을 쳐다보곤 했다. 그 처녀는 복숭아나무에 기대고 있었는데 눈썹은 마치 그림을 그린 듯 했고 두 눈은 가을날의 호수를 방불케 했으며 얼굴은 마치 복사꽃 같고 허리는 날씬하여 그 아름다운 모습을 보고 있노라니 애모의 마음이 절로 생겼다.

그 이듬해 봄에 최호는 다시 처녀가 살고 있는 집을 찾았다. 푸름이 한 껏 넘치고 복사꽃도 그날처럼 흐드러지게 피어 있었다. 최호가 마당에 들어서서 살펴보니 집은 원래 집이 틀림없었으나 문은 굳게 닫혀 있었다. 처녀를 만나지 못한 최호는 경물은 여전하나 사모하는 사람은 만나지 못한 쓸쓸함을 담아 시 한수를 문에 적었다.

작년의 오늘 이 문에는,　　　　　　　　去年今日此門中

복사꽃처럼 아름다운 그대가 있었네.　　　人面桃花相映紅

지금은 그 얼굴 어디에 갔을까?　　　　　人面不知何處去

복사꽃만 여전히 봄바람 알리네.　　　　　桃花依舊笑春風

시를 다 적고 난 최호는 쓸쓸한 마음을 안고 처소로 돌아갔다.

人微權輕 _{인미권경}

글자풀이   사람 인(人 rén), 작을 미(微 wēi), 권세 권(權 quán), 가벼울 경(輕 qīng).

뜻풀이   지위가 낮고 권한도 작다.

출전   한(漢) 사마천(司馬遷)

　　　　『사기·사마양저열전(史記·司馬穰苴列傳)』

유래   사마양저司馬穰苴는 춘추시대春秋時代 제齊나라의 대부大夫이고 성은 전씨田氏이며 이름이 양저이다. 그는 제나라 전씨 가문의 방계였고 대사마大司馬 직을 맡은 적이 있어 사마양저라고 불렸는데 병법에 능통했다.

제경공齊景公 재위 기간에 진晉나라와 연燕나라가 제나라에 여러 번 쳐들어 왔고 이에 저항한 제나라군은 고전을 면치 못했다. 그 후 양저를 천거하는 사람이 있어 제경공은 양저를 대장군大將軍에 임명하여 군세를 돌려세우려 했다.

양저는 제경공에게 감사를 표하고 이런 청을 드렸다.

"한미한 출신인 소신을 주군께서는 단번에 대부의 반열에 오르도록 해주셨습니다. 그러나 병졸들이 저를 따르지 않을까 걱정되고 백성들이 저를 믿지 않을까 근심되옵니다. 이 모든 것은 소신의 경력이 미천하고 그 위방이 다른 사람들을 복종시킬 정도가 되지 않기 때문입니다. 人微權輕 하오니 전국의 사람들이 모두 존경하고 군왕의 깊은 신뢰를 받는 사람을 군의 감군監軍으로 정해주시면 저는 마음 놓고 군사들을 이끌어 싸울 것입니다."

제경공이 양저의 청을 가납하여 장가莊買를 감군으로 파견했다. 양저는 제경공에게 하직을 고한 후 장가와 이튿날 정오 군문軍門 앞에서 만나기로 약속했다.

이튿날 양저는 예정 시간보다 먼저 군영에 와서 물시계와 일구 등 시간을 측정하는 계기들을 설치하게 하고 장가가 도착하기를 기다렸다. 장가는 왕의 총애를 믿고 오만방자한 자였으니 양저와의 약속은 안중에도 없었다. 저녁나절이 되어서야 장가가 거들먹거리며 나타나자 양저가 물었다.

"왜 약조한 시간을 지키기 않은 겁니까?"

이에 장가가 말했다.

"친한 동료들과 친척들이 마련한 환송연에 참가하다 보니 늦었소이다."

양저가 정색을 하고 도리를 따지고는 군중의 사령을 불러 물었다.

"시간을 어기고 지각한 자를 군율에 따르면 어떤 죄로 다스려야 하느냐?"

사령이 즉시 목을 쳐야 한다고 대답했다.

이때에야 조급해진 장가가 제경공에게 사람을 보내 구해줄 것을 청했으나 그 사람이 돌아오기 전에 장가는 이미 목이 잘려 군중에 효수되었다.

장가의 죄를 사면한다는 제경공의 명을 전달하러 온 사자가 타고 온 말이 군영에 뛰어들었고 이에 양저는 역시 군율에 따라 그 사자의 수행원을 참수했다. 이때부터 전군의 장졸들이 양저를 무서워하면서도 존경했다. 양저가 병졸들과 동고동락하니 군사들의 사기가 크게 올라갔다. 진나라와 연나라가 이를 듣고는 즉시 철병했고 이 기회를 이용해 양저의 제나라군이 출격하여 잃었던 땅을 전부 수복했다.

"인미권경"은 후에 "인미언경人微言輕"으로 변형되었으며 지위가 낮은 사람의 말이나 주장이 다른 사람의 중시를 받지 못함을 일컫는 성어이다.

人言可畏 인언가외

글자풀이	사람 인(人 rén), 말씀 언(言 yán), 옳을 가(可 kě), 두려워할 외(畏 wèi).
뜻풀이	① 소문은 무서운 것이다. ② 여론의 힘은 무섭다.
출처	『시경·정풍·장중자(詩經·鄭風·將仲子)』

유래   옛날 중자仲子라는 청년이 한 처녀를 사랑했고 사랑하는 연인과 만나기 위해 그 집에 찾아가려 했다. 처녀는 아직 부모에게 연애 사실을 고하지 않았는지라 연인에게 집을 찾아오는 것은 자제해 달라고 부탁했다. 처녀는 이를 노래로 표현했다.

"사랑하는 이여, 우리 집 대문을 넘지 마세요. 제가 심은 버드나무 꺾일까 두렵습니다. 나무가 아까워서가 아니라, 부모님의 말씀이 두려워서랍니다. 저도 당신을 그리워 하지만 부모님의 질책이 두려울 뿐이랍니다."

처녀는 오빠들이 이 일을 알게 되면 욕을 할 것이라고 생각해서 이렇게 노래로 전한다.

"사랑하는 이여, 우리 집 담을 넘지 마세요. 제가 심은 뽕나무 꺾일까 두렵습니다. 나무가 아까워서가 아니라 오빠들의 훈계가 두려워서랍니다. 저도 당신을 그리워 하지만 오빠들의 질책이 두려울 뿐이랍니다."

처녀는 또 다른 사람들이 이 일을 가지고 이러쿵저러쿵 하는 것이 두려워 이렇게 노래로 전한다.

"사랑하는 이여, 우리 집 뒤뜰을 넘어오지 마세요. 제가 심은 단향나무 꺾일까 두렵습니다. 저도 당신을 그리워 하지만 남들의 뒷담화가 두려울 뿐이랍니다人言可畏."

忍辱負重 인욕부중

글자풀이	참을 인(忍 rěn), 욕보일 욕(辱 rǔ), 질 부(負 fù),
	무거울 중(重 zhòng).
뜻풀이	① 세상의 비난을 참으면서 맡은 중대한 임무를 힘써 수행함.
	② 치욕을 참아가며 중대한 일을 맡다. 큰일을 위해 치욕을 참다.
출처	진(晉) 진수(陳壽) 『삼국지·오서·육손전(三國志·吳書·陸遜傳)』

유래   삼국시기 촉蜀나라의 장군 관우關羽가 오吳나라 군사들에게 사로잡혀 참수되니 유비劉備는 대로하여 전국의 60만 정예 군사를 이끌고 동오 토벌에 나섰다. 동오의 손권孫權이 화해를 청해왔으나 유비가 이를 거부했다. 이 위급한 시각에 손권은 당시로서는 신인인 육손陸遜을 대도독大都督으로 기용, 동오의 삼군을 통솔해 유비와의 결전을 준비하도록 했다.

손권의 이 임명에 대해 동오의 많은 노장군들은 이해할 수 없었다. 연륜이나 경력으로 볼 때 육손이 삼군통수를 맡을 자격이 없다고 여겼던 것이다. 허나 손권의 임명은 이미 내려졌고 변경될 여지가 없는지라 억울한 대로 육손의 명을 받들 수밖에 없었다.

육손은 촉나라 군사가 수적으로 많고 그 기세 또한 높은 것을 보고 동오 대군에 정면충돌을 피하고 험준한 지형에 의지해 단단히 지키고 있으면서 절대 출전하지 못하도록 했다.

동오의 노장들은 육손이 담이 작다고 여기고 너도나도 출전하겠다며 자청했다. 손권의 조카 손항孫恒은 혈기 왕성한 나이에 자신의 용맹을 과신한 나머지 스스로 군사를 이끌고 출전했다. 그 결과 촉나라군에 포위되었다. 노장군 한당韓當, 주태周泰 등은 손항이 포위된 것을 보고 군사를 내어 구출 작전을 펼쳐야 한다고 강력히 주장했으나 육손은 이를 완강하게 거부했다. 이에 주태 등은 육손을 욕하기 시작했고 심지어 군령을 어기는 일까지 발생했다. 사태의 심각성을 느낀 육손은 군율의 엄정함을 보여주리라 결심하고 군사 회의를 소집했다.

회의가 시작되자 육손은 엄숙하게 말했다.

"유비는 당대의 호걸이고 용병술에도 능해 조조마저도 두려워합니다. 이번에 유비가 직접 60만 정예 군사를 통솔해 우리와 사생결단을 내려 합니다. 그러니 우리는 결코 방심해서는 안 됩니다. 저는 갓 삼군통수직을 맡은 몸이오니 여러 장군들께서 나라를 위한 큰 국면을 생각하시고 저와 함께 힘과 지혜를 모아 강적을 물리치기를 간곡히 부탁드립니다."

육손은 의미심장하게 말을 이어갔다.

"제가 여러분께 이런 부탁을 드리는 것은 결코 제 자신의 이익과 명예를 위해서가 아니라 나라의 이익을 위해서입니다. 폐하께서 나를 대장군으로 임명한 원인은 제게 큰일을 위해 치욕을 참을 줄 아는 작은 능력이나마 있

기 때문입니다忍辱負重. 여러분께서 군령을 엄수하시지 않을 경우 군율에

따라 엄하게 처벌할 것입니다."

육손의 설득과 엄포에 여러 장군들은 비록 속으로는 마땅치 않았지만
더는 원망을 입 밖에 낼 수 없었고 명령을 따르는 수밖에 없었다. 그 후 육
손이 지휘한 동오군은 대승을 거두게 되고 여러 장군들은 그때서야 육손의
뛰어난 군사재능을 알게 되었다.

任人唯賢 임인유현

글자풀이	맡길 임(任 rèn), 사람 인(人 rén), 오직 유(唯 wéi), 어질 현(賢 xián).
뜻풀이	자신과의 관계에 상관없이 인격과 능력을 갖춘 사람만 임용한다.
출처	『한비자·외저설좌하(韓非子·外儲說左下)』

유래　　　춘추시대春秋時代 때 제양공齊襄公에게는 공자 규公子糾와 공자 소백公子小白이라는 두 동생이 있었으며 이들은 아주 유능한 스승을 모시고 있었다. 제양공은 그 성품이 황음무도하였고 위협을 느낀 공자 규는 스승인 관중管仲과 함께 기원 686년에 노魯나라로 피난을 갔다. 공자 소백은 스승인 포숙아鮑叔牙와 함께 거莒나라로 도망갔다.

얼마 후 제나라 내부에서 큰 반란이 일어나 양공이 살해되고 새로운 왕을 옹립했다. 그 이듬해 대신들이 왕을 죽이고 사신을 노나라에 파견해 공자 규를 제나라 국군으로 옹립하려는 뜻을 밝혔다. 이에 노나라 장공莊公이 직접 군사를 거느리고 공자 규의 귀국을 보호해 주었다.

관중은 거나라에 도망간 공자 소백이 제나라와 가까운 곳에 있는 지리적 우위를 이용해 먼저 귀국하여 왕위를 차지할까 봐 걱정되었다. 그는 장공의 동의를 얻은 후 한 갈래의 군사를 이끌고 공자 소백의 귀국을 막기로 했다. 관중이 군사를 이끌고 강행군을 하여 즉묵卽墨 부근에 이르니 과연

공자 소백이 제나라로 가고 있었다. 관중이 소백을 설득하였으나 별 소득이 없는지라 소백이 방심하는 틈을 타서 화살을 날렸다. 소백이 살을 맞고 쓰러지니 관중은 그가 죽었을 것으로 생각하고 황급히 노나라로 가서 공자 규와 함께 귀국길에 올랐다.

허나 공자 소백은 죽은 것이 아니었다. 관중이 쏜 화살은 그의 허리띠의 걸개에 맞았고 소백은 임기응변으로 관중을 속였던 것이다. 포숙아가 소백 일행과 합류한 후 이들은 공자 규보다 먼저 제나라 도성에 입성했다. 대신들은 공자 소백을 새로운 국군으로 옹립했고 그가 바로 제환공齊桓公이다.

한편 관중은 노나라에 가서 공자 규의 일행과 합류했으며 장공이 파견한 군졸들의 호위를 받으면서 제나라로 갔다. 결국 제나라와 노나라 간에 전쟁이 발발하게 되었고 이 싸움에서 노나라군이 크게 패했다. 노나라는 제나라의 조건을 받아들일 수밖에 없었으며, 공자 규는 죽고 관중도 잡히는 처지가 되었다. 제나라의 사신은 관중이 국군에게 화살을 날렸으니 제나라 국군이 직접 관중의 목을 벨 것이라고 위협하면서 그자를 반드시 제나라에 압송해 오라고 요구했다. 노나라 장공은 이 요구를 받아들일 수밖에 없었다.

죄인이 된 관중은 포승줄에 묶여 노나라를 떠나 제나라로 향했고 길에서 굶주리고 목이 말랐으며 그 고초가 말이 아니었다. 그 일행이 기오綺烏라는 곳에 이르자 그는 국경을 지키는 관리를 찾아 음식을 구걸했다. 그런데 그 관리는 공경하는 태도로 땅에 머리를 조아리며 직접 관중에게 밥을 먹여주었다. 관중이 식사를 마치자 그 관리는 조용한 틈을 타서 이렇게 물었다.

"공께서 제나라에 도착한 후 다행히도 죽지 않고 높은 자리에 오르시면 저에게 어떤 보답을 하시겠습니까?"

이에 관중이 답했다.

"당신의 말대로 된다면 나는 현명한 자를 등용하고 능력 있는 자를 채용하고任人唯賢 공이 있는 자에게 상을 내릴 것입니다. 그러하니 내가 무엇으로 당신의 은혜에 보답하겠습니까?"

관중이 제나라 도성에 압송되어 오니 포숙아가 직접 마중을 나왔다. 후에 제환공은 관중에게 복수를 하지 않았을 뿐만 아니라 그를 상국相國으로 봉했고 포숙아는 관중의 수하에 있기를 자청했다. 포숙아는 관중의 재능이 자신보다 훨씬 높음을 알고 있었고 제환공을 설득해 관중을 용서하도록 했던 것이다. 그 후 관중은 관리를 등용함에 있어서 "임인유현"이라는 기준을 견지했다고 한다.

如火如荼 여화여도

글자풀이	같을 여(如 rú), 불 화(火 huǒ), 같을 여(如 rú), 씀바귀 도(荼 tú).
뜻풀이	① 불이 활활 타오르는 것 같고, 띠꽃이 흐드러진 것 같다.
	② 기세가 왕성(맹렬)하다. ③ 기세등등하다.
출처	『국어·오어(國語·吳語)』

유래   춘추시대春秋時代 후반에 오吳나라의 국력이 강해지자 국왕인 부차夫差는 중원中原의 맹주盟主 자리를 노렸고 기원전 482년에 대군을 인솔해 위衛나라의 황지黃池, 현재의 하남 봉구 서남부에서 천하의 제후들에게 회맹에 참가해 달라며 초청했다. 자신을 맹주로 만들기 위한 수순이었다. 그러나 진晉나라 정공定公은 제후들의 맹주가 진나라인 점을 들어 부차의 제안에 동의하지 않았다.

바로 이때 월왕越王 구천勾踐이 군사를 이끌고 오나라를 공격했고 월나라 군대는 오나라의 도읍인 고소姑蘇성까지 위협하는 상황이 되었다. 이어 회하淮河의 요충지를 점령함으로써 오나라 군사의 퇴로를 차단해 버렸다. 부차는 회군을 해야 했지만 맹주 자리를 놓치기 아쉬워 진정공에서 압력을 가하기로 작심했다.

부차는 출정한 3만 명의 군사들을 좌, 중, 우 세 갈래로 나누고 백 명 단

위로 방진을 만들도록 했으며 자신이 직접 부월斧鉞을 들고 중군을 지휘했다. 그는 중군 장령과 군사들에게 모두 흰색의 전포를 입고 또 흰색의 갑옷을 입은 다음 흰색의 깃발을 흔들고 흰색의 화살 깃을 달도록 했다. 멀리서 보면 마치 끝없이 펼쳐진 흰색의 꽃 바다를 방불케 했다.

좌군의 장병 만 명은 모두 붉은색의 전포에 붉은색 갑주를 입고 역시 붉은색 깃발을 휘날리며 붉은색 화살 깃을 달도록 했는데 이를 볼라치면 마치 활활 타오르는 불길과 같았다.

우군을 살펴보면 전부 검은색 전포와 검은색 갑주, 검은색 깃발에 검은색의 화살 깃 차림이어서 마치 검은 구름을 보는 듯했다.

세 갈래의 대군이 회맹 장소 부근에 와서 진세를 펼쳤다. 날이 밝자 오왕 부차가 직접 북을 치며 명령을 내리니 3만 명 군사들이 일제히 함성을 발사했다. 그 소리는 마치 하늘이 무너지고 땅이 갈라지듯 하여 회맹에 참석하러 온 제후들을 깜짝 놀라게 했다.

오나라 군사의 기세가 이토록 높고 위세가 등등하니 여러 나라 제후들 중에서 오왕 부차와 감히 맹주 자리를 다투려는 사람이 없었고 진정공도 결국 오나라를 맹주로 승인하는 수밖에 없었다. 황지회맹은 오왕 부차가 질서 정연하면서도 강력한 군세를 이용해如火如荼 성공을 거둔 사례라 할 수 있다.

如臨大敵 여림대적

글자풀이	같을 여(如 rú), 임할 림(臨 lín), 클 대(大 dà), 원수 적(敵 dí).
뜻풀이	① 강한 적과 맞닥뜨리고 있는 것 같다.
	② 삼엄하게 경비하거나 지나치게 긴장하다.
출처	5대·후진(五代·後晉) 유구(劉昫)
	『구당서·정전전(舊唐書·鄭畋傳)』

유래   당唐나라 말년 황소黃巢가 봉기를 일으켰는데 우선 남쪽으로 진격해 광주廣州를 점령하고 이어 북상해 당나라의 도읍 장안長安을 점령하니 당희종唐僖宗은 도읍을 버리고 도망쳤다.

봉기군의 진격을 막기 위해 당희종은 진사 출신인 정전鄭畋에게 봉상절도사鳳翔節度使직을 제수했다. 당희종은 눈물을 흘리며 정전에게 이렇게 부탁했다.

"봉상은 전략적 요충지이니 꼭 이곳을 지켜주시기 바라오."

이에 정전이 말했다.

"봉상은 폐하가 계시는 곳과 멀리 떨어져 있고 전쟁 상황은 변화가 많사오
니 신에게 상황에 따라 일을 처리할 수 있는 전권을 주실 수 있겠습니까?"

당희종이 답했다.

"나라에 도움이 되는 일이라면 이번 전투는 공에게 전부 맡기겠소."

정전은 봉상에 도착한 후 전차를 만들고 군사들을 많이 모집하는 한편
성벽을 더 튼튼히 쌓았다. 그는 자신의 재산을 군사들에게 나누어 주었고
군사들에게 명해 강한 적을 맞닥뜨리는 상태로 절대 방심하지 않게 했다如
臨大敵.

얼마 후 황소 수하의 장군인 상양尙讓이 5만 대군을 이끌고 봉상을 진공했다. 상양은 자신의 군사력을 자신했고 또 정전이 선비 출신이라 무슨 용병술을 알랴 싶어 병법의 도를 지키지 않고 즉시 공성전에 들어갔다. 그 결과 정전의 매복에 걸려 상양군은 대패했고 2만여 명의 병력을 잃게 되었다.

如釋重負 여석중부

글자풀이   같을 여(如 rú), 풀 석(釋 shì), 무거울 중(重 zhòng), 질 부(負 fù).

뜻풀이   ① 무거운 짐을 벗어 버린 것 같다.

② 몸과 마음이 홀가분하다(가뿐하다).

출전   『곡량전·소공29년 (穀梁傳·昭公二十九年)』

유래   춘추시대春秋時代 노양공魯襄公이 죽고 노소공魯昭公이 즉위했
다. 당시 노나라의 실권은 계손숙季孫宿 등 세 명의 중신三卿들이 장악했으
며 그중에서도 계손숙의 세력이 제일 막강하여 왕은 허수아비나 다름이 없
었다. 소공은 향락에 빠져 국사는 뒷전으로 했기에 점차 민심을 잃어갔다.
대부 자가기子家羈가 다른 사람에게 나라를 빼앗기지 않도록 왕실의 힘을
키울 것을 몇 번이나 간언했으나 소공은 여전히 제멋대로였다. 얼마간 세
월이 흐른 후 소공은 계손씨 등 세 명의 대신이 자신에게 위협적인 존재임
을 알아차리고 대신들 중에서 이 세 명을 반대하는 사람을 물색해 대항마
로 삼으려 했다.

　　얼마 후 계손숙이 죽고 그의 손자인 여의如意가 계속 권력을 장악했다.
대부 후손郈孫 등이 계손여의와 불화가 있어 여의를 제거하려 했다. 이들은
소공의 장자인 공위公爲와 이 일을 가지고 밀담을 나눴다.

공위가 궁에 돌아가 이 사실을 소공에게 알리니 대신들 간에 불화가 있음을 안 소공은 크게 기뻐하며 은밀히 이들을 궁에 불러 함께 계손씨를 척살할 방도를 의논했다.

이해 가을, 삼경三卿 중의 한 명인 숙손표叔孫豹가 다른 사정이 있어 도성을 떠나자 소공은 이는 하늘이 준 기회라 생각하고 후손 등에게 군사를 이끌어 계손씨의 저택을 포위하도록 했다. 그러나 형세가 돌변해 삼경의 군대가 연합하게 되었고 오히려 소공을 역공하니 대세가 기울어졌음을 느낀 소공은 제나라를 떠나 망명길에 올랐다.

소공이 민심을 잃었기에 백성들은 도망친 왕을 동정하지 않았을 뿐만 아니라 오히려 무거운 짐을 벗어 버린 듯 홀가분한 느낌이었다如釋重負.

성어 "여석중부"는 사학자들이 사건에 대해 내린 평가이기도 하다.

如魚得水 여어득수

글자풀이	같은 여(如 rú), 물고기 어(魚 yú), 얻을 득(得 dé), 물 수(水 shuǐ).
뜻풀이	① 물고기가 물을 얻음과 같다는 뜻으로, 빈궁(貧窮)한 사람이 활로를 찾게 됨을 비유(比喩·譬喩)해 이르는 말.
	② 마음 맞는 사람을 얻다. 사이가 매우 좋다.
	③ 자신에게 매우 적합한 환경을 얻다.
출처	진(晉) 진수(陳壽)
	『삼국지·촉서·제갈량전(三國志·蜀書·諸葛亮傳)』

유래　　　동한 말년에 천하가 혼란에 빠지고 각지의 세력들이 할거해 천하의 패권을 다투었다. 이때 유비劉備는 천하통일이라는 자신의 원대한 꿈을 실현하기 위해 여러 분야의 걸출한 인재들을 찾아 나섰다. 그는 융중隆中의 와룡강臥龍崗에 은거한 유명한 지략가인 제갈량諸葛亮을 모시기 위해 직접 찾아갔다. 허나 연속하여 두 번이나 갔지만 만나지 못하고 세 번째 만에야 만날 수 있었다. 유비는 찾아온 이유를 말한 뒤 자신이 생각하는 대업에 대해 진술하게 마음을 터놓았고 유비의 진심을 알게 된 제갈량도 자신이 생각하는 계책을 숨김없이 말했다. 즉 형주荊州와 익주益州를 점령하여 서남의 소수민족과 평화를 실현하고 동으로는 손권孫權과 연합하며 북으로

는 조조曹操를 정벌하는 전략이었다. 제갈량은 향후 천하는 반드시 촉蜀, 위魏, 오吳 삼국이 정립하는 국면이 형성될 것이라고 예언했다. 유비는 크게 기뻐하며 제갈량을 군사軍師로 모셨다.

그 후 제갈공명諸葛孔明은 유비를 잘 보필하기 위해 최선을 다했고 유비도 제갈량을 깊이 신임하고 중용해 주었다. 허나 이는 관우關羽와 장비張飛 등 장수들의 불만을 자아냈다. 이들은 유비의 면전에서 자주 불만스러운 기색을 보였고 성격이 곧은 장비는 더욱 원망이 많았다. 유비는 이들을 설복하기 위해 "나는 물고기와 같고 공명은 물과 같다. 공명의 재능과 담략은 내가 천하통일이라는 대업을 이루는 데 있어서 대체할 수 없이 중요하다." 고 솔직하게 설명했다. 그는 나 유비가 공명을 얻은 것은 물고기가 물을 만난 것과 같으니如魚得水 이후에는 이 문제를 더는 거론하지 말라고 못 박았다.

그 후 제갈공명의 보필을 받은 유비는 동으로는 연합하고 북으로는 정벌했으며 형주와 익주를 점거하면서 연전연승을 거두었다. 유비 세력이 점차 강대해져 끝내는 위나라, 오나라와 어깨를 겨루면서 삼족정립三足鼎立의 세를 이루었다.

孺子可教 유자가교

글자풀이   젖먹이 유(孺 rú), 아들 자(子 zǐ), 옳을 가(可 kě), 가르칠 교(敎 jiào).

뜻풀이   젊은이가 발전성이 있어 재능을 전수해 줄 만하다.

출전   한(漢) 사마천(司馬遷)『사기·유후세가(史記·留侯世家)』

유래   장량張良은 본래 한韓나라의 공자였고 성이 희姬였다. 후에 진시황秦始皇을 암살하려다가 실패한 후 하비下邳라는 곳에 숨어 살았고 그 때 이름을 장량이라 고쳤다.

어느 날 장량은 하비 부근의 이수교圯水橋를 지나다가 다리 위에서 갈색 옷을 입은 노인을 만났다. 그 노인의 신 한 짝이 다리 밑에 떨어졌는데 장량이 걸어오는 것을 보고는 이렇게 소리쳤다.

"여보게, 젊은이! 저 밑에 떨어진 신 한 짝을 올려다 주게."

노인이 다짜고짜 심부름을 시키는지라 장량은 불쾌했으나 상대방이 연세 많은 노인인지라 다리 밑에 가서 신을 주어서는 그 노인에게 드렸다. 그런데 노인은 신을 받지 않고 장량에게 말했다.

"자, 나에게 신을 신겨라."

장량이 더욱 불쾌했으나 다시 생각해보니 기왕 신을 주어 왔으니 마저 신겨 드리는 것도 괜찮다고 생각하고 조심스럽게 노인에게 신발을 신겨 드렸다. 노인이 일어서더니 고맙다는 말 한마디도 없이 떠나갔다.

장량은 노인의 뒷모습을 바라보면서 평범한 노인은 아니라고 생각했다. 과연 얼마 지나지 않아 그 노인이 다시 돌아와서 말했다.

"너는 참 괜찮은 젊은이인 것 같으니 내가 가르침을 주리라. 그러니 5일 후 아침에 이 다리에 나를 만나러 오너라."

이에 장량이 냉큼 그리하겠노라고 대답했다.

다섯 번째 날 아침 장량이 다리에 도착하니 노인이 먼저 와 있었다. 장량이 늦게 온 것을 보고 노인이 화를 내며 말했다.

"어른과 약속을 했으면 일찍 올 일이지. 닷새 후 일찍 다시 나를 만나러 오거라."

또 닷새가 지난 후 장량은 이전보다 일찍 일어나 다리에 갔으나 이번에도 노인이 먼저 나와 있었다. 노인이 말했다.

"네가 나보다 늦었으니 닷새 후에 다시 오너라."

또 닷새가 지나자 장량은 이번에는 기어이 노인보다 먼저 도착하리라 작심했다. 그는 자정이 지나자마자 캄캄한 길을 걸어 다리에 도착한 후 노인을 기다렸다. 날이 희붐히 밝자 노인이 다리 쪽으로 걸어오는지라 그는 다가가서 부축해 드렸다. 노인이 그때서야 기뻐하며 말했다.

"젊은이, 바로 이것이 배우려는 바른 자세라네."

그리고는 『태공병법』이란 책을 꺼내 주면서 "이 병법서를 깊이 깨친다면 후에 제왕의 스승이 될 수 있을 것이다."라고 말하고는 또다시 훌쩍 떠났다.

후에 장량은 『태공병법』을 독파하여 그 이치를 깨쳤고 결국 한고조^{漢高祖} 유방^{劉邦} 수하의 중요한 책사로 있으면서 서한^{西漢} 왕조를 세우는데 지대한 공을 세웠다.

入木三分 입목삼분

글자풀이	들 입(入 rù), 나무 목(木 mù), 석 삼(三 sān), 나눌 분(分 fēn).
뜻풀이	① 필력이 강하다(웅건하다).
	② 견해, 의론이 날카롭다. ③ 책에 실리다.
출전	당(唐) 장회관(張懷瓘)『서단·왕희지(書斷·王羲之)』

유래   진晉나라 회계會稽사람인 왕희지王羲之는 중국 역사상 불세출의 서예가이다. 그가 우군장군右軍將軍이란 관직을 맡은 적이 있었기에 후세 사람들은 왕희지를 왕우군王右軍이라고도 부른다.

왕희지의 서예는 전무후무하다고 할 수 있다. 그의 글씨는 수려하면서도 힘이 넘치고 유연함 속에 강함을 보여주는데 이는 그 이후의 서예가들이 넘볼 수 없는 경지이다. 때문에 서예를 배우는 많은 사람들이 왕희지의 글씨를 본따서 쓰곤 했다. 왕희지가 남긴 서첩 중에서 제일 유명한 것이 바로『난정집서蘭亭集序』와『황정경黃庭經』이다.

왕희지가 서예 수준의 극치를 이룬 원인은 천부적인 재능과 연관이 있겠으나 제일 중요한 것은 그의 피타는 노력이었다. 그는 휴식할 때나 길을 걸을 때 무의식중에 손가락으로 옷자락에 글을 썼으며 시간이 지나니 옷이 닳아서 해졌다. 그는 연못가에서 글씨 연습을 하고 나서는 연못에 붓과 벼

루를 씻곤 했는데 시간이 흐르니 연못 전체가 먹물같이 검어졌다고 했다. 왕희지가 글씨 연습에 얼마나 공을 들였는지 알 수 있는 대목이다.

왕희지는 거위를 좋아해 평시에도 늘 강에 가서 물위를 노니는 거위를 한동안씩 바라보았으며 후에는 거위의 동작에서 운필運筆의 원리를 터득해 냈다고 한다. 이는 그의 서예 수준을 높이는데 큰 도움을 주었다.

어느 한번은 그가 도관道觀에 놀러 갔다가 그곳에 있는 거위 한 무리가 마음에 들어 도사에게 거위를 팔라고 청을 했다. 도사는 왕희지의 서예를 흠모해 왔던지라 『황정경』 한 부를 써주면 거위를 주겠노라고 했다. 거위에 눈독을 들인 왕희지가 도관에 『황정경』 한 부를 써주었고 도사는 그 거위들을 내주었다.

한번은 당시의 황제가 북쪽 교외에 제사를 지내러 가면서 왕희지에게 축문祝文을 목판에 써놓으라고 명을 내렸고 이어 사람을 보내 각판刻板을 하도록 했다. 목각 장인이 각판을 하려고 보니 왕희지가 쓴 글자의 먹 자국이 나무의 3푼 정도까지 스며있었다 한다. 이에 황제가 찬탄을 하며 말했다.

"우장군의 글자는 정말 나무에도 3푼 정도 흔적을 남기는구나!"

塞翁失馬 새옹실마

글자풀이	요새 새(塞 sài), 늙은이 옹(翁 wēng), 잃을 실(失 shī), 말 마(馬 mǎ).
뜻풀이	① 인생의 길흉화복은 변화가 많아서 예측하기가 어렵다.
	② 인간만사 새옹지마.
출전	한(漢) 유안(劉安)『회남자·인간훈(淮南子·人間訓)』

유래   전국시대戰國時代 북부 변경에 새옹塞翁이라는 노인이 살고 있었다.

새옹 일가는 말을 기르는 것을 생업으로 했는데 그 생활이 유족하지는 않았으나 가족이 화목하고 천륜지락을 누리며 살아갔다.

어느 날 새옹이 기르는 말 무리 중에서 말 한 마리가 사라졌다. 이웃들은 모두 찾아와 새옹을 위로했다. 그러나 새옹은 웃으면서 말했다.

"모두들 위안을 해주니 고맙구려. 말 한 필 잃은 정도쯤이야 뭐 큰일이겠나. 혹시 아나, 어떤 복이 생길지도."

이웃들은 새옹의 말을 이해할 수가 없었고 속으로 이렇게 말했다. '말을 잃은 것이 나쁜 일임이 틀림없고 모두가 위안을 해주는데 노인네는 전혀

조급해하지 않고 복이 생긴다느니 하는 이상한 말을 하니 도대체 어떻게 된 경우인건가?'

그런데 며칠 후 새옹이 잃어버린 그 말이 돌아왔고 흉노들이 살고 있는 지역의 준마 한 필까지 함께 왔다.

이웃들은 새옹의 잃어버렸던 말이 돌아오고 거기에 말 한 필이 더 딸려 왔다는 말을 듣고 찾아와서 축하를 했다. 어떤 사람이 이런 말을 했다.

"노인장께서는 일을 판단하는 안목이 대단하시군요."

또 어떤 사람은

"새옹은 정말 귀신같이 앞날을 예측하는군요. 잃어버린 말에 한 마리가 더 딸려서 왔으니 화가 복으로 변한다는 말이 정말이군요."

하고 탄복했다.

모두가 이말 저말 하는 와중에 새옹은 듣기만 할 뿐 기쁜 기색이 전혀 아니었으며 오히려 얼굴에 수심이 가득해서 말했다.

"공짜로 말 한 필이 생겼으니 이는 복이 아니라 화가 생길지도 모르겠구려."

이웃들은 새옹의 이런 모습을 보면서 또 이해가 되지 않았다.

새옹에게는 외동아들이 있었는데 어릴 때부터 말 타기를 즐겼다. 그는 딸려온 흉노의 준마를 애지중지하며 하루에도 몇 번씩 그 말을 타곤 했다.

어느 날 새옹의 아들이 말을 달리다가 그만 낙마를 하였는데 가까스로 목숨은 건졌으나 다리가 부러졌다.

이웃들이 새옹을 찾아와 위안했다. 이웃들의 말을 듣고 나서 새옹이 이렇게 말했다.

"괜찮네. 다리가 부러졌으나 목숨은 건졌으니 이것도 역시 복이라고 봐야겠지."

이웃 사람들은 이 몇 번의 일이 생길 때마다 새옹이 일을 보는 안목이 남다르고 하는 말에 일리가 있다고 생각했으나 다리가 부러진 것이 복이 될 수도 있다는 말에는 동조할 수가 없었다.

얼마 후 흉노가 국경에 쳐들어 왔고 조정에서는 국경의 모든 젊은이들을 군에 편입시켰으나 새옹의 아들은 절름발이였기에 군역을 면제받았다. 전쟁에서 거의 대부분의 군사들이 죽었으나 새옹의 아들은 군에 나가지 않았기에 목숨을 보존할 수 있었다.

三分鼎足 삼분정족

글자풀이	석 삼(三 sān), 나눌 분(分 fēn), 솥 정(鼎 dǐng), 발 족(足 zú).
뜻풀이	① 세 사람(세 세력)이 (천하를 삼등분하여) 솥발같이 맞서서 서로 다투다.
	② 정립하다.
출전	한(漢) 사마천(司馬遷)『사기·회음후열전(史記·會陰侯列傳)』

유래   기원전 203년 한고조漢高祖 유방劉邦 수하의 대장 한신韓信이 대군을 이끌고 제齊나라를 대파하고는 유방에게 사람을 보내 이런 청을 올렸다.

"제나라는 투항했다가 배반하기를 밥 먹듯 하는 나라이니 잠시 새 왕을 세워 이들을 눌러 놓지 않는다면 정세는 불안정할 것입니다. 제가 잠시 제왕을 맡기를 청하며 이는 현 정세를 안정시키는데 도움이 될 것입니다."

당시 유방은 형양滎陽에서 항우項羽와 전투를 치르면서 고전을 면치 못하던 차라 한신의 요구를 들어주는 수밖에 없었다. 한신의 책사인 괴통蒯通은 천하대세를 분석하고 나서 한신의 역할이 매우 중요하다고 인정하면서 이렇게 말했다.

"한 사람의 귀천은 그 골격을 보면 알고 희로애락은 얼굴의 기색을 보면 알수 있으며 성패는 그의 성정과 큰일을 처리하는 결단력을 보면 알 수가 있습니다. 이 세 가지 기준으로 관상을 보면 절대 틀리는 법이 없습니다."

이에 한신이 관상을 봐달라고 하자 괴통은 한참 동안 한신을 바라본 후몸을 뒤로 돌릴 것을 청했다. 그리고는 한동안 생각하더니 이렇게 말했다.

"주군의 관상으로 볼 때 이후 그 신분이 높아야 제후諸侯에 머물 것이며 생명의 위험까지 있습니다. 허나 뒷모습으로 볼 때는 이후 크게 되실 몸입니다."

이 말을 듣고 난 한신은 이해가 되지 않았다.
괴통이 설명을 곁들였다.

"초楚나라와 한漢나라의 전쟁이 이미 오래 지속되었고 백성들도 염증을 느끼고 있습니다. 평범하고 무능한 사람은 이 전쟁을 끝낼 수 없을 것입니다. 주군에서 한왕漢王을 도와 천하를 평정한다면 이후 제후로밖에 되지 못할 것이오나 만약 한왕을 이탈하여 자신의 세력을 구축한다면 초나라, 한나라와 더불어 천하를 삼등분할 것입니다. 이는 마치 솥발의 세 다리와 같아 서로 대치하는 형국입니다. 이렇게 되면 유방이나 항우 그 누구도 감히 선손을 쓰지 못합니다. 주군의 뛰어난 재능과 계략으로 초한楚漢전쟁을 막는다면 이는 백성들의 기대에 순응하는 것이고 모두가 그 은덕에 감읍할 것이며 천하의 제후들도 주군께 복종할 것입니다. 이는 하늘이 내린 기회입니다. 만약 주군께서 지금 유방을 돕는다면 이후에 가서 오히려 화를 당할 수도 있으니 깊이 생각해 주시기 바랍니다.”

한신은 비록 괴통의 제안에 마음이 동하기는 했으나 유방을 배반하고 의롭지 못한 사람이 되는 것을 꺼려 결국 받아들이지 않았다. 얼마 후 유방이 책사 장량張良의 제안대로 한신을 해하垓河에 불러 초한전쟁에 참가하도록 했다. 이 전투에서 항우가 패하고 오강烏江에서 자진했다. 후에 유방은 한신을 회음후會陰侯로 봉했으나 결국 믿지 못하고 그 병권을 거두었다. 결국 한신은 유방의 부인인 여씨呂氏의 손에 목숨을 잃었다.

三令五申 삼령오신

글자풀이	석 삼(三 sān), 영 내릴 령(令 lìng), 다섯 오(五 wǔ), 펼 신(申 shēn).
뜻풀이	① 여러 번 명령하다(타이르다).
	② 몇 번이고 되풀이하여 경고하다.
출전	한(漢) 사마천(司馬遷)
	『사기·손자오기열전(史記·孫子吳起列傳)』

유래   춘추시대春秋時代의 대 군사가 손무孫武는 자신의 저서인『손자병법孫子兵法』을 들고 오吳나라 왕을 찾아갔다. 오왕은 책을 자세히 읽어보고 훌륭한 병법서라고 생각했으나 그 실용성이 어떤지를 알 수 없었다. 이에 오왕이 손무에게 말했다.

"선생의 이 책에 흥미가 있소만 실전에서는 어떤지 모르겠구려."

손무는 자신심이 넘쳐 말했다.

"그럼 대왕께서 실행해 보시면 될 것 아닙니까?"

　　오왕이 궁녀들을 시켜 보아도 되는가 물으니 손무는 문제없다고 대답
했다.

　　오왕이 백여 명의 궁녀들을 불러서 손무에게 지휘하도록 했다.

　　손무는 궁녀들을 두 개 대열로 나누고 오왕의 애첩 두 명에게 각기 이끌
도록 명하고 궁녀들에게 물었다.

"너희들은 전진, 후퇴와 우향우, 좌향좌의 뜻을 알겠지?"

이에 궁녀들이 모두 안다고 대답했다.

　　손무가 말했다.

"전진할 때면 내 가슴께를 보고 후퇴할 때는 나의 잔등을 보라. 우향우일 경우 나의 왼손을, 좌향좌일 경우 나의 오른손을 보면 된다. 모두들 알아 들었겠지?"

궁녀들이 알아들었노라고 답했다.
손무는 궁녀들을 한번 살펴보고 나서 죄인을 벌할 때 쓰는 형틀을 가져다 놓게 하고는 엄한 목소리로 궁녀들에게 경고했다.

"모두들 내 명령에 따라야 하고 어길 시에는 가차 없이 벌을 줄 것이다."

말을 마친 손무가 북을 울려 명령을 내렸다. 궁녀들은 대열을 맞추고 북을 울리는 것이 마치 공연이라도 하는 것 같아 재미가 있다면서 밀고 부닥치고 하면서 희희낙락했다. 이를 본 손무가 명령과 요구를 여러 번이나 설명하고 나서三令五申 이렇게 덧붙였다.

"명령과 요구를 똑똑히 알려주지 않는다면 이는 나의 책임이다. 이미 여러 번 알려 주었으니 자, 다시 한번 해보자!"

이어 손무가 다시 명령을 내리고 북을 울려 궁녀들에게 왼쪽으로 전진할 것을 지시했다. 허나 궁녀들은 여전히 장난을 치느라 손무의 지휘는 듣는 체도 하지 않았다.
손무가 즉시 명령을 내렸다.

"영이 명확하지 않음은 장군의 책임이고 영을 듣지 않음은 인솔자의 책임이다. 군율은 지엄한 법이니 이 두 사람의 인솔자를 끌어내 목을 쳐라!"

이에 경악한 궁녀들이 오왕에게 급보를 전했다. 오왕은 이 기회에 손무의 용병술을 알아보려 한 것뿐이었는데 손무가 이토록 진지하게 대하는 것을 보고 즉시 사람을 보내 손무에게 두 명의 애첩을 석방하라고 명했다.

손무는 오왕이 파견한 사자에게 말했다.

"나는 이미 왕명을 받아 장군을 맡았다. 군문에서 장군은 왕명을 받들지 않아도 된다."

두 애첩의 머리가 잘리니 궁녀들은 손무의 위엄에 완전히 압도되었고 더는 장난을 치는 사람이 없었다. 그들은 모두 동작 요구에 따랐고 명령에 따라 진퇴를 거듭했는데 그 동작이 일치하고 날랬다.

그 후 손무가 오왕에게 궁녀들의 조련 모습을 보여주며 말했다.

"지금 이들의 훈련이 끝난 상태입니다. 이제 이들에게 칼산에 오르고 불바다에 뛰어들라 해도 전혀 주저하지 않을 것입니다."

오왕은 총애하는 애첩을 둘이나 잃어 마음이 아팠으나 손무의 재능을 확실하게 알게 되었는지라 그를 장군將軍으로 임명했다. 이때부터 오나라는 점점 강해졌다.

후에 사람들은 손무가 여병들에게 재삼 명령한 고사로부터 "삼령오신"이라는 성어를 정리해 냈으며 반복적으로 사람들에게 경고한다는 뜻을 나타낸다.

三生有幸 삼생유행

글자풀이　　　　석 삼(三 sān), 날 생(生 shēng), 있을 유(有 yǒu), 다행 행(幸 xìng).

뜻풀이　　　　　① 삼생의 행운. ② 참으로 크나큰 행운.

출전　　　　　　송(宋) 소동파(蘇東坡)『승원택전(僧圓澤傳)』

유래　　　　당唐나라 때 법호法號를 원택圓澤이라 하는 스님이 있었는데 불법에 정통했다. 그의 친한 벗 중에는 이원李源이라는 사람이 있었다.

　　어느 날 두 사람은 함께 장강長江 삼협三峽을 유람하러 떠났다가 도중에 한 마을을 지나면서 임신부가 강가에서 물을 긷는 것을 목격했다. 원택이 그 여인을 가리키며 이원에게 말했다.

　　"저 여인은 임신한 지 이미 3년이 되는데 지금까지 내가 아들로 환생하기를 기다리고 있으나 나는 줄곧 피해왔지. 지금 눈에 보였으니 더는 피할 수가 없군 그래. 3일 후 이 여인은 아기를 낳을 것인데 그때 자네는 이 여인네 집을 찾아가 보게. 만약 갓난아기가 자네를 보고 웃으면 그게 바로 나일 걸세. 그 웃음을 우리 두 사람 간 만남의 신표로 하세. 12년 후의 한가윗날 저녁에 나는 항주杭州 천축사天竺寺의 삼생석三生石 위에서 자네를 기다릴 것이니 우리 그때 꼭 만나세."

두 사람이 작별한 그날 저녁 원택이 입적을 했고 이와 때를 같이 하여 그 임신부도 생남했다.

사흘 후 원택이 시켜준 대로 이원이 그 여인네 집을 찾아가 보니 과연 갓난아기가 이원을 보며 웃었다.

시간은 살같이 흘러 어느덧 열두 번째 해의 한가위 날이 돌아왔다. 이날 저녁 이원은 약속대로 천축사에 왔다. 금방 절문에 이르니 한 목동이 소잔 등에서 이런 노래를 불렀다.

삼생석 위에 서린 그 옛날의 혼백이여,
달 보며 풍월 읊던 옛일은 말하지 말게.
정든 이가 먼 곳에서 반갑게 찾아와 서로 만나니,
내 비록 몸은 다르지만 옛정만은 여전하다네.

목동이 노래를 마치고는 몸을 돌려 사라졌다.

喪家之狗 상가지구

글자풀이	잃을 상(喪 sàng), 집 가(家 jiā), 갈 지(之 zhī), 개 구(狗 gǒu).
뜻풀이	① 상갓집의 개. ② 의지할 곳 없는 불쌍한 신세.
	③ 뜻을 얻지 못해 떠도는 사람.
출전	한(漢) 사마천(司馬遷) 『사기·공자세가(史記·孔子世家)』

유래   춘추시대春秋時代 공자孔子는 열국列國을 주유周遊하였으나 여러 제후들이 공자의 주장을 받아들이지 않았고 공자도 그 뜻을 펼 수 없었으며 길에서 여러 가지 일을 당했다. 위衛나라에 도착한 공자는 제자인 자로子路의 친척집에 기거했다.

위나라 영공靈公이 공자의 명성을 익히 들어왔던지라 그를 등용하려고 만나자마자 이렇게 물었다.

"선생께서는 진晉나라에서 관리로 있을 때 녹봉祿俸을 얼마나 받았습니까?"

이에 공자가

"저는 진나라에서 율미粟米(조), 6만 말을 녹봉으로 받았습니다."

하고 답했다.

이에 위령공이 진나라에서 받은 녹봉만큼 공자에게 주도록 했다.

얼마 지나지 않아 위나라의 관리 중에 공자에게 불만을 가진 자들이 생겼다. 이들은 공자와 정견政見이 다르거나 그 재능을 시기하여 위공령의 면전에서 공자의 험담을 하곤 했다. 위령공은 암둔한 군주인지라 공자에 대해 의구심을 품었으며 공손여가公孫餘假를 파견해 손에 병기를 든 채 공자의 처소를 들락날락했다. 감시 겸 위협 공갈인 셈이었다.

공자는 이를 언짢게 여겼고 이곳에 더 머무르다가는 사단이 일어나 억울한 죄명을 쓸 수도 있겠다고 생각했다. 하여 공자는 10개월 후 위나라를 떠나 진陳나라로 향했으며 길에서 광匡이라는 곳을 지나게 되었다.

과거 노魯나라의 귀족인 계씨季氏의 가신 양호陽虎가 이곳에서 반란을 일으키고 광지역의 사람들을 수없이 죽였다. 이곳에는 양호가 성을 진공하면서 파괴한 성벽이 그대로 남아 있었다. 공자 일행이 이곳을 지날 때 수레를 몰던 안회顔回가 채찍을 들어 성벽이 무너진 곳을 가리키며 말했다.

"제가 지난번에 왔을 때는 저 허물어진 곳으로 성에 들어갔었습니다."

광지역의 사람들이 이 말을 듣고는 노나라의 양호가 또 사람들을 거느리고 못된 짓을 하러 왔다고 여겨 공자 일행을 포위했다. 공교롭게도 공자의 생김새가 양호와 비슷하였으니 그곳 사람들은 양호를 잡았다고 여겨 이들을 구금했다.

광지역의 사람들은 공자를 연속 5일간 구금했고 공자의 운명이 어떻게 될지 제자들 모두 근심이 태산 같았다. 그러나 공자는 이런 의미심장한 말을 했다.

"주문왕周文王이 돌아가신 이후 지금까지 전대의 문화는 모두 내 몸에 남았다. 만약 하늘이 이 문화를 없애려 했다면 나는 이를 배우고 또 장악할 수가 없었을 것이다. 만약 하늘이 이 문화를 소멸하려 하지 않는다면 광지역의 사람들이 나를 어쩌지 못할 것이다."

후에 현지인들은 사실의 진상을 알고 공자 일행을 풀어 주었다.

공자는 정鄭나라에 이르러 또 제자들과 흩어졌다. 공자가 홀로 성 동문 밖에 서 있는 것을 정나라 사람이 보고 공자의 제자인 자공子貢에게 이렇게 말했다.

"동문 밖에 어떤 사람이 서 있는데 이마는 요堯임금과 같고 목은 고요皐陶와 같으며 어깨는 자산子産과 같고 하반신은 대우大禹 임금보다 좀 짧더군요. 그 재수 없는 모양은 상갓집의 개와 같았습니다喪家之狗."

후에 자공이 이 말을 들려주니 공자는 웃으면서 말했다.

"내가 누구를 닮았다는 것은 믿을 바가 못 되나 내가 주인을 잃은 들개 같았다는 것은 맞는 말이구나."

喪心病狂 상심병광

글자풀이   잃을 상(喪 sàng), 마음 심(心 xīn), 병 병(病 bìng), 미칠 광(狂 kuáng).

뜻풀이   ① 이성을 잃고 미쳐 날뛰다.

              ② 미친 듯이 잔인하게 파괴 행위를 하다.

출전   송(宋) 사채백(謝采伯)『밀재필기(密齋筆記)』

유래   진회秦檜는 남송南宋 때의 간신이다. 북송北宋 말년에 진회는
어사중승御史中丞을 맡았고 송휘종宋徽宗, 송흠종宋欽宗이 금나라에 포로로 잡
혀갈 때 수행해 금나라로 갔다가 금태종金太宗의 동생인 달뢰達賴의 측근이
되었다. 3년 후 진회가 송宋나라로 파견되었는데 그는 감시하는 병사들을
죽이고 배를 빼앗아 탈출했다 속이고는 남송에서 금나라의 첩자로 있었다.
암둔한 송고종宋高宗이 진회를 총애하니 진회는 소흥紹興 연간에 두 번이나
재상宰相으로 있으면서 19년간 조정의 대권을 장악했다. 이 기간 진회는 투
항 노선을 주장하였고 금나라의 신하가 되어 공물을 바치는 정책을 실행하
였다. 진회는 항금抗金영웅 악비岳飛에게 있지도 않은 죄목을 씌워 죽였다.

진회가 재상으로 있는 기간 동안 각지에서 조정에 보낸 진상품은 진회
의 집을 먼저 거쳐야 했고, 그가 물건을 고른 후 나머지만 궁에 보내졌다.
어느 날 진회의 아내 왕씨王氏가 궁의 연회에 초청되었다. 연회에서 황태후

가 탄식을 하며 말했다.

"세상이 태평치 못하니 궁에 들어오는 자어子魚도 크기가 줄어들었구려. 예전에 진상된 자어는 컸는데 말이요."

왕씨가 멍청하게 말했다.

"소첩의 집에 있는 자어가 모두 크오니 태후께 백 마리를 올리지요."

왕씨가 집에 돌아와 이 일을 진회에게 말하니 진회는 큰일을 저질렀다고 아내를 책망했다. 어찌 궁에 부족한 물건이 오히려 신하의 집에 넘쳐나는 도리가 있단 말인가? 만약 태후께서 나 진회가 진상품을 착복했다는 것을 아시면 이는 목이 몇 번 날아나도 씻지 못할 죄가 아닌가? 진회는 밤을 새우면서 궁리한 끝에 태후를 속일 수 있는 꾀를 생각해냈다.

이튿날 그는 사람을 시켜 황태후에게 백여 마리에 달하는 생선을 보냈는데 자어가 아니라 청어靑魚였다. 태후가 물고기를 보고 웃으면서 말했다.

"그럼 그렇지. 진대감네 집에 황궁의 것보다 더 큰 자어가 있다는 것이 말이 되겠는가? 그 여인이 청어를 자어로 보았던 게지."

자어는 매우 희귀한 담수어이다. 청어는 자어와 그 모양이 비슷하나 훨씬 큰 생선이었다. 진회는 바로 이 점을 이용해 태후를 속였던 것이다.

　소흥 26년에 진회가 병이 중해지니 정사政事 동덕원董德元과 첨사추밀원
사簽史樞密院事 탕사퇴湯思退를 침실에 불러 후사를 부탁하고는 황금을 천 냥
씩 내주었다.

　음험하고 교활한 진회가 황금을 내주니 측근들도 그 뜻을 알 수가 없었
다. 잘못했다가는 관직을 잃는 것은 둘째 치고 목숨을 잃을 수도 있는 상황
이었다. 동덕원은 내가 금을 받지 않으면 진회가 부탁한 일을 하지 않으려
는 것이 되고 진회에게 충성하지 않는 꼴이 된다고 생각해 울며 겨자 먹기
로 황금을 받았다. 탕사퇴는 금을 받게 되면 진회가 빨리 죽기를 바라는 것
이라 생각해 금을 사양했다. 두 사람 모두 진회의 보복이 두려워 이런 행동
을 한 것이고 이는 결국 자신을 위한 것이었다.

　송고종은 탕사퇴가 진회가 주는 황금을 받지 않았다는 말을 듣고는 진회와 한 무리가 아니라 생각하여 탕사퇴를 더욱 신뢰했으며 좌복야左僕射로 승진시켰다.

그러나 이 시대에도 나라에 충성하는 대신들이 있었다. 어느 한번은 금 나라의 사신이 송宋나라에 왔는데 당시 진회는 사절단을 비서성관서秘書省 官署에 들도록 했다. 이때 범여규范如圭라는 관원이 이를 극구 반대하며 말했 다.

"비서성은 비밀을 지켜야 하는 중요한 곳인데 어찌 적국의 사신을 들게 한 단 말이요?"

범여규는 자신의 힘으로 진회를 이길 수 없음을 알고 다른 대신들과 연명으로 황제에게 상소를 함으로써 진회의 매국적인 행위에 항의하려 했다.

그러나 상소문을 다 써놓고 범여규가 연명상서에 동의했던 대신들의 서 명을 받으려 하자 이들은 진회의 보복이 두려워 누구도 서명을 하지 않았 다. 범여규는 하는 수 없이 진회에게 편지를 썼다.

"공이 이성을 잃지 않았다면 어찌 이런 일을 한단 말이요?"喪心病狂

傷風敗俗 상풍패속

글자풀이   다칠 상(傷 shāng), 바람 풍(風 fēng), 질 패(敗 bài), 풍습 속(俗 sú).

뜻풀이   풍속을 문란케 하다.

출처   당(唐) 한유(韓愈) 『논불골표(論佛骨表)』

유래   당唐나라 유명한 산문작가 한유韓愈는 나이 서른다섯에 도읍 장안長安에 와서 관직을 맡게 되었다. 당시에는 불교가 성행해 고관대작부터 백성에 이르기까지 많은 사람들이 불교를 신봉했고 황제인 당헌종唐憲宗까지도 독실한 불교 신자였다. 어느 한번은 헌종이 성대한 의식을 차려 석가모니의 사리를 궁에 모셨다. 한유가 당헌종의 이런 행위를 반대해 『논불골표論佛骨表』라는 표문表文을 올렸다.

   글의 요지는 이러하다.

"불교는 외국에서 전래한 것입니다. 요, 순, 우堯舜禹 등 고대의 성인聖人들은 불교가 무엇인지 알리가 없었으나 나라를 잘 다스렸으며 이들은 재위한 시간이 길고 또한 장수했습니다. 불교는 동한東漢 명제明帝 때 중국에 들어왔는데 명제는 재위 기간이 18년밖에 안되었습니다. 또한 송宋나라와 제齊나라, 양梁나라, 진晉나라와 북위北魏 이후의 여러 조대에서는 불교를 깊이 믿었으나

　그 조대들이 존속한 역사는 매우 짧았습니다. 특히 양무제梁武帝는 제례 때 가축을 사용하지 않고 육식도 하지 않았으며 세 번이나 절에 출가한 적이 있었으나 반란군에게 포위되어 아사餓死하는 비참한 결말을 맞이했습니다. 지금 폐하에서는 부처의 사리를 궁에 모셨고 이에 왕공 귀족들이 너도나도 보시를 하니 이는 대량의 재물을 낭비하는 것이고 일부 백성들은 우매하여 심지어 자기 몸에 불을 다는 방법으로 부처에 대한 믿음을 보여주는 지경에 이르렀습니다. 사회 풍기를 문란케 하는傷風敗俗 이런 일은 사람들의 웃음거리가 되고 있으니 이는 결코 간과해서는 안 될 일이옵니다. 신이 보기에는 그 사리를 물에 버리거나 불 속에 던져야 마땅합니다."

헌종이 이 표문을 읽고 크게 노했다. 그는 한유가 황제인 자신을 오래 살지 못할 것이라 저주한 것이라 생각하고 한유를 죽이려 했다. 다행히도 재상宰相인 배도裴度가 한유를 위해 극구 변명을 해주었고 한유는 결국 외관外官으로 좌천되고 말았다.

舍本逐末 사본축말

글자풀이	버릴 사(舍 shě), 밑 본(本 běn), 쫓을 축(逐 zhú), 끝 말(末 mò).
뜻풀이	① 근본(중요한 것)을 버리고 지엽적인 것을 (애써) 추구하다.
	② 본말을 전도하다. ③ 경중을 뒤바꾸다.
출처	한(漢) 유향(劉向)『전국책·제책4(全國策·齊策四)』

유래　　　전국戰國시대에 제齊나라 왕이 조趙나라의 위후威後에게 사신을 파견하였다. 이 사신은 조위후를 만나 본 적은 없으나 왕후가 현명하다는 소문을 들어왔는지라 기꺼이 사신행차를 맡았고 조금이라도 지체할세라 서둘러 조나라의 도읍인 한단邯鄲에 도착했다. 사신은 조나라 궁에 입궐하여 제나라 왕이 조위후에게 드리는 문안을 전하게 되었다.

　　예를 행한 후 제나라 사신은 제나라 왕이 조위후에게 보내는 문안 편지를 위후에게 전했다. 그러나 조위후는 제나라 왕의 문안 편지를 펼쳐보지도 않고 사신에게 물었다.

"올해 제나라의 작황은 어떠하시오?"

이에 사신이 올해 농사가 잘 되었다고 답했다.

조위후가 또다시 물었다.

"제나라 백성들은 잘 지내는지요?"

제나라 사신이 백성들이 잘 지내고 있다고 답하니 그제야 조위후가 제나라 왕은 잘 지내시는지 물었다. 이에 사신이 왕께서도 잘 지내신다고 답을 올렸다.

제나라 사신은 몹시 불쾌했다. 그는 성격이 곧아 속에 있는 말을 그대로 하는 사람이었다. 그는 조위후가 부드럽고 도량이 넓은 사람임을 아는지라 이렇게 물었다.

"저는 제나라 왕의 뜻을 받들어 위후께 문안을 여쭙고자 이 자리에 왔습니다. 도리대로 말하면 위후께서 하문하실 때 먼저 우리 왕의 안부를 물어야 하지 않겠습니까? 하온데 위후께서는 올해 작황과 백성들의 근황을 물으셨습니다. 왜 미천한 것들을 먼저 물으시고 우리 왕의 안부는 후에 물으시는 것입니까?"

조위후가 미소를 지으면서 말했다.

"그렇게 말해서는 안 되는 것이오. 내가 올해 작황과 백성들의 근황을 물은 것은 나름대로의 도리가 있는 것이오."

제나라 사신이 어떤 도리인가고 물었다.

이에 조위후가 다음과 같은 말을 했다.

"잘 생각해 보시오. 올해 작황이 좋지 않다면 백성들은 어떻게 살아간단 말이요? 같은 이치로 백성들이 없다면 어찌 왕이 있을 수 있겠소? 때문에 내가 물은 순서는 도리에 맞는 것이요. 이렇게 묻지 않았다면 오히려 근본을 버리고 지엽적인 것을 따지는 것이라舍本逐末 생각되오."

舍生取義 사생취의

글자풀이	버릴 사(舍 shě), 날 생(生 shēng), 취할 취(取 qǔ), 옳을 의(義 yì).
뜻풀이	정의를 위해 목숨을 바치다.
출처	한(漢) 사마천(司馬遷) 『사기·자객열전(史記·刺客列傳)』

유래   춘추春秋시대에 진晉나라의 협객인 예양豫讓은 지백智伯의 깊은 신임을 받았다. 후에 지백이 목숨을 잃게 되었는데 조양자趙襄子가 바로 지백을 죽게 한 주모자였다. 하여 예양은 조양자를 죽여 지백의 원수를 갚으려 작심했다. 예양은 장애인으로 가장해 조양자의 뒷간 벽에 칠을 하는 일을 맡게 되었고 기회를 보아 조양자를 죽이려 했다. 조양자가 소피를 보는데 불현듯 심장 박동이 빨라지는지라 자객이 잠입했음을 눈치채고 벽에 칠을 하는 예양을 붙잡았고 그 연유를 알아보았다. 예양이 지백의 복수를 하기 위해서임을 알게 된 조양자는 협객의 의리에 감동해 예양을 풀어주었다.

  그 후 예양은 몸에 검은 칠을 바르고 수염과 눈썹을 밀어버리고 얼굴을 알아볼 수 없도록 상처를 낸 후 거지로 분장했다. 예양의 이런 모습을 아내조차 알아볼 수 없었으나 목소리만은 변조할 수 없었는데 예양은 숯을 삼켜 목소리마저 변조시켰다. 그러던 어느 날 예양은 조양자가 지나게 될 다리 밑에 먼저 몸을 숨겼다. 조양자가 다리를 건너려고 하는데 그가 탄 말이 불안하게 울음소리를 냈고 이에 조양자는 예양이 또 암살하러 왔음을 알게 되었다. 조양자가 사람을 시켜 수색을 해보니 예양이 숨어 있음이 드러났다. 이에 조양자가 한탄하며 이렇게 말했다.

> "예양, 네가 벗을 위해 복수하려는 의협심은 모두가 아는 일일진대 또다시 나를 죽이려 드느냐? 이번에는 너를 풀어주지 않고 죽여주지. 네 스스로 목숨을 끊도록 하라."

예양은 조양자의 말에 크게 깨닫는 바가 있었다. 그는 조양자에게 겉옷을 벗어달라고 하고는 그 옷을 칼로 세 번 찌르고는 자결했다. 예양은 자신을 알아준 친구의 정에 보답하고자 결국은 목숨까지 버린 것이다.

身先士卒 신선사졸

글자풀이	몸 신(身 shēn), 먼저 선(先 xiān), 선비 사(士 shì), 하인 졸(卒 zú).
뜻풀이	고대에 전차에 탄 병사를 사(士)라 하고 보병을 졸(卒)이라고 했다.
	① (전쟁터에서) 장수가 병사들보다 앞장서다.
	② 앞장서서 대중을 이끌다.
출처	명(明) 나관중(羅貫中)『삼국연의』(三國演義)

유래   동한東漢 말 조조曹操는 난세의 호걸로 큰 뜻을 가지고 있었다. 그의 아들들도 모두가 개성이 달랐다. 조창曹彰은 어릴 때부터 남다른 포부를 가지고 있었는데 문인의 연약한 일면을 보인 다른 한 아들 조식과는 사뭇 달랐다. 조창은 어릴 때부터 말을 타고 활을 쏘는데 능했고 승벽심이 강했으며 힘이 장사였는데 맨손으로 맹수들과 싸우기도 했다.

어느 한번은 조조가 아들에게 타일렀다.

"너는 서책은 읽으려 하지 않고 매일 무예만 닦고 있는데 이는 필부의 용맹에 불과해 결국은 대업을 이루지 못할 것이다."

이에 조창은 대수롭지 않은 투로 말했다.

"대장부라면 수만의 군사들을 이끌고 전장을 누비면서 천하에 위엄을 떨쳐야 하거늘 어찌 서책만 붙들고 죽은 글을 읽는단 말입니까?"

이에 조조가 넌지시 물었다.

"그럼 진정한 장군이라면 어떻게 해야 하겠느냐?"

조창은 전혀 주저함이 없이 말했다.

"장군이라면 갑주를 차려 입고 손에 병장기를 들어야 하며 위험을 두려워하지 않고 사士, 졸卒들의 본보기가 되어야 합니다. 身先士卒"

조창의 호기로운 말을 들은 조조는 기쁜 마음을 감출 수 없었다.

甚囂塵上 심효진상

글자풀이	심할 심(甚 shèn), 들렐 효(囂 xiāo), 티끌 진(塵 chén), 위 상(上 shàng).
뜻풀이	① 여론이 시끄럽거나 일이 한창 떠들썩하다.
	② 의론이 분분하다.
출전	춘추·로(春秋·魯) 좌구명(左丘明)
	『좌전·성공 16년(左傳·成公十六年)』

유래   춘추시대春秋時代, 진晉나라와 초楚나라 간에는 늘 전쟁이 일어났다. 기원전 579년에 송宋나라가 나서서 중재를 한 결과 진, 초 양국은 서로 침범하지 않고 사이좋게 지내기로 약속했다. 4년 후 진나라의 부속국이던 정鄭나라가 진나라를 배반하고 초나라에 복속했다. 이에 대로한 진나라 왕이 군대를 이끌고 정나라를 공격했고 위험에 처한 정나라는 초나라에 구원을 청했다. 초나라는 정나라라는 이 부속국을 잃지 않기 위해 진나라와 맺은 맹약을 어기고 초공왕楚共王이 직접 군사를 지휘하여 정나라 구원에 나섰다. 진나라와 초나라 군대는 정나라 땅인 언릉鄢陵에서 맞섰다.

전쟁에서 승기를 잡을 마음이 급했던 초왕은 당시 군사 작전에서 모두 꺼리는 회일晦日임에도 아랑곳 않고 군사들에게 유리한 지형을 선점하고 공격을 준비하도록 했다. 초왕이 직접 정찰용 전차를 타고 진나라군의 동정을 살폈고 태재太宰 백주리伯州犁가 그 뒤를 따랐다. 이들이 살펴보니 진나라 군영에서는 장막을 세우고 있는 지라 백주리가 말했다.

"이는 진나라의 군신이 대책을 의논하는 것입니다."

한참이 지나지 다시 장막을 거두는 것을 보고 백주리가 또 말했다.

"이는 전투 전에 점을 치고 조상들의 가호를 비는 것입니다."

이어 연기가 몰려오니 이번에는 초왕이 말했다.

"보시오, 곧 명령을 내릴 모양이요. 저쪽이 소란스럽고 먼지까지 일고 있으니甚囂塵上."

백주리가 말했다.

"이는 진나라 군사들이 밥 짓던 아궁이와 우물을 메우는 것입니다."

정찰을 마친 초왕이 공격명령을 내렸고 양쪽 군사들이 공격을 개시했다. 초나라와 정나라 연합군은 그 진세가 엄밀하지 못했고 진려공晉厲公이 직접 지휘하는 진나라 군사는 그 공세가 맹렬했다. 전투는 아침에 시작되어 별이 뜰 때쯤 끝났는데 결국은 초나라군이 참패를 당했다. 초왕은 야음을 틈타 패잔병들을 수습해 도망쳤다.

昇堂入室 승당입실

글자풀이   오를 승(昇 shēng), 집 당(堂 táng), 들 입(入 rù), 집 실(室 shì).

뜻풀이   ① 학문, 기예 따위가 점점 높은 수준까지 이르다.

② 학문, 기예 따위를 점점 깊은 수준으로 연구하다.

출처   『논어·선진(論語·先進)』

유래   공자孔子의 제자인 자로子路는 매우 용감하였고 악기 연주에 능했다. 어느 하루는 자로가 스승 공자의 집에서 거문고를 연주했는데 그 음률에 전투적인 격정이 넘쳤다. "인仁"을 주장하는 공자인지라 이 연주곡이 평화롭지 않다고 여겨 이렇게 지적했다.

"왜 내 집에서 이런 연주를 하는 것이냐?"

다른 제자들이 공자의 말을 듣고 배후에서 이러쿵저러쿵 수군거렸고 개중에는 자로를 폄하하는 이들도 있었다. 공자가 이를 알고 제자들을 불러 말했다.

"자로가 이미 승당昇堂은 하였으나 입실入室까지는 못했다."

　그 뜻인즉 자로가 음악적인 소양은 이미 높은 수준에 도달하고 일정한 성과도 있으나 매우 높은 경지에까지 오르지 못했음을 비유한 것이다. 공자의 이 평가를 들은 제자들이 더는 자로의 험담을 하지 않았다고 한다.

生靈塗炭 생령도탄

글자풀이 날 생(生 shēng), 신령 령(靈 líng), 진흙 도(塗 tú), 숯 탄(炭 tàn).

뜻풀이 백성들이 도탄에 빠지다.

출전 당(唐) 방현령(房玄齡) 등『진서·부비재기(晉書·苻丕載記)』

유래   16국十六國시대에 부견苻堅이 통치하는 전진前秦은 중앙의 권력을 강화하고 농업 생산을 중시하여 재원을 늘려 갔으며 북방의 대부분 지역을 통일하기에 이르렀다. 이어 전진은 동진東晉의 땅을 잠식해 나갔다. 그러나 연이은 전쟁으로 백성들의 부담은 커져만 갔고 통치 계급 내부의 모순이 대두되었다. 특히 건원建元 19년(기원 383년), 부견이 90만 대군을 동원해 동진을 진공하는 전쟁 중 비수淝水에서 참패를 당하고 나서는 나라의 기운이 크게 꺾이었고 주변의 여러 민족 두령들이 점차 독립 양상을 보였다.

　2년 후 후연後燕과 후진이 전진을 공격하여 도성 장안長安을 포위했다. 부견은 오장산五將山으로 퇴각했으나 얼마 후 후진왕 요장姚萇이 이끄는 군대에 생포되어 사찰에 감금되었다. 요장이 부견에게 옥새를 내놓을 것을 강요했으나 부견이 끝내 내놓지 않으면서 요장을 꾸짖었다. 결국 요장은 부견을 죽이라 명했다.

　전진의 유주자사幽州刺史 왕영王永은 이 소식을 접하고 즉시 부견의 아들

부비符丕에게 사람을 보내 비보를 알린 후 비를 황제로 옹립했다. 그 이듬해 부비가 군신들을 책봉하였고 왕영은 좌승상左丞相 직에 올랐다.

좌승상이 된 왕영은 격문을 써서 각지에 있는 전진의 군사들에게 힘을 합쳐 후진의 요장과 후연의 두령인 모용수慕容垂를 토벌하자고 했다. 그 격문 중에는 이런 내용이 있다.

"선제께서 도적의 무리가 장악한 곳에서 시해되고 경사 장안이 적들의 소굴로 변했으며 나라가 피폐해지고 백성들은 진흙탕과 숯불 속에서 고통스러운 삶을 살아간다生靈塗炭. 각지의 문무 관원들은 이 격문을 본 후 즉시 병마를 보내 힘을 합칠 것이며 적들과의 싸움을 준비하라."

허나 후진의 병력이 너무 강했고 왕영이 이끄는 각지 군사들의 실력은 보잘것없어 결국 패전을 거듭하다가 기원 394년에 전진은 후진에 의해 멸망되었다.

生死存亡 생사존망

글자풀이	날 생(生 shēng), 죽을 사(死 sǐ), 있을 존(存 cún), 잃을 망(亡 wáng).
뜻풀이	살아서 존재하는 것과 죽어서 없어지는 것.
출처	춘추·로(春秋·魯) 좌구명(左丘明)
	『좌전·정공15년(左傳·定公十五年)』

유래   춘추春秋시대 때 주은공邾隱公이 노魯나라 왕인 노정공魯定公을 만나게 되었는데 노정공은 성대한 환영식을 거행해 주었다. 공자孔子의 제자인 자공子貢도 당시 명성이 높았으며 이번 환영식에 참가하게 되었다. 의식이 시작되자 주은공은 손에 옥패를 높이 들고 얼굴을 치켜들었는데 그 태도가 오만방자했다. 반면에 노정공은 옥패를 받을 때 머리를 숙였고 멍한 표정이었다. 여러 사람들은 두 국왕의 상반되는 표정과 행동에 놀라움을 금치 못했다.

이를 보고 있던 자공이 말했다.

"제후들이 만날 때 손에 옥패를 드는 것은 주周나라 때부터 전해 내려온 예의입니다. 예의는 생사존망을 결정하는 주체이니 사람의 일거수일투족은 모두 예의에 맞아야 합니다. 오늘 두 분 제후가 만나는 모습은 모두 예의에 어긋나는 것입니다. 주은공의 행위는 오만하며 옥기를 너무 높이 들었는데 이에 반해 노정공은 피폐한 표정이고 옥패를 받는 손이 너무 아래로 내려갔습니다. 오만함은 동란을 불러올 소지가 있고 피폐한 표정은 질병이 있음을 말해줍니다. 제가 보기에 이 두 분의 왕은 곧 운명할 듯싶습니다. 지금이 정월이고 일 년의 시작인데 제후왕들이 서로 만나면서 예의를 전혀 지키지 않으니 이는 이들의 마음속에 예의가 없음을 보여주는 것이지요. 만남의 예의가 사라졌으니 어찌 오래갈 수 있겠습니까? 게다가 노정공은 주인이니 아마도 먼저 운명할 것 같습니다."

조정의 중신들은 자공의 말이 매우 독특하다고 여겼으나 그 말을 다 믿을 수는 없다고 여겨 슬슬 피했다.

몇 달이 지나 초여름이 되니 과연 노정공이 죽었다. 노정공은 오래전부터 지병이 있었고 몸이 허약했는데 여름에 접어들면서 그 병세가 중해져 죽었던 것이다. 결국 자공의 추측이 맞아떨어진 셈이다.

聲東擊西 성동격서

글자풀이   소리 성(聲 shēng), 동녘 동(東 dōng), 칠 격(擊 jī), 서녘 서(西 xī).

뜻풀이   ① 동쪽에서 소리를 내고 서쪽을 치다. 성동격서.

② 이쪽을 치는 척하고 저쪽을 치다.

③ 기계(奇計 기묘한 계책)로써 허를 찌르다.

출처   한(漢) 사마천(司馬遷) 『사기·회음후열전(史記·淮陰侯列傳)』

유래   초楚나라와 한漢나라가 천하를 다투던 어느 해 여름, 유방劉邦이 팽성彭城에서 항우項羽가 거느린 초나라군에 대패했다. 이미 유방에게 귀순한 위왕魏王 표豹는 초나라 군대 의 세력이 강대한 것을 보고는 병에 걸린 친족을 위문하러 간다는 구실로 한나라 군영을 떠났으며 하관下關에 도착하여 항우와 화해를 한 뒤 한나라를 반대한다고 선포했다.

위왕 표는 한나라 군대가 진공해 온다는 소식을 접하고는 백직栢直을 대장으로 임명해 황하 동쪽 기슭의 포판蒲坂을 지키도록 했으며 황하나루터인 임진진臨晉津을 봉쇄함으로써 한나라 군대의 도하를 저지하도록 했다.

한신이 이끄는 한나라 군사가 전선에 도착해 보니 포판의 지세가 험준하고 대량의 적군이 굳게 지키고 있었다. 한신은 "성동격서"라는 전술을 생각해냈다. 그는 군영을 포판 대안에 정하고 군영의 사처에 깃발을 꽂아 놓

앞으며 대낮에는 군졸들에게 조련을 하고 소리를 지르도록 했으며 밤에는
불을 밝혀 황하 도하를 강행하려는다는 의지를 보이도록 했다. 허나 한신 본
인은 한나라 주력을 이끌고 북쪽으로 이동하였으며 하양夏陽을 기습도하의
거점으로 정했다.

한나라 군대가 하양에 도착하니 도하에 쓸 배가 없었다. 한신은 병사들에
게 나무통을 만들어 여러 개 나무통을 한데 묶어 놓게 했고 그 위에 뗏목을
놓아 다시 뒤집으니 도하용 배가 되었다. 한나라 군대는 이런 배들을 이용해
강을 건넜다. 위나라 군사들이 그곳에 방어병력을 배치하지 않았기에 한나
라 군사들은 순조롭게 황하를 건너 위나라 군사의 후방 요충지인 안읍安邑을
함락했다. 위왕 표는 아무런 준비가 없는 상태에서 군사를 이끌고 응전을 했
으나 결국 대패하였으며 그 자신도 한신에게 생포되고 말았다.

聲名狼藉 성명낭적

글자풀이   소리 성(聲 shēng), 이름 명(名 míng), 이리 낭(狼 láng), 업신여길 적(藉 jí).

뜻풀이   ① 평판이 매우 나쁘다.

　　　　 ② 위신이 땅바닥에 떨어지다. 명예가 훼손되다.

출전   한(漢) 사마천(司馬遷)『사기·몽념열전(史記·蒙恬列傳)』

유래   진시황秦始皇 재위 시기 몽념蒙恬과 몽의蒙毅 두 형제는 황제
의 신임을 한 몸에 받았다. 몽념은 북방에 파견되어 30만 대군을 통솔하면
서 외적의 침입을 막는 동시에 북방의 장성을 쌓는 일을 맡았다. 몽의는 상
경上卿의 자리에 올라 나라의 중요한 일들을 결정하는데 참여했다. 진시황
이 이들 형제를 매우 신임하였기에 당시 많은 조정 대신들은 이들 형제와
논쟁하기를 꺼릴 정도였다.

　　진시황이 죽은 후 중차부령中車府令 조고趙高와 재상宰相 이사李斯가 음모
를 꾸미며 진시황의 어린 아들인 호해胡亥를 태자로 삼았고 일이 탄로 날까
봐 두려워 진시황의 장자인 부소扶蘇와 몽념에게 엉뚱한 죄명을 씌워 자결
을 명했으며 몽의 역시 하옥시켰다. 몽의가 조고를 처벌한 적이 있었고 조
고는 이 일을 잊지 않고 있었다. 부소가 자결한 후 몽념은 사사賜死를 명한
일을 믿지 않았고 몇 번이나 파견되어 온 사람에게 캐어물었으며 그 결과

감금되고 말았다.

몽의는 억울함을 호소하면서 이렇게 말했다.

"이전에 진목공秦穆公이 세명의 충신을 순장하고 백리해百里奚를 억울하게 죽였습니다. 진소양왕秦昭襄王은 무안군武安君 백기白起를 죽이고 초평왕楚 平王은 오사吳奢를 죽였으며 오왕吳王 부차夫差는 오자서伍子胥를 죽였나이 다. 이 네 명의 왕은 충신들을 죽이는 큰 잘못을 범해 천하 사람들의 지탄 을 받았으며 때문에 이들의 명성은 여러 제후국들 중에서도 매우 나빴습 니다聲名狼藉. 바른 도리로 나라를 다스리는 것은 바로 죄 없는 사람을 죽이 지 않는 것이니 무고한 사람을 죽이지 말아야 할 것입니다."

그러나 호해가 보낸 관리는 몽의의 말을 들으려고 하지 않고 몽의를 죽 였다. 그해 몽념 역시 살해당했다.

聲色俱厉 성색구려

글자풀이	소리 성(聲 shēng), 빛 색(色 sè), 함께 구(俱 jù), 엄할 려(厉 lì).
뜻풀이	① 목소리와 얼굴빛이 몹시 엄하다(사납다).
	② 큰소리치며 낯빛이 달라지다. 노발대발하다.
출전	당(唐) 조린(趙璘)『인화록·궁부(因話錄·宮部)』

유래   당덕종唐德宗 때 한림학사翰林學士 위수韋綏는 직무에 충실하여 덕종의 신뢰를 한 몸에 받았다. 한림학사는 황제의 최측근 고문 비서관으로 내조內廷에서 자주 숙직을 서면서 대신들의 임명과 파면 등과 같은 문서를 작성하였으므로 "내상內相" 즉 내부의 재상이라고 불리는 노른자위였다. 위수가 이 직무를 맡고서는 공무가 다망하여 달포씩 집에 돌아가지 못하는 경우가 허다했으니 자연스럽게 노모老母를 잘 돌보지 못하게 되었다.

위수는 어머니께 효도하지 못함을 안타깝게 생각하여 몇 번이나 덕종에게 사직을 제기했으나 덕종은 위수의 재능을 아껴 윤허하지 않았다. 그러다가 8년 후 위수의 몸이 점점 허약해지고 나서야 덕종은 위수에게 사직을 하고 몸을 추스르도록 허락했다.

위수의 아들 위온韋溫은 총명하고 배우기를 즐기는 성정이었다. 그는 11살 때 이미 시험에 통과하여 함양위咸陽尉를 제수받았고 후에는 감찰어사監

察御史로 승차했다. 어른을 공경하는 위온은 아버지가 병 때문에 사직을 하고 집에 돌아오자 그 자신도 사직을 하고 집에서 아버지를 모셨는데 그리하기를 20년이나 되었다.

위수는 임종 시 위온에게 이런 당부를 했다.

"내조는 시비가 많은 곳이니 너는 절대 한림학사가 되어서는 안 된다. 잘못하다가는 목숨을 잃을 수도 있다."

위온이 눈물을 머금고 아버지의 분부를 따르겠노라고 다짐했다. 위수가 사망한 후 위온은 여러 관직을 두루 맡았으며 당시 집권한 문종文宗 황제가 위온의 재능을 높이 사서 한림학사를 맡기려 했다.

아버지의 유훈을 가슴에 새긴 위온이 몇 번이고 황제에게 이 임명을 사양하니 문종은 다른 사람들은 오르지 못해 안달하는 이 관직을 왜서 위온이 이렇게도 고집스럽게 사양하는지 이해가 되지 않았다. 황제가 몇 번이고 묻는 바람에 위온은 아버지와 한 약속을 어길 수 없다는 속사정을 말했다.

후에 문종이 대신들에게 말했다.

"나는 위온을 중용하려고 하나 그는 매번 견결히 사양하니 그가 없으면 큰일이라도 난단 말인가?"

문종이 이 말을 할 때 목소리와 기색이 모두 근엄했다聲色俱厲. 대신들이 황제의 노한 기색을 보고 위온에게 해가 갈까 두려워 이렇게 간했다.

"폐하, 위온이 그토록 고집스럽기는 하나 이 또한 부친의 유명遺命을 지키기 위한 효심이오니 그의 뜻을 꺾지 마시오서."

문종이 별일 다 보겠다는 듯이 말했다.

"위수가 그 아들에게 한림학사를 맡아서는 안 된다고 한 것은 엉터리 명이니 어찌 그 뜻을 따르게 한단 말이냐?"

그 대신이 다시 해석을 올렸다.

"위온이 아버지의 엉터리 명까지도 지키는 것은 그 효심이 대단함을 보여주는 것이 아니겠습니까?"

문종은 그 해석을 듣고는 화를 가라앉혔으며 위온에게 다른 관직을 내렸다.

盛氣凌人 성기릉인

글자풀이	성할 성(盛 shèng), 기운 기(氣 qì), 업신여길 릉(凌 líng), 사람 인(人 rén).
뜻풀이	① 오만한 기세로 남들을 깔보다. ② 매우 거만스럽다.
출전	한(漢) 유향(劉向)『전국책·조책4(戰國策·趙冊四)』

유래　　　기원전 266년 조趙나라의 혜문왕惠文王이 죽고 효성왕孝成王이 즉위했으나 나이가 어려 모후인 조태후趙太后가 섭정하게 되었다.

　서쪽의 진秦나라는 이 기회를 타서 조나라의 국경을 침범하였으며 선후로 성 세 개를 점령했다. 조태후는 나라의 군사력이 약한지라 즉시 제齊나라에 구원을 청했다. 이에 제나라가 조태후의 작은 아들인 장안군長安君을 제나라에 볼모로 보내면 군사를 파견하겠다는 조건을 제기했다. 조태후는 아들이 너무 어린지라 마음에 걸려 제나라의 요구에 동의하지 않았다.

　조나라의 대신들은 진나라 대군이 곧 쳐들어올 위기 상황인지라 모두 조태후에게 종묘사직을 먼저 생각하여 장안군을 볼모로 보내고 나라의 위기를 막기를 간청했다. 여러 대신들의 말을 들은 조태후가 화를 내며 이렇게 말했다.

　"만약 제나라에 볼모를 보내는 일을 다시 거론하는 자가 있다면 나는 그의

얼굴에 침을 뱉으리라."

좌사左師 촉섭觸聾(일명 촉룡이라고도 함)이 전후 사정을 듣고는 조태후에게
뵙기를 청했다. 조태후는 이자 역시 자신을 설득하러 온 것이라 생각하니
짜증이 났고 굳어진 표정으로 촉섭을 기다렸다. 태후를 만난 촉섭은 먼저
자신의 건강부터 시작해 작은 아들의 일을 풀어놓았다. 태후의 안색이 부
드러워진 것을 본 촉섭이 이때에야 화제를 돌려 말했다.

"태후께서는 장안군을 아끼고 장차 귀하게 되기를 바라면서도 그에게 공
을 세울 기회는 주지 않는군요. 그러니 만약 태후의 신상에 일이 생기면 장
안군이 어찌 조나라에서 발을 붙일 수가 있겠나이까?"

조태후가 결국 촉섭의 간청을 받아들여 장안군을 볼모로 제나라에 보냈다. 얼마 후 제나라가 출병했다는 소식을 들은 진나라는 군사를 철수했다.

師出無名 사출무명

글자풀이   스승 사(師 shī), 날 출(出 chū), 없을 무(無 wú), 이름 명(名 míng).

뜻풀이   ① 정당한 이유 없이 군대를 출동시키다.

            ② 정의롭지 못한 전쟁을 하다.

출처   한(漢) 반고(班固)『한서·고제기상(漢書·高帝紀上)』

유래   진秦나라 말에 천하가 어지럽고 여러 저항 세력들이 불같이
일어섰다. 초회왕楚懷王은 봉기군의 두령들에게 먼저 진나라 군사를 이기고
함양咸陽에 들어가는 사람을 진왕秦王으로 봉하겠노라고 약속했다. 항우는
비록 함양에는 뒤늦게 들어갔으나 막강한 군사력을 등에 업고 서초패왕西
楚覇王으로 자신을 봉했으며 먼저 함양에 입성한 유방劉邦을 한왕漢王으로 봉
하고 인구가 적은 파촉巴蜀지방으로 보냈다. 이와 동시에 항우는 초회왕을
허울뿐인 존호인 의제義帝로 칭했으며 얼마 지나지 않아 사람을 보내 의제
를 시해했다.

       항우의 이런 처사는 제후들의 강력한 불만을 야기했다. 한왕 유방이 군
사를 이끌고 낙양洛陽에 이르니 동공董公이 유방에게 이런 말을 했다.

       "제가 듣기로 덕에 순응하면 나라가 창성하고 덕을 거스르면 망하는 법입

니다. 정의롭지 못한 전쟁은 실패를 면치 못할 것입니다. 군왕을 시해한 항
우는 세상 사람들의 공분을 사고 있으니 한왕께서 이 기회에 군사를 일으
켜 그와 싸운다면 천하의 모든 사람들이 그 공덕을 칭송할 것입니다. 이렇
게 되면 한왕께서는 주왕을 정벌했던 주무왕과 마찬가지로 정의의 군사로
흥할 것입니다."

이에 유방은 즉시 의제를 위해 출상을 하고 삼군에 명령해 상복을 입도
록 했으며 자신은 왼팔을 드러내고 대성통곡하면서 3일간 큰 제를 지냈다.
이어 기타 제후들에게 사신을 보내 이렇게 전했다.

"신하인 우리는 의제를 군왕으로 섬겼다. 헌데 지금 항우가 의제를 시해했으니 이는 대역무도한 죄이다. 나 한왕 유방은 지금 정의로운 군사를 일으켜 당신들과 함께 대역죄인 항우를 토벌하려 한다."

이때로부터 유방과 항우 간 초한상쟁楚漢相爭의 서막이 열리게 되었다.

十年樹木 십년수목,
百年樹人 백년수인

글자풀이   열 십(十shí), 해 년(年nián), 나무 수(樹shù), 나무 목(木mù),

일백 백(百bǎi), 해 년(年nián), 나무 수(樹shù), 사람 인(人rén).

뜻풀이   ① 나무를 기르는 데 십 년이 필요하고 인재를 육성하는 데는

백 년이 필요하다.

② 인재를 육성하는 것은 결코 쉬운 일이 아니므로 원대한

계획을 세워야 한다.

출전   『관자·권수(管子·權修)』

유래   관중管仲은 춘추시대春秋時代 유명한 정치가이고 제환공齊桓公
때의 재상宰相이다.

제환공은 노魯나라에 대해 큰 불만을 가지고 있었고 노나라를 공격하려
준비했다. 그러나 관중은 제나라가 아직 안정되지 않았기에 당장 노나라
를 치는 것은 비현실적이라고 지적했다. 그러나 제환공은 이를 듣지 않고
대군을 보내 노나라를 공격했다. 장작長勺전투에서 제나라군이 대패하니
제환공은 관중의 말을 듣지 않은 것을 후회했고 그 후부터 관중을 깊이 신

임하여 나라를 다스리는 일을 관중에게 일임했다. 제환공은 국사를 의논하러 오는 사람이 있으면 "관중 재상을 찾아 가보시오."하고 말하곤 했다.

관중은 제환공이 이토록 자신을 믿어주자 더욱 열심히 일했다. 그는 일련의 개혁을 단행해 제나라를 공상향工商鄉과 사향士鄉으로 나누었다. 공상향은 전문 상업에 종사하게 하고 병역을 면제해 주었으며 사향은 바로 농향農鄉이었는데 농민들은 평시에 농사를 짓고 전시에는 전장에 나갔다. 관중은 또 제나라의 자연조건에 근거하여 여러 가지 적합한 정책들을 제정했다. 이렇게 몇 년이 지나니 제나라의 국력이 강해지고 백성들의 생활은 윤택해졌다. 그 후 제환공은 춘추시대의 첫 패주霸主가 되었다.

관중은 후에 자신의 사상을 『관자』라는 책으로 적어놓았는데 그중에는 이런 내용이 있다.

'일 년의 수확을 얻으려면 곡식을 심고 10년의 수확을 바란다면 나무를 심으라. 백 년의 수확을 바란다면 인재를 육성하라十年樹木, 百年樹人. 우리가 인재를 육성하는 것은 신이 도와주는 것과 같고 천하를 제패하는 필수적인 경로이다.'

十行俱下 십행구하

글자풀이   열 십(十 shí), 줄 행(行 háng), 함께 구(俱 jù), 아래 하(下 xià).

뜻풀이   ① 열 줄의 글을 한꺼번에 읽어 내려가다. ② 독서의 속도가 빠르다.

출처   당(唐) 이연수(李延壽)

        『남사·양서·간문제기(南史·梁書·簡文帝紀)』

유래   남북조南北朝 때 남조南朝의 양무제梁武帝 소연蕭衍에게 소강蕭綱이라 부르는 아들이 있었다. 소강은 어려서부터 총명이 과인했고 그 기억력이 비상했다. 네 살 때부터 글자를 깨치고 책을 읽었으며 한번 읽으면 잊는 법이 없었다. 여섯 살이 되니 이미 문장을 쓸 줄 알게 되었다.

소강이 이토록 학문에 정진하니 양무제 또한 기쁘기 그지없었다. 어느 하루, 양무제는 소강을 면전에 불러 놓고 제목을 내주고 글을 써내라고 했다. 소강이 잠깐 생각하더니 침착하게 붓을 잡고 일필휘지하는데 한식경도 되지 않아 잘된 글 한 편을 지어냈다. 문학에 능한 양무제가 봐도 음률이 격식에 잘 맞고 문장이 화려해 감탄이 절로 나왔다.

"이 아이는 우리 가문의 동아왕東阿王이구나."

여기서 "동아왕"은 위魏나라 때의 유명한 문학가인 조식曹植의 봉호封號이니 소강에 대한 양무제의 평가가 얼마나 높았는지 가늠이 간다.

나이가 들어가면서 소강이 읽는 책도 점점 늘어났다. 전하는데 의하면 소강은 열독 능력이 뛰어나 책을 읽는 속도가 한눈에 열 줄을 읽을 정도로 빨랐다고 한다十行俱下. 이런 속도로 책을 읽었으니 수많은 책을 읽을 수 있었고 문장을 써도 막힘이 없었던 것이다.

소강은 열한 살 되던 해에 의혜장군宜惠將軍, 단양윤丹陽尹이라는 관직을 받아 군의 여러 가지 사무를 처리하기 시작했다. 소년의 나이에 불과했으나 읽은 책이 많고 박식하여 정무를 처리함에 있어서 부족함이 없었다.

소강이 28살이 되던 해에 큰 형인 소통蕭統이 죽게 되자 소강은 태자로 책봉되었다. 이때부터 그는 장기간 궁에 거주하면서 늘 당시의 유명한 문사들과 어울려 글을 짓고 시를 읊으면서 여유로운 궁정 생활을 했다.

비록 소강의 문학적 재능이 뛰어났으나 장기간 깊은 궁궐 속에 있으면서 사치스러운 생활을 했기에 그의 글은 상층 귀족들의 부화타락한 생활을 묘사한 내용이 많았고 시와 부의 격이 낮았다. 당시에는 이런 풍격의 작품을 "궁체宮體"라고 했으며 이는 그때의 문풍에 나쁜 영향을 끼쳤다.

후에 지방 세력인 후경侯景이 난을 일으키고 소강을 간문제簡文帝로 추대했으나 어릿광대 황제에 지나지 않았다. 결국 후경이 사람을 보내 소강에게 독주를 먹여 살해했다.

實事求是 실사구시

글자풀이	열매 실(實 shí), 일 사(事 shì), 구할 구(求 qiú), 옳을 시(是 shì).
뜻풀이	① 실사구시.
	② 있는 그대로의 사실에 토대하여 진리를 탐구하다.
출처	한(漢) 반고(班固) 『한서·하간헌왕전(漢書·河間獻王傳)』

유래   유덕劉德은 한경제漢景帝 유계劉啓의 아들이며 하간河間, 현재의 하북 하간현 일대 지역을 분봉받아 하간왕이 되었다. 사후에는 익호를 "헌獻"이라 했기에 '하간헌왕'이라고도 불렀다.

유덕은 많은 고서들을 소장했는데 그중에는 거금을 들여 산 것도 있었다. 그 당시는 진시황秦始皇이 분서갱유焚書坑儒를 단행한 후였기 때문에 고서적들이 비교적 적은 상황이었다. 일부 문인들이 하간왕이 서책 소장을 즐긴다는 말을 듣고는 조상들이 남겨준 진秦나라 이전 시기의 서책을 유덕에게 바쳤고 그중의 일부 사람들은 이를 인연으로 유덕의 문객으로 들어가 함께 학문을 연구 하곤 했다.

어느 한번은 유덕이 당시의 도읍인 장안長安에 갔다. 그때의 황제는 한무제漢武帝 유철劉徹이었는데 유덕은 무제와 조정 관원들과 함께 고대 학술의 일부 이치들을 논해 높은 평가를 받았다. 반고의 『한서·하간헌왕전』에

서는 유덕을 "학문을 깊이 하고 실사구시했다. 修學好占, 實事求是"고 소개했다.

당唐나라 때에는 안사고顏師古라는 학자가 반고의 이 말에 "사실을 근거로 하고 정확한 결론을 구했다務得事實, 每求眞是也"는 주해를 달았다. 이것이 바로 실사구시의 출처이다. 이 성어의 글자풀이로 보면 상술한 해석이 맞으나 유덕이 학문을 대하는 태도가 정말 "실사구시"였는지는 알 길이 없다.

拾人牙慧 습인아혜

글자풀이	주울 습(拾 shi), 사람 인(人 rén) 어금니 아(牙 yá),
	슬기로울 혜(慧 huì).
뜻풀이	남의 주장, 말 따위를 (그대로) 도용하다.
출처	남조·송(南朝·宋) 유의경(劉義慶)
	『세설신어·문학(世說新語·文學)』

유래　　　은호殷浩는 동진東晉 때의 대신으로 그 자가 연원淵源이고 진군 장평陳郡長平(지금의 하남 서화 동북부) 사람이다. 그는 『노자老子』와 『주역周易』을 즐겨 읽었고 현묘한 이치를 잘 해석해 큰 명성을 날렸지만 조정의 부름을 여러 번 고사한 적이 있다. 그 후 유량기실참군庾亮記室參軍, 사도좌장사司徒左長史를 임직했고 후에는 사직하고 거의 10여 년간 은거해 살았다. 그러다가 영화 2년(기원346년)에 다른 사람의 천거로 다시 출사해 건무장군建武將軍, 양주자사揚州刺史를 지냈다.

　　은호는 학식이 깊고 말재주 또한 화려했다. 은호에게는 한강백韓康伯이라 부르는 외조카가 있었는데 총명이 과인하고 말도 잘해 외숙부를 닮았으며 이런 연유로 은호도 외조카를 몹시 귀여워했다.

　　그러나 시간이 지나면서 한강백은 칭찬에 물들고 거기에 자신의 총명을 맹신하면서 학문과 사물의 이치에 대해 깊이 연구하려 하지 않고 화려한 언사만 자랑했다. 그는 결국 아무것도 할 줄 모르면서 무엇이든 다 아는 척했다. 은호도 조카의 언행을 점점 싫어하기 시작했다.

어느 한번은 한강백이 다른 사람과 한담하면서 손짓 발짓 다하는 과장된 행동과 은연중에 나타나는 득의양양해하는 모습을 은호가 보고는 눈살을 찌푸리면서 친구에게 이렇게 말했다.

"강백은 나의 재능을 다 물려받았다고 생각하지만 사실 내 어금니 뒤에 있는 작은 지혜마저도 얻지 못했다네拾人牙慧."

食不甘味 식불감미

글자풀이	먹을 식(食 shí), 아닐 불(不 bù), 달 감(甘 gān), 맛 미(味 wèi).
뜻풀이	(마음이 편하지 않아) 먹어도 맛이 없다.
출처	한(漢) 유향(劉向)『전국책·초책1(戰國策·楚策一)』

유래   전국戰國시기 진秦나라 혜문왕惠文王이 집권할 때 유명한 유세객인 소진蘇秦이 혜문왕에게 "연횡連橫"정책을 실행할 것을 제안했다. 그 내용인즉 일부 나라를 규합해 다른 제후국들을 진공하게 함으로써 각개 격파하고 천하통일의 야심을 실현해야 한다는 것이었다. 그러나 혜문왕이 이 제안을 거부했고 소진은 아무런 소득도 없이 돌아갔다. 그다음 해에 소진은 또 여러 나라에 가서 유세를 했는데 이번에는 책략을 고쳐 "합종合縱"의 주장을 내놓았다. 그 내용은 진나라를 제외한 여섯 개 나라가 연합해 진나라에 대항하는 것이었다.

"합종"책략은 조趙나라 왕인 조숙후趙肅侯의 긍정적인 평가를 받게 되었고 그는 소진을 상국相國으로 임명한 후 다른 나라의 제후들을 설득하도록 두둑이 자금을 대주었다.

초楚나라에 간 소진은 초위왕楚威王을 만나 이해득실을 상세하게 설명했다. 진나라는 천하의 여러 제후들에게 불공대천의 원수이며 6국을 삼키려 호시탐탐 기회를 노리고 있다. 만약 초나라와 진나라가 "연횡"을 한다면 진나라의 영토 확장 야심을 막을 수 없고 결국에는 진나라에 땅을 바치고 강화를 맺게 될 것이다. 반면에 초나라가 다른 제후국들과 "합종"을 하여 진나라에 대항한다면 다른 나라들이 초나라를 높이 볼 것이고 초나라의 영을 따를 것이다.

이에 초위왕이 고개를 끄덕이며 말했다.

"나도 진나라의 야심에 대해 일찍부터 경계심을 품고 있었소. 그러나 한韓나라와 위魏나라 등이 진나라의 조종을 당하고 있으니 그들과 함께 할 수 없었다오. 또 국내에는 나에게 좋은 계책을 내주는 믿을 만한 대신이 없었기에 오랜 세월 나는 잠도 제대로 자지 못하고 음식을 먹어도 무슨 맛인지 몰랐다오食不甘味. 오늘 당신의 고견을 듣고 나니 진나라와 끝까지 싸우려는 결심이 내려지는 것 같소."

이때부터 초나라와 조나라 등 6개 제후국이 남과 북으로 연합하여 "합종" 맹약을 맺고 공동으로 진나라에 항거하니 진나라는 한동안 경거망동하지 못했다.

始作俑者 시작용자

글자풀이	비로소 시(始 shǐ), 지을 작(作 zuò), 목우 용(俑 yǒng), 놈 자(者 zhě).
뜻풀이	처음으로 순장(殉葬)에 쓰이는 나무 인형을 고안한 사람.
	악례(惡例)를 창시한 사람.
출처	『맹자·양혜왕편(孟子·梁惠王篇)』

유래   용俑은 고대에 사망한 사람과 함께 순장을 하던 나무 인형 혹은 흙 인형으로 그 생김이나 체형이 사람과 흡사했다. 공자孔子는 사람 모양과 비슷한 용을 순장품으로 쓰는 것을 반대했는데 그 이유는 이런 행위가 사람들에게 참혹함을 보여주는 것이라 여겼기 때문이었다. 이런 이유로 공자는 용을 처음으로 발명한 사람을 극도로 싫어했으며 심지어 이런 말까지 했다.

"처음으로 용을 사용한 사람은 후손이 없었을 것이다."

맹자孟子가 어느 한번은 양혜왕梁惠王과 담소를 나누면서 공자의 이 말을 인용한 적이 있다.
    맹자가 양혜왕에게 물었다.

"몽둥이로 사람을 때려죽이는 것과 칼로 사람을 베어 죽이는 것이 어떤 차이가 있다고 생각하십니까?"

이에 양혜왕이 별다른 차이가 없다고 답했다.
맹자가 또 물었다.

"그럼 칼로 살인을 하는 것과 정치로 살인을 하는 것은 어떤 다른 점이 있겠습니까?"

양혜왕은 이번에도 별다른 차이점이 없다고 대답했다.
이에 맹자가 이런 도리를 설명했다.

"지금 폐하의 주방에는 살찐 고기가 가득하고 마구간에는 준마들이 넘쳐 납니다. 허나 백성들은 굶주리고 있고 도성 밖에서는 아사자가 즐비하니 이는 나라의 권력자가 야수들을 이끌고 사람을 잡아먹는 것과 다를 바 없습니다. 사람들은 야수가 야수를 잡아먹는 것도 꺼려하는데 백성의 부모들이란 자들이 야수들을 휘동해 사람을 잡아먹게 하니 이 어찌 백성의 부모라 할 수 있겠습니까? 공자께서는 처음으로 용을 만든 자는 후손이 없었을 것이라고 말씀하셨습니다始作俑者. 나무인형이나 흙 인형으로 순장을 해도 이를 질타했으니 백성들이 굶어 죽는 상황은 더 말할 것도 없겠지요?"

"처음으로 용을 만든 자는 꼭 후손이 없었을 것이다"라고 한 공자의 이 말은 후에 그 의미가 더 확대되면서 "시작용자"라는 성어로 고착되었다.

世外桃園 세외도원

글자풀이	인간 세(世 shì), 바깥 외(外 wài), 복숭아나무 도(桃 táo),
	동산 원(園 yuán).
뜻풀이	① 무릉도원, 도원경, 도원향, 속된 세상 밖의 별천지.
	② 은둔처, 은거하는 곳.
출처	진(晉) 도잠(陶潛) 『도화원기(桃花源記)』

유래　　　도연명陶淵明은 동진東晉 때의 유명한 시인으로 그 자는 원량
元亮이고 도잠陶潛이라고도 부른다. 도연명은 당시 동진의 통치자들의 소행
을 극도로 싫어했고 이들과 손잡기를 거부했다. 그는 강주제주江州祭酒와
진군참군鎭軍參軍이라는 관직을 맡은 적이 있으나 후에는 관직을 버리고 낙
향해 은거 생활을 했다.

　　그는 고향에 돌아온 후 술을 마시고 시를 창작하면서 한가로운 생활을
보냈다. 그 와중에 그는 천고의 명문장으로 알려진 "도화원기桃花源記"를 써
내게 되었다.

　　이 문장에서 도연명은 세상과 동떨어져 조화롭고 행복한 생활을 하며
사람들 간에 우애가 넘치는 세상을 묘사함으로써 자신의 선량하고 아름다
운 소망을 보여주었다.

이 문장의 내용은 이러하다.

동진 태원太元 연간에 무릉武陵의 한 어부가 고기를 잡다가 복숭아나무 숲에 들어가게 되었다. 그 숲을 지나가니 산이 나타나고 산기슭에 있는 동굴에서는 빛이 새어 나왔다. 어부가 배를 산기슭에 대고 그 동굴에 들어가 보니 처음에는 입구가 작아 한 사람이 겨우 통과할 정도였다. 그 동굴을 따라 몇십 보를 들어가니 삽시에 넓고 환한 곳이 나타났다. 그곳은 평화롭고 길한 모습을 보이고 있었다. 대지는 넓고 평탄했으며 집들은 정연하게 세워져 있는데 땅은 비옥하고 못은 정갈했으며 뽕나무와 대나무 숲이 울창했다. 밭들이 펼쳐진 곳에는 오솔길이 이리저리 뻗어 있었고 간간히 닭 울음소리와 개들이 짖는 소리가 들려왔다. 마을에는 사람들이 지나다니고 들에서는 농부들이 일하고 있었다. 이곳 도화원에 사는 사람들은 바깥세상의 사람들과 그 옷차림이 달랐으며 노인과 아이들은 즐거운 생활을 하고 있었다.

그곳의 사람이 어부를 보고 신기해하면서 어디서 오셨는가고 물었다. 어부가 세세히 대답을 해주었고 그 사람은 어부를 집에 청해 풍성한 식사를 대접했다. 마을 사람들은 바깥세상에서 손님이 왔다는 말을 듣고는 외부의 소식을 알고자 했다. 사람들은 자신들의 조상이 진秦나라 때 전란을 피해 남부여대하고 세상과 동떨어진 이곳에서 살게 되었으며 그 후에는 바깥에 나간 적이 없어 외계와 격리되었다고 알려주었다. 이들은 한漢나라에 대해 몰랐고 위魏나라와 진晉나라는 더욱 모르고 있었다. 어부가 바깥의 일들을 상세하게 말해주니 이들은 놀라움을 금치 못했다. 어부는 그 마을에서 몇 날을 지낸 후 작별을 고했는데 마을 사람들은 이곳에서 보고 들은 바를 다른 사람에게 말하지 말아 달라고 부탁했다.

어부는 마을을 떠난 후 다시 동굴을 빠져나와 배에 올라서 오던 길을 다시 돌아가면서 일일이 표식을 해놓았다. 집에 돌아간 후 어부는 무릉군의 태수太守를 찾아보고 들은 바를 알렸다. 이에 태수가 사람을 파견해 어부와 함께 표식을 따라 찾아가 보았으나 도중에 길을 잃어 도화원으로 가는 길을 더는 찾을 수가 없었다.

후세 사람들은 인간 세상의 번잡함으로부터 멀리 떠난 안락의 땅을 "세외도원"이라 부르게 되었다.

事半功倍 사반공배

글자풀이	일 사(事 shì), 절반 반(半 bàn), 공 공(功 gōng), 곱 배(倍 bèi).
뜻풀이	① 사반공배. ② 작은 노력으로 많은 효과를 거두다.
출처	『맹자·공손추상(孟子·公孫醜上)』

유래   어느 날 맹자孟子와 그의 제자인 공손추公孫醜가 천하를 통일하는 문제를 담론하게 되었는데 맹자는 "인정仁政"을 베푸는 방법으로 목적하는 바를 달성할 수 있다고 주장했다.

맹자의 주장은 이러했다.

"주문왕周文王은 사방 백리밖에 안되는 소국을 기반으로 했지만 인정을 실시했기에 잔학무도한 상商나라의 주왕紂王을 몰아내고 천하를 손에 넣었다. 지금 백성들은 폭정의 시달림을 받고 있는데 그 정도는 사상 볼 수 없는 것이다. 백성들은 생활에 대한 요구가 결코 높다고 할 수 없다. 굶주린 자는 먹을 음식만 있으면 되고 목이 마른 사람은 마실 물만 있으면 된다. 공자孔子께서는 어진 정치를 베푸는 것이 문서나 명령을 전달하는 것보다 훨씬 빠르다고 하셨다."

맹자는 잠깐 멈췄다가 다시 말을 이어갔다.

"지금 만대의 전차를 보유한 제齊나라가 인정을 베푼다면 백성들은 마치 거꾸로 매달려 있던 사람이 자유의 몸이 된 듯 기뻐할 것이다. 그렇게 되면 천하통일은 결코 실현하기 힘든 일이 아닐 것이다. 이는 옛사람들과 비할 때 절반의 대가를 치르고도 두 배의 효과를 보게 되는 것이다事半功倍."

視死如歸 시사여귀

글자풀이   볼 시(視 shì), 죽을 사(死 sǐ), 같을 여(如 rú), 돌아갈 귀(歸 guī).

뜻풀이   ① 죽는 일을 집으로 돌아가는 것 같이 여기다.

② 죽음도 두려워하지 않다.

출처   전국·진(戰國·秦) 여불위(呂不韋)

『여씨춘추·심분람·물궁(呂氏春秋·審分覽·勿躬)』

유래   관중管仲은 이름이 이오夷吾, 자가 중仲이며 영성穎城사람이고 춘추春秋시대 초기의 정치가이다.

춘추 초기에 제환공齊桓公이 당시의 대부大夫인 포숙아鮑叔牙를 재상으로 임명하나 포숙아는 이를 고사하고 관중을 천거했다. 이에 제환공이 관중을 불러 조정의 정치와 나라 부흥의 방책을 묻자 이런 답을 듣게 된다.

"대량의 토지를 개간하고 도시의 규모를 늘리며 생산을 발전시키고 토지를 이용해 최대한의 재부를 만들어내는 데는 제가 영월寧越보다 재능이 떨어지니 그를 나라 살림을 책임지는 관리로 임명하옵고 정세를 살피고 예의가 바른 데는 제가 습붕隰朋보다 못하니 그에게 외교를 맡기옵소서. 개인의 사활을 고려하지 않고 충심으로 직언을 하는 데는 동곽아東郭牙가 저보다 한수 위이니 그를 감찰대신으로 하옵고 군사를 엄하게 다스리고 싸움에 용맹하며 북소리 울리면 전군이 전혀 두려움이 없이 죽음을 집으로 돌아오는 일처럼 여기게 하는 데는 왕자 성부王子城父가 적격이니 군대를 거느리도록 하면 되옵고 현명한 판결을 내려 죄 없는 사람을 억울하게 하는 일이 없도록 하는 데는 제가 현장弦章보다 못하니 그를 율법을 관리하도록 하면 될 것입니다. 만약 나라를 다스리고 강한 군대를 보유할 생각이시면 이 다섯 사람이면 족합니다. 그러나 주군께서 천하의 패주覇主가 되려 하신다면 이 관중을 쓰십시오."

제환공은 관중의 분석이 정확하다고 칭찬하고 그를 재상으로 임명했으며 그가 열거했던 다섯 명을 관중의 의견대로 관직에 봉한 후 관중이 이들을 총괄하도록 했다. 이 다섯 사람은 자기가 맡은 분야에서 출중한 능력을 보여주었다. 관중이 재상으로 된 10년 후 제나라는 점점 강성해져 제후국들의 패주가 되었다.

視同兒戲 시동아희

글자풀이   볼 시(視 shì), 한 가지 동(同 tóng), 아이 아(兒 ér), 놀 희(戲 xì).

뜻풀이   ① 아이들의 장난으로 여기다. ② 대수롭지 않게 여기다.

출전   한(漢) 사마천(司馬遷)

『사기·강후주발세가(史記·絳侯周勃世家)』

유래   한문제漢文帝 때 한漢나라는 서북쪽 흉노의 위협에 대처하기
위해 이곳에 대한 군사 배치를 중시했다. 한문제는 종정 유례宗正劉禮, 축자
후祝玆侯 서력徐歷, 하내태수河內太守 주아부周亞夫를 장군으로 임명하여 패상
覇上과 극문棘門, 세류細柳에 각기 군대를 거느리고 주둔하도록 했다. 한문제
는 또 이 세 곳의 군사 요충지에 직접 찾아가 군사들을 위로하고 군영의 실
태와 방어 실력을 제 눈으로 확인하려 했다.

  한문제가 먼저 간 곳은 패상과 극문이었다. 이 두 곳은 병영의 대문이
활짝 열려져 있고 지키는 군사도 없었다. 황제의 어가가 군영에서 무사 통
행했고 병사들은 그 군기가 빠져 있어 전쟁에 대비하는 분위기를 전혀 느
낄 수 없었다. 한문제가 이를 보고 근심하고 있을 때 장군이 부하들을 거느
리고 열을 지어 황제를 환영했다. 이들은 한문제에게 "흉노 따위는 근심할
필요도 없다"거나 "흉노가 절대 우리 이 군영을 넘어설 수 없을 것이다"는

큰소리를 쳤다. 패상과 극문을 둘러보고 떠나는 한문제는 마음이 무거웠다. 그는 이 두 곳의 군사들은 믿음성이 적다고 생각했고 이들이 정말로 흉노를 대적할 수 있을지 의심되었다.

이어 한문제는 세류로 향했다. 황제 행렬의 선발 의장대가 먼저 군영에 도착했으나 수문병이 앞을 막고 길을 내주지 않았다. 황제 의장대의 군관이 이렇게 말했다.

"황제 폐하께서 직접 군사들을 위로하러 오신다. 본진의 어가가 곧 도착할 터이니 빨리 군영의 문을 열어 우리를 통과시켜라."

그러나 수문병이 이렇게 말했다.

"군영 내에서는 주장군의 명만 따를 뿐입니다. 장군의 하명이 없으면 그 누구도 군영에 들어갈 수가 없습니다."

그러는 사이에 황제의 행렬이 도착했으나 여전히 군영에 들어갈 수 없었고 한문제는 하는 수 없이 황제의 신분을 알리는 부절을 주아부에게 전하라 했다. 주아부가 군영 문을 크게 열라는 명을 내렸다. 수문병이 문을 열면서 이렇게 주의를 주었다.

"군영 내에서 말이나 수레를 달려서는 안 되고 이를 어기면 목을 베라는 주장군의 명입니다."

황제는 머리를 끄덕여 찬사를 표시하고 천천히 가도록 모두에게 명했다. 장군 막사에 이르러 문제가 수레에서 내리니 주아부는 황제에게 이렇게 말했다.

"갑주 차림이라 큰 예를 올리지 못하옵고 군례로 인사드림을 윤허해 주십시오."

세류 주둔군이 군기가 엄명하고 장졸들이 모두 갑옷 차림에 손에 무기를 들고 진법을 조련하는 것이 마치 실전을 준비하는듯하여 한문제는 큰 감동을 받았다. 군사들을 위로한 문제는 지체하지 않고 군영을 떠났다.

군영 문을 나서자마자 한문제는 한숨을 쉬며 이렇게 말했다.

"주아부야말로 진정한 장군이다. 앞에서 본 두 곳의 군대는 이와 비하면 애들 장난이지 그 무슨 전투력을 운운할 수가 있는가? 주아부가 이끄는 이런 군대를 그 누가 이길 수 있겠는가? 이러한 군대야말로 승전을 거듭할 것이다."

手不釋卷 수불석권

글자풀이	손 수(手 shǒu), 아닐 불(不 bù), 해석할 석(釋 shì), 두루마리 권(卷 juàn).
뜻풀이	① 책을 손에서 떼지 아니하다. ② 끊임없이 열심히 공부하다.
출처	진(晉) 진수(陳壽)『삼국지·오서·여몽전(三國志·吳書·呂蒙傳)』

유래   여몽呂蒙은 자가 자명子明이며 삼국三國시기 동오東吳의 명장이다. 젊었을 때는 집 형편이 어려워 공부를 하지 못했으며 군에 들어가서는 전투에서 용맹을 떨쳐 수많은 전공을 세웠으나 깨우친 글이 적어 전투 경험들을 정리할 수 없었다.

어느 하루, 오나라 황제 손권孫權이 여몽에게 말했다.

"지금 공은 유명한 장군으로 막중한 권한을 가지고 있으니 더욱 책을 열심
히 읽어 자신의 능력을 더 높이도록 하시오."

글을 읽으란 주군의 말에 여몽은 난색을 보이며 핑계를 댔다.

"군무軍務가 다망한 데다 소신이 직접 처리해야 할 일들이 산적해 있으니
책을 읽을 시간이 없는 줄로 아뢰옵니다."

이에 손권이 말했다.

"장군이 하는 일이 나보다 많을 수는 없겠지? 나는 장군더러 학문을 전문
연구하는 학자가 되라는 것이 아닙니다. 그저 장군이 옛 서책들을 읽어보
고 그중에서 계시를 얻기를 바랄 뿐이오. 나는 젊었을 때 많은 서책을 읽었
고 보위에 오른 후에도 많은 사서史書와 병법서를 읽었는데 큰 도움이 되
었다오. 장군은 명민한 사람이니 더욱 책을 읽어야 할 것이오."

여몽이 물었다.

"허나 소신은 어떤 서책을 읽어야 할지 모르겠습니다."

이에 손권은 웃으면서 말했다.

"우선 「손자孫子」, 「육도六韜」와 같은 병법서를 읽고 그다음 「좌전左傳」, 「사기
史記」와 같은 사서들을 읽으시오. 이런 서책들은 장군이 이후 군사를 지휘
해 전쟁을 치르는데 큰 도움이 될 것이오."

손권이 말을 이어갔다.

"시간이란 자신이 짜내야 하는 것이오. 이전에 한漢나라 광무제光武帝는 행
군 도중이나 작전 중에도 손에 든 책을 놓지 않으려 했다오. 手不釋卷 공과

같은 젊은 세대들은 더 많은 책을 읽도록 자신을 독려해야 할 게 아니오?"

손권의 말을 듣고 난 여몽은 공부와 독서를 시작했고 꾸준히 견지해 나
갔다. 이와 동시에 그는 평론 서적들 중의 일부 관점들에 대해 연구하기 시
작했는데 공부를 거듭하다 보니 그 자신의 견해도 점점 날카로워지고 깊이
를 더해 갔다. 후에는 당시의 대학자들도 탄복할 지경이었다.

그 후 손권의 책사 노숙魯肅이 자신의 식견이 여몽보다 떨어진다는 것을
알고는 여몽에게 이렇게 말해 주었다.

"대단하군! 장군은 이미 과거 싸움에만 능하던 젊은이가 아니구려. 정말 다
시 봐야겠는데."

守株待兎 _{수주대토}

글자풀이　　　지킬 수(守 shǒu), 그루 주(株 zhū), 기다릴 대(待 dài), 토끼 토(兎 tù).

뜻풀이　　　　① 요행만을 바라다. ② 융통성이 없다.

출처　　　　　『한비자·오두(韓非子·五蠹)』

유래　　　　송宋나라 때 한 농부가 밭에서 일을 하다가 저 멀리서부터 산토끼 한 마리가 쏜살같이 달려오는 것을 보았다. 그 토끼는 갈팡질팡 하다가 결국은 나무 그루터기에 부딪쳤다. 농부가 가까이 다가가 보니 토끼는 목이 부러져 이미 죽어 있었다. 뜻밖의 사냥물을 얻은 농부가 흐뭇한 심정으로 토끼를 들고 집에 와서 맛나게 토끼 고기를 먹었다.

　이튿날부터 농부는 밭일을 하지 않고 토끼가 부딪쳐 죽은 그 나무 그루터기 옆에 앉아 언제면 또 토끼가 와서 부딪쳐 죽나 기다리기 시작했다. 농부 생각에는 이렇게 손쉽게 사냥물을 얻는 방식이 밭일을 하는 것보다 훨씬 쉽고 효율적이라는 것이었다.

　하루, 이틀이 지나고 반달, 한 달이 지났지만 나무 그루터기에 부딪쳐 죽는 토끼는 없었고 농부네 밭은 점점 황폐해졌다. 사람들은 농부를 어리석다고 비웃었고 이 소문은 송宋나라에 널리 퍼졌다.

　사실 토끼가 나무에 부딪쳐 죽은 것은 매우 우연한 일이며 이는 다른

토끼들도 이 나무 그루터기에 부딪쳐 죽을 수 있음을 의미하지는 않는다.
그러나 농부는 우연을 필연으로 생각했고 밭을 묵일지라도 뜻밖의 수확을
거둘 수 있기를 바랐으니 정말 아둔하기 그지없는 일이 아닐 수 없다.

束手就擒 속수취금

글자풀이   묶을 속(束 shù), 손 수(手 shǒu), 이룰 취(就 jiù),

사로잡을 금(擒 qín).

뜻풀이   ① 꼼짝 못하고 붙들리다. ② 꼼짝할 수 없다.

출처   원(元) 탈탈(脫脫) 등 『송사·부언경전(宋史·符彦卿傳)』

유래   후진後晉 때 석중귀石重貴가 즉위한 후 거란왕인 야률덕광耶律德光이 군사를 이끌고 대거 남침을 감행했다. 어린 황제인 석중귀가 친히 북정을 하고 쌍방은 여러 번 교전했으며 이기고 지고를 반복했다.

기원 945년 3월, 거란의 10여만 대군이 양성陽城에서 후진의 군사들을 물샐틈없이 포위했다. 후진군은 보급로를 차단당하고 외부와의 연계가 단절되었으며 성중에 물이 부족하여 우물을 팠으나 여러 번 무너지고 말았다. 군사들은 진흙탕 속의 물을 앞다투어 마셨고 진나라 군대는 혼란 속에 빠지게 되었다.

후진의 장군 부언경符彦卿은 지략과 용맹함이 뛰어나고 용병술에 능한 사람이었다. 그는 후진군이 우리에 갇힌 맹수처럼 다른 방법이 없는 것을 보고 새로 통수를 맡은 장언택張彦澤과 황보우皇甫遇에게 이런 제안을 했다.

"모두가 이곳에서 저항도 못하고 손을 놓고 붙들릴 바에야束手就擒 목숨을 걸고 싸운다면 살 수 있는 길이 생길지도 모릅니다."

　장언택 등 여러 사람은 여러 가지 요인을 분석해본 후 부언경의 제안에 모두 동의했다. 이들은 거란군의 뒤쪽으로 쥐도 새도 모르게 우회해 돌연 습격을 단행하기로 작전을 짰다.

　후진군의 주력 부대가 가만히 거란군의 뒤쪽으로 가서 순풍의 기회를 이용해 공격을 하니 거란군은 전혀 예상 밖의 습격에 대패하고 말았다. 후진군은 적들이 도망치면서 버린 수만의 무기와 갑주, 깃발 등을 노획하는 큰 전과를 올리고 개선했다.

束之高閣 속지고각

글자풀이	묶을 속(束 shù), 갈 지(之 zhī), 높을 고(高 gāo), 다락집 각(閣 gé).
뜻풀이	① 물건을 묶어서 높은 시렁 위에 올려놓다.
	② 방치해 둔 채 사용하지 않다.
출전	당(唐) 방현령(房玄齡)『진서·유익전(晉書·庾翼傳)』

유래 　　동진東晉의 조정 대신 은호殷浩는『노자』와『주역』을 즐겨 읽었고 그 심오한 도리를 설파하여 크게 이름을 날렸으며 조정의 출사 요구를 여러 번 거부하였다. 후에는 유량庾亮의 기실참군記室參軍으로 있다가 사도좌장사司徒左長史로 승진했으며 그 후 관직을 사임하고 거의 10년간 은거 생활을 했다. 영화永和 2년(기원 346년)에 저부褚裒의 천거를 받아 건안장군建安將軍, 양주자사揚州刺史를 지냈다. 다음해 환온桓溫이 성한成漢을 멸하고 조정에서 크게 이름을 떨쳤다. 회계왕會稽王 사마욱司馬昱이 집권한 후 조정에서 은호의 명성이 높음을 알고 심복으로 삼았으며 환온의 세력을 견제했다. 5년 후 조석호趙石虎가 죽고 북방이 혼란에 빠지니 진나라는 북벌을 감행했다. 은호는 중원 수복을 소임으로 삼았으며 영화 6년에 양주와 예주豫州, 서주徐州, 연주兖州, 청주青州 등 다섯 개 주의 군사 도독을 맡고 많은 곳에서 둔전을 실시해 군량을 비축했다. 그는 군사 경험이 일천했고 여기에 환

온의 견제까지 받게 되었다. 그는 허창許昌에까지 진격했다가 그 처리가 미숙해 전진前秦군에 패했다. 다음해 또다시 대군을 이끌고 진격했는데 강족姜族 두령 요양姚襄을 선봉장으로 하여 10월에 산상山桑에 이르렀다. 이때 요양이 반란을 일으켜 은호의 군대를 매복 습격하니 은호는 만여 명의 군사를 잃고 퇴각했다. 환온이 상소를 올려 은호의 죄를 고하였고 10년 2월에 서인이 되어 동양東陽 신안현信安縣에 유배를 갔다가 12년에 죽었다.

한번은 어떤 사람이 은호에게 물었다.

"곧 관직을 맡게 될 사람이 꿈에 관棺을 보고 곧 재물을 얻게 될 사람이 꿈에 똥을 본다면 어떻게 풀이해야 합니까?"

은호가 생각이라도 해 놓은 듯이 말했다.

"관직과 재물은 본래 구린 것으로 똥과 같은 유형의 물건이다. 그러니 관직이나 돈을 얻게 될 사람은 모두 꿈에 이런 물건을 보게 되는 것이다."

은호의 이 대답은 당시 유명 인사들의 고상함을 보여주는 명언으로 인정되었다. 이때부터 사람들은 은호를 더욱 존경하였으며 조정의 일부 관원들도 은호를 찾아와 가르침을 청하게 되니 그는 유명한 현학자로 평가받게 되었다.

당시 북방 수복에 힘을 모으고 있던 유익庾翼이 은호에게 사마司馬 직을 맡아줄 것을 청했으나 은호는 고고한 인품을 내세워 거부했다. 유익이 다시 한번 청했으나 은호는 여전히 거부했다. 당시 두의杜義라는 명사가 은호와 마찬가지로 고고함을 뽐내었고 한사코 출사하지 않았다.

유익은 두의와 은호 이 두 사람은 비록 천하에 이름을 날린 명사들이나 허울뿐으로 중용하지 말아야 한다고 여기면서 이들을 얕잡아 봤다. 그는 주위 사람들에게 자주 이런 말을 했다.

"두의나 은호 같은 사람은 물건처럼 묶어서 다락 위에 방치해 두어야 한다束之高閣. 천하가 태평해진 후에나 이들을 세상에 내놓아 마땅한 일을 맡겨야 한다."

率馬以驥 솔마이기

글자풀이	거느릴 솔(率 shuài), 말 마(馬 mǎ), 써 이(以 yǐ), 천리마 기(驥 jì).
뜻풀이	① 예사로운 말을 통솔하는 데는 준마로써 함.
	② 대중을 지도함에는 훌륭한 인물로서 함을 비유함.
출처	위(魏) 조조(曹操) 『하주군(下州郡)』

유래　　　두기杜畿는 삼국三國시기 위魏나라의 지방 관리였는데 조조曹操의 신임을 한 몸에 받았다. 그는 스무 살에 현령으로 부임했는데 그 치적이 대단했다. 그의 전임자는 암둔한 관원으로 수백 명을 옥에 가두어 백성들의 원성이 끊이질 않았다. 두기가 부임한 후 제일 먼저 처리한 일은 바로 옥에 직접 가서 사건들을 알아보고 무고한 백성들을 방면한 것이었다. 백성들이 두기를 칭송했고 그 이름이 널리 알려지게 되었다.

두기는 인품도 좋았다. 그는 어머니를 일찍 여의였고 계모가 온갖 구박을 다했으나 여전히 효심으로 계모를 모셨으며 계모가 죽은 후에는 후하게 장례를 치렀다. 장지로 가는 도중 화적 떼를 만나게 되었는데 다른 사람들은 다 도망쳤으나 두기만 그 자리에서 움직이지 않으면서 계모의 영구를 지켰다. 이를 본 화적들이 큰소리로 위협했다.

"도망가지 않으면 화살을 날려 죽여 버릴 것이다."

이에 두기는 전혀 흔들림 없이 활을 겨눈 화적에게 말했다.

"너희들이 바라는 것은 재물일터, 허나 지금 나는 어머니의 장례를 치르는 중이니 상심傷心 외에는 아무것도 없다. 나를 쏴 죽인다 해도 너희들이 얻을 것은 아무것도 없다."

이 말을 들은 화적들은 별수 없이 물러갔다고 한다.

그 후 조조가 두기를 하동태수河東太守로 임명했다. 재임 기간 그는 관할지의 반란을 평정했으며 조조를 위해 군량미를 제공하기도 하여 조조의 두

터운 신임을 얻었다.

당시 조조의 총애를 한 몸에 받은 유훈劉勳이라는 신하가 있었는데 날아가는 새도 떨어뜨리는 위세를 가졌다. 유훈은 하동에서 나는 대추가 양생養生에 좋은 명물이라는 말을 듣고 두기에게 대추를 보내달라고 편지를 보냈다. 이에 두기는 답신을 보내 완곡하게 거절했다. 앙심을 품은 유훈이 기회만 있으면 조조의 면전에서 두기의 험담을 했고 이런 일이 반복되자 조조도 두기에게 의심을 품게 되었다. 후에 유훈은 죄를 지어 참수형을 받았고 조조는 두기가 유훈의 무리한 요구를 거절한 편지를 보고는 권세에 아부하지 않고 사리사욕을 따지지 않는 두기의 인품에 더욱 탄복하게 되었다.

어느 하루 조조가 측근들에게 안회顔回에 대한 이야기를 들려주었다.

한번은 공자孔子가 제자들과 함께 진陳나라와 채蔡나라 접경 지역에서 길을 잃게 되어 꼬박 일주일간 굶게 되었다. 그러던 어느 날 안회가 쌀을 조금 얻어와 쌀죽을 끓였다. 모두들 옆에서 눈이 빠져라 지켜보고 있었다. 죽이 거의 끓자 안회가 손으로 가마의 죽을 떠서는 황급히 입에 가져갔다. 이를 본 공자는 크게 불쾌해하며 생각했다. "안회가 평시에는 정말 성실해 보였는데 오늘은 죽이 끓자 스승인 나에게 먼저 주지 않고 자신이 가만히 먼저 떠먹는구나." 이때 안회가 죽 한 그릇을 떠서 스승에게 올렸다. 공자는 방금 목격했던 일은 못 본척하고 넌지시 말했다.

"내가 방금전 꿈에 조상님을 보았다. 이 죽은 아직 누구도 입을 대지 않아 정갈하니 먼저 조상님에게 올려야겠구나."

이에 안회가 급히 말리며 말했다.

"안됩니다, 스승님. 방금 숯검댕이가 죽에 떨어져 제가 손으로 건져냈습니다. 그런데 손에 묻은 쌀알이 아까워 버리지 않고 제가 먹어버렸습니다."

이 말을 들은 공자는 자신의 행위를 부끄러워하며 제자들에게 이렇게 말했다.

"사람들은 눈으로 보는 것을 믿는다고 하지만 눈으로 보는 것이 결코 전부 믿을 바는 아니다. 사람들은 자신의 마음을 믿는다고 하지만 마음도 믿을 바가 못 된다. 제자들은 꼭 기억하라, 한 사람을 진정으로 알기란 정말 쉽지 않은 일이란 걸!"

이야기를 마친 조조는 먼 곳을 응시하였는데 마치 공자가 한 말을 음미하는 듯했다. 그날 저녁 조조는『하주군下州郡』이라는 문서를 작성해서 두기의 청렴함과 충성심을 긍정하고 이를 천하에 통보했다. 글에는 이런 내용이 있다.

"옛날 공자께서는 제자 안회를 언급할 때면 언제나 찬사를 아끼지 않았다. 그 연유를 살펴보면 안회를 진심으로 마음에 들어 했을 뿐만 아니라 더욱 중요한 것은 말무리 속에서 무리를 이끌어갈 천리마를 찾은 기분이 들었기 때문일 것이다率馬以驥. 지금 나는 여러분께서 고산高山을 경배하듯이 두기의 훌륭한 성품을 따라 배우기를 바란다."

사자성어 "솔마이기"는 바로 조조의 이 글에서 유래되었으며 지금에 와
서는 대표 인물을 찾아 전반을 이끌 수 있도록 함을 비유한다.

雙管齊下 쌍관제하

글자풀이	쌍 쌍(雙 shuāng), 대롱 관(管 guǎn), 가지런할 제(齊 qí), 아래 하(下 xià).
뜻풀이	① 두 개의 붓으로 동시에 그리다.
	② 두 가지 일을 동시에 진행하다.
	③ 두 가지 방법을 병행하다.
출처	송(宋) 곽약허(郭若虛)『도화견문지(圖畵見聞志)』

유래　　당(唐)나라 때의 화가인 장조(張璪)는 산수와 소나무, 돌을 잘 그리기로 유명했다. 그는 그림을 그리기 전에 조용히 명상을 하다가 영감이 떠오르면 빠른 속도로 붓을 놀려 눈 깜짝할 사이에 작품을 창작해내곤 했다. 그와 동시대에 살았던 화가 필굉(畢宏)은 장조의 그림이 독특한 풍격을 자랑한다는 말을 듣고는 직접 보여줄 수 없는지 청했다. 이에 장조가 여러 사람들 앞에서 양손에 붓 한 자루씩 쥐고 두 손을 함께 움직여 그림을 그리기 시작했다(雙管齊下). 두 손으로 각각 그린 그림을 보니 한 폭은 살아있는 소나무의 나뭇가지이고 다른 한 폭은 죽어서 말라버린 나뭇가지여서 서로 다른 내용이었지만 제각각의 특징을 보여 주었다. 현장에서 보던 사람들은 대단하다고 탄복을 금치 못했다. 더욱 사람들을 놀라게 한 것은 장조가 쓰는 붓이 문드러진 붓이었고 중간중간에 손가락을 이용해 소나무의 힘찬 모

습과 바위의 웅장함, 시냇물의 역동감을 살아 있는 듯이 표현하는 것이었다.

장조가 그림을 다 그린 후 필굉이 다가가서 어떤 스승님의 사사를 받았는지 물으니 장조가 겸손하게 대답했다.

"나는 대자연을 스승으로 삼고 세상의 만물을 오랫동안 세세히 관찰했습니다. 그 결과 세상 만물이 내 마음속에 자리 잡게 되었고 지금처럼 생각나는 것을 마음대로 그릴 수 있는 경지에 도달할 수 있었습니다."

필굉이 이 말을 한참 동안 음미하고는 탄복하면서 이렇게 말했다.

"장공張公이 그리는 소나무는 다른 사람이 도저히 도달할 수 없는 경지이니 우리 같은 사람은 이제부터 붓을 놓는 수밖에 없겠구나!"

水滴石穿 수적석천

글자풀이   물 수(水 shuǐ), 물방울 적(滴 dī), 돌 석(石 shí), 뚫을 천(穿 chuān).

뜻풀이   ① 낙수 물이 댓돌을 뚫는다.

           ② 작은 힘이라도 끈기 있게 계속하면 성공한다.

출처   송(宋) 나대경(羅大經)

          『학림옥로·일전참리(鶴林玉露·一錢斬吏)』

유래   장괴애張乖崖는 장영張詠이라고도 하는데 산동 민성 태생이다. 그는 북송의 태종, 진종 때의 유명한 대신이었고 특히는 촉 땅을 잘 다스려 명성을 쌓았다. 북송北宋 인종仁宗 때에 사대부들은 그를 유명한 대신이었던 조보趙普, 구준寇准과 같은 반열에 놓을 지경이었다.

장괴애가 숭양崇陽에서 현령縣令으로 있을 때 군졸들이 장군을 모욕하고 하급 관리들이 상급자를 우습게 여기는 풍토가 있었다. 장괴애는 기회를 타서 이런 풍기를 바로 잡으리라 별렀다.

어느 하루는 그가 아문 주위를 순시하다가 문득 말단 관리 한 명이 황망히 현의 창고에서 나오는 것을 목격했다. 장괴애가 그 관리를 불러 세우고 검문을 해보니 그의 머릿수건 밑에서 동전 하나가 나왔다. 다시 엄히 따져 물으니 그 관리는 창고에서 동전을 훔쳤다고 이실직고했다.

장괴애는 그 관리를 붙잡아 놓고 형을 가하도록 했다. 그 관리가 억울하다는 듯이 성내면서 말했다.

"동전 하나가 뭐 대단하다고 이렇게 저에게 문초를 가하는 것입니까? 현령께서는 저를 몇 대 때리기만 할 뿐 감히 죽일 수야 없지 않겠습니까?"

장괴애는 하급 관리가 이토록 무엄한 것을 보고는 이런 판결을 내렸다.

"하루에 동전 하나씩 훔치니 천 날이면 천 개가 된다. 시간이 오래되면 밧줄로 나무를 자를 수 있고 낙숫물이 댓돌을 뚫을 수 있다水滴石穿."

판결을 내린 장괴애는 보검을 빼어 직접 그 관리의 목을 쳤다.

水深火熱 수심화열

글자풀이   물 수(水 shuǐ), 깊을 심(深 shēn), 불 화(火 huǒ), 더울 열(熱 rè).

뜻풀이   모진 고난. 심한 고통. 도탄. 재난.

출처   『맹자·양혜왕(孟子·梁惠王)』

유래   전국시대戰國時代 때 연燕나라에 내전이 발발했고 이 틈을 타서 제선왕齊宣王은 대장군 광장匡章에게 10만 대군을 거느리고 연나라를 공격하게 했다. 연나라 백성들은 내전에 불만을 품고 있던 차라 제나라 군사에 저항하려 하지 않았으며 일부 백성들은 오히려 제나라 군사들에게 밥과 물을 제공하며 환영을 표했다. 광장은 50일도 채 안 되어 연나라 도읍을 손에 넣었다. 그러나 광장은 군졸들에 대한 단속을 소홀히 했고 그 결과 군졸들이 연나라 백성들을 못살게 굴었으니 백성들은 여기저기서 일떠나 반항했다.

    이때 제선왕은 제나라에서 유세를 하고 있는 맹자孟子에게 가르침을 청하면서 이렇게 물었다.

    "어떤 사람은 나에게 연나라를 병탄하지 말라 하고 어떤 사람은 병탄해야
    한다고 하니 어느 말을 따르면 좋겠습니까?"

이에 맹자가 답했다.

"만약 연나라를 병탄하여 현지 백성들이 매우 기뻐한다면 병탄함이 가당합니다. 옛날 주무왕周武王의 경우가 바로 그러하옵니다."

맹자는 계속해 말했다.

"만약 병탄하여 현지 백성들이 기뻐하지 않는다면 그리 행하지 말아야 합니다. 주문왕周文王의 예가 바로 그러합니다."

이는 주무왕의 선왕인 문왕이 당시 이미 천하의 3분의 2를 차지했으나 상商나라가 아직 인륜을 저버릴 정도는 아니라 생각하여 상나라를 계속 섬기고 즉시 멸망시키지 않았음을 이르는 말이었다.

맹자는 또 말을 이어갔다.

"처음에 제나라 군사가 연나라에 쳐들어가니 그 백성들이 밥과 물을 제공하면서 환영을 표시했습니다. 이는 연나라 백성들이 힘든 생활에서 벗어나기 위함이었습니다. 그러나 지금 만약 연나라를 병탄한다면 이는 연나라에 망국의 재난을 가져다주는 것이고 이들은 도탄에 빠지게 될 것이며水深火熱 결국 다른 나라가 와서 구해주기를 바라게 될 것입니다."

제선왕은 맹자의 말을 귓등으로 들었고 연나라 병탄에 계속 열을 올렸다. 그 결과 연나라의 저항을 초래했고 다른 나라들도 연나라를 도울 것이라고 표시하니 제선왕은 하는 수 없이 연나라에서 철군하게 되었다.

水中撈月 수중로월

글자풀이   물 수(水 shuǐ), 가운데 중(中 zhōng), 잡을 로(撈 lāo), 달 월(月 yuè).

뜻풀이   ① 물속의 달을 건지다. ② 부질없이 헛된 일을 하다.

출전   『승기율(僧祇律)』

유래   불교 경전인 『승기율』에는 이런 기록이 있다.

부처 석가모니가 제자들에게 불법을 강하다가 이런 우화를 들려주었다.

과거에 가시국 파로나이성에 5백 마리의 붉은 털 원숭이가 살고 있었다. 어느 날 저녁, 수림에서 뛰놀던 원숭이들이 우물가에 모이게 되었다. 원숭이 우두머리가 내려다보니 우물에 달이 빠져 있는지라 깜짝 놀라서 이렇게 말했다.

"오늘 밤 달이 우물에 빠져 죽었구나. 우물에 빠져버린 저 달을 건져 올려야 한다. 그렇지 않으면 우리는 매일 밤을 어둠 속에서 보내야 할 것이다."

다른 원숭이들이 우물을 들여다보니 그 깊이를 알 수 없는지라 어찌하면 좋을지 몰랐다. 우두머리 원숭이가 우물가에 있는 나무를 보고는 방법이 떠올라 말했다.

"내가 나뭇가지를 잡고 매달리면 한 명이 내 꼬리를 잡고 또 다른 한 명이 같은 방법으로 꼬리를 잡아 내려가면 달이 있는 곳까지 도달해 건져낼 수 있을 것이다."

여러 원숭이가 그 말대로 꼬리에 꼬리를 잡고 우물을 내려갔다. 그런데 그 나뭇가지가 여러 원숭이들의 무게를 견디지 못하고 툭하고 부러지니 원숭이들이 모두 우물에 빠져 버렸다.

부처가 이 우화를 들려준 목적은 잘난 체하고 시시비비를 잘 가리지 못하며 결국은 자신과 다른 사람을 해치는 사이비 지도자들을 비유하기 위함이다. 후에 이 이야기에서 유래된 성어가 바로 "수중로월"이며 헛되게 힘을 사용하여 부질없는 일을 진행함을 뜻한다.

死有餘辜 사유여고

글자풀이　죽을 사(死 sǐ), 있을 유(有 yǒu), 남을 여(餘 yú), 허물 고(辜 gū).

뜻풀이　① 죽어도 죄가 남는다. 죽어도 다 속죄할 수 없다.

　　　　② 백번 죽어 마땅하다. 죄가 지극히 크다.

출전　　송(宋) 사마광(司馬光) 『자치통감·진기3(資治通鑑·秦紀三)』

유래　　기원전 210년 진시황秦始皇이 순유巡遊를 나갔다가 사구沙丘에서 병으로 죽었다. 환관 조고趙高가 승상丞相 이사李斯와 짜고 들어 진시황의 작은 아들인 호해胡亥를 황제 자리에 앉히고 가짜 교지를 만들어 태자太子 부소扶蘇를 자결하게 만들었다. 그 후 낭중령郎中令이 된 조고는 이사를 제거하고 권력을 독차지하려 계책을 짰다.

어느 날 조고가 이사에게 말했다.

"현재 국내의 민심이 불안하고 도처에서 반란이 일어나고 있는데 폐하께서는 하루 종일 향락만 즐기고 정사는 돌보지 않으시면서 백성들의 부역과 세금을 늘리기만 하는군요. 이러다가는 나라가 무너질지도 모르니 승상께서 폐하께 간언을 드려야 하지 않겠습니까?"

이에 이사가 호해에게 세금을 감면하고 민심을 수습함으로써 긴장된 정세를 완화시킬 것을 건의했다.

그런데 호해가 이사를 이렇게 꾸짖었다.

"조정의 승상을 맡았다는 자가 반란을 평정하지 못하고 민심도 추스르지 못하면서 오히려 짐을 훈계하고 책임을 전가하려 하다니? 경은 다른 마음을 품고 있는 것이 아닌가?"

이때 조고가 가만히 호해를 찾아와 말했다.

"이사는 야심이 크고 모반을 꾀하고 있습니다. 그의 아들놈이 이미 적병과

내통했습니다."

호해는 이를 정말로 믿고 그 자리에서 이사의 승상직을 삭탈하고 하옥시켰다.

조고가 감옥의 형리刑吏들을 돈으로 매수하여 이사를 심하게 고문하도록 했다. 이에 이사는 매를 이기지 못하고 자신이 모반을 계획했노라고 허위 자백을 할 수밖에 없었다. 호해는 이사에게 거열형車裂刑을 내렸고 그의 삼족을 멸했다. 이사가 생전에 극악무도한 일을 많이 했기에 백성들은 이사가 극형에 처해졌어도 생전에 지은 죄를 다 속죄할 수 없다고 말했다死有餘辜.

雖死猶生 수사유생

글자풀이	비록 수(雖 suī), 죽을 사(死 sǐ), 오히려 유(猶 yóu), 날 생(生 shēng).
뜻풀이	가치 있게 죽어 아직도 살아 있는 것 같다.
출전	북조(北朝)·북제(北齊) 위수(魏收) 『위서·함양왕희전(魏書·咸陽王禧傳)』

유래   북위北魏 효문제孝文帝 원굉元宏에게는 원희元禧라는 동생이 있었는데 함양왕咸陽王에 책봉되었고 기주자사冀州刺史를 맡아 그 치적이 훌륭했다.

원굉은 북위의 역대 군주들 중 개혁 정신이 투철한 인물이었다. 그는 선비족鮮卑族의 낡은 풍습을 타파하고 한족의 문화를 배울 것을 제창했으며 선비족이 한족인과 통혼할 것을 권장했다. 원희는 이런 개혁을 견결하게 지지했으며 여러 가지 개혁 조치들이 원활히 진행되도록 했다.

원굉은 동생들을 몹시 아꼈다. 아우 원희가 요직에 오른 후 원굉은 겸허하고 신중하게 일처리를 하기를 여러 번 당부했다. 원굉이 죽은 후 원희는 황제의 유명遺命을 받아 어린 왕인 원각元恪을 보좌했다. 이때의 원희는 근면 성실하게 일하던 태도가 변하여 공로를 내세워 교만하고 방자했으며 집에 미희들이 수십 명이나 있었으나 만족을 모르고 사람을 보내 여자들을 찾아 모았다. 원각은 원회의 이런 행실에 크게 반감을 가졌다.

기원 501년에 원각이 친정親政을 선포하자 원회는 크게 불안해했고 다른 사람들과 결탁하여 모반을 계획했다. 어느 날 원각이 도성 밖에 나가게 되었고 원회는 이를 기회로 수하 사람들을 집결시키기 시작했다. 허나 그 준비가 미비하여 계획이 사전에 탄로되었다. 원각이 비밀 보고를 받고 원회를 잡기 위해 사람을 보냈다.

원회가 황급히 도망을 치는데 그 신변에는 윤룡호尹龍虎라는 부하 한 명뿐이었다. 긴장된 정서를 눅잦히기 위해 윤룡호가 수수께끼를 내었다.

"잠 잘 때면 함께 자고 깨어날 때는 함께합니다. 탐욕스러운 모양은 이리와 같으나 종래로 물건을 차지하지 않습니다."

원회가 한참을 생각했으나 마음이 심란한지라 그 물건을 맞추지 못했다 윤룡호가 그 물건은 바로 젓가락이라고 알려 주었다. 원회는 충성스러운 부하의 모습을 보며 감개무량하게 말했다.

"너는 나와 함께 죽어야 할지도 모르겠구나."

이에 윤룡호가 결연한 기색으로 말했다.

"함양왕께서 지금껏 저를 잘 대해 주셨습니다. 당신과 환난을 함께 겪고 운명을 같이 할 수 있다면 죽어도 살아 있는 것이나 다름이 없습니다雖死猶生."

후에 이들은 함께 잡혔고 원희는 집에서 사사賜死를 받았다.

所向風靡 소향풍미

글자풀이	바 소(所 suǒ), 향할 향(向 xiàng), 바람 풍(風 fēng), 쓰러질 미(靡 mǐ).
뜻풀이	① (바람이 불어) 가는 곳마다 초목이 쓰러지다.
	② (군대 따위가) 가는 곳마다 적을 무너뜨리다.
	③ 대적할 자가 없다. 무적.
출전	당(唐) 방현령(房玄齡) 등 『진서·왕준전(晉書·王濬傳)』

유래   진무제晉武帝 사마염司馬炎은 즉위하고 나서 강동江東의 오吳
나라를 병탄하려 했다. 그는 왕준王濬에게 전함을 만들게 하고 오나라를 진
공하기 위한 만반의 준비를 갖추라고 했다.

명을 받은 왕준이 촉군蜀郡 익주益州에서 전함을 만들기 시작했다. 왕준
이 장강 상류에서 배를 만들었기 때문에 나무 조각이 물에 떠내려 왔으며
오나라 태수太守 오언吳彦이 이를 보고는 오왕吳王 손호孫皓에게 고했다.

"진나라가 우리를 공격하기 위한 준비를 하고 있으니 반드시 건평建平의
주둔군을 증가해야 합니다. 진나라가 건평을 점령하지 못하는 한 장강을
건널 엄두를 내지 못할 것입니다."

그러나 손호는 오언의 제안을 무시하고 향락만 일삼으면서 나라의 안위
는 뒷전으로 했다.

7년 후 오나라 정벌 준비를 마친 왕준이 왕에게 출전을 청하는 상소를
올렸다.

"오나라 주인인 손호가 황음무도하여 국내에서 원성이 자자하니 이는 오
나라를 정벌할 좋은 기회입니다. 제가 만든 배들은 이미 시간이 오래 지나
고장이 나는 경우도 있습니다. 신의 나이 이미 70에 이르러 어느 날 죽을지
도 모를 일이오니 폐하께옵서 좋은 기회를 놓치지 말아 주시옵소서."

진무제가 끝내 결심을 내리고 기원 279년 수륙 6군 20여만 명을 출동시
켜 오나라를 공격했다.

왕준이 이끄는 대군은 성도成都에서 출발해 강을 따라 배를 타고 내려갔
다. 진나라에 대처하기 위해 오나라는 장강의 험준한 곳에 쇠밧줄을 두고
수면을 막았고 한 장 남짓 되는 긴 쇠창살을 강물 속에 설치해 진나라의 전
함들을 파괴하려 했다. 이에 진나라 군사들은 수십 개의 큰 참대 뗏목을 만
들어 오나라의 방어선을 뚫었다. 왕준은 대군을 통솔해 강을 따라 내려오
며 오나라의 여러 요충지들을 차례로 깨뜨렸고 건업建業 3산에까지 다다랐다.

기원 280년, 왕준이 인솔한 8만 대군이 상륙하여 석두성石頭城을 공격하
였고 결국 오나라 왕 손호는 투항했다. 이때부터 위, 촉, 오 삼국의 분열 국
면이 종료되었다.

오나라를 공격하라는 명령을 내리면서 진무제는 왕준에게 "건업을 진공

할 때는 안동대장군 왕혼의 지휘에 따르라."고 명했다. 왕준이 건평을 점령한 후 왕혼은 왕준에게 강북에 와서 대책을 의논하자고 했다. 그러나 왕준은 대규모 전단이 순풍을 따라 전진하고 있는 상황에서 부두에 정박하는 것이 타당하지 않다고 여겨 왕혼의 부름에 응하지 않았고 군대를 인솔해 건업을 공격함으로써 큰 전공을 세웠다. 이에 불만과 시기 질투를 한 왕혼이 황제에게 상서를 했다.

"왕준이 폐하의 영을 어기고 저의 지휘에 따르지 않았습니다."

진무제가 사실의 진상을 알아보지도 않고 왕준을 나무라니 왕준은 억울함을 담아 상소를 올렸다.

"신은 군사를 이끌고 오나라를 진공한 이래 가는 곳마다 적을 쓸어버려 그 기세를 당할 자 없었습니다. 所向風靡 3산에 도착했을 때 왕혼은 장강 북안에 있었고 제가 인솔한 대군은 순풍을 타고 곧장 건업으로 향했기에 왕혼을 만날 기회가 없었던 것입니다. 제가 알기로 임금을 섬기는 일은 예의와 충성을 다 바치며 자기 안위를 돌보지 않아야 하며 임기응변할 줄도 알아야 합니다. 나라에 이로운 일이라면 개인의 생사를 고려하지 말아야 합니다. 만약 자기 자신만 생각하고 책임을 회피한다면 이는 개인에게 유리할지는 몰라도 나라에는 불리한 것입니다. 저는 나라를 위한 일에 모든 것을 바칠 것이며 이 한목숨을 잃는다 해도 불사할 것입니다."

진무제는 왕준의 말에 설득되었고 왕혼 등이 계속 왕준의 죄를 엄히 다스려야 한다고 했으나 이를 들어주지 않았으며 오히려 왕준을 낙양洛陽에 불러 보국대장군輔國大將軍으로 임명했다.

所向無前 소향무전

글자풀이	바 소(所 suǒ), 향할 향(向 xiàng), 없을 무(無 wú), 앞 전(前 qián).
뜻풀이	① (군대 따위가) 가는 곳마다 당할 자가 없다.
	② 거추장스러운 것이 없다.
출처	진(晉) 진수(陳壽)
	『삼국지·위서·하후연전(三國志·魏書·夏侯淵傳)』

유래   동한東漢 말 조조曹操는 북방을 통일한 후 군사를 인솔해 서쪽 지방을 정벌하면서 한수韓遂와 마초馬超의 연합군을 대패시키고 장안長安을 점령한다. 조조는 장안이라는 훌륭한 기지를 차지한 후 수하의 맹장인 하후연夏侯淵에게 장안에 주둔하면서 농우隴右를 진공할 준비를 하도록 했다.

3년간의 정벌 전쟁을 통해 하후연은 마초를 쫓아내고 한수를 약양略陽까지 몰아냈다. 한수는 송건宋健 등의 지지를 얻어 약양을 사수하려 했다. 그러나 하후연이 강족羌族인들의 마을을 불살라 한수를 유인했다. 장리長離의 전투에서 한수의 군대는 전부 몰살당하고 한수군을 도우려 출동했던 저인氐人의 수령도 농우로 도망쳤다.

승기를 잡은 하후연은 적을 추격하게 되고 하후연의 선봉장군인 장합張郃이 대군을 이끌고 포한抱罕에 이르렀다. 송건은 성문을 굳게 닫고 성을 지

키게 하는 한편 황중湟中 등지에 있는 강한羌漢의 의군義軍에 구원을 청했다.

장합이 성을 공격하자 포한성의 군사들은 사력을 다해 막았고 쌍방은 대치 상태에 들어갔다. 하후연은 장합이 성을 공략하지 못하자 직접 대군을 이끌고 포한성을 공격했다. 한 달 여의 맹공이 이어지니 수비군은 끝내 패하고 말았다. 성이 함락되니 송건은 포로로 잡혔고 투항을 하려 하지 않자 결국 죽임을 당했다.

승전보를 접한 조조는 허도許都에서 하후연의 공을 치하하면서 이렇게 말했다.

"하장군이 30년간 싸움터를 누비던 송건을 일거에 섬멸하고 맹호처럼 농서로 향하니 그를 당할 자 그 누가 있을소냐!所向無前"

泰山北斗 태산북두

글자풀이   클 태(泰 tài), 메 산(山 shān), 북녘 북(北 běi), 말 두(斗 dǒu).

뜻풀이   ① 태산(泰山)과 북두칠성을 아울러 이르는 말.

② 권위자, 대가. ③ 제 1인자.

출처   송(宋) 구양수(歐陽脩) 등『신당서·한유전(新唐書·韓愈傳)』

유래   당唐나라 문학가 한유韓愈는 시와 문장에 능했다. 특히 그의 산문은 자기만의 풍격을 형성해 많은 사람들의 사랑을 받았으며 지어는 "한문韓文"이라고 부를 정도였다. 후세 사람들은 한유를 "당송 8대가唐宋八大家"의 첫자리에 놓았다. 당시 작가들의 일반적인 문풍은 6조六朝 이래의 영향을 받아 문장의 화려함만 추구하고 대구 등의 형식만을 숭상했는데 이를 병려체騈麗體라고 불렀다. 반면에 위魏나라 이전의 우수한 작가들의 전통, 예를 들면 한漢나라 문학가 사마천司馬遷, 양웅揚雄 등의 창작 기교와 같은 웅혼하면서도 청신한 기풍은 이때에 와서 이미 쇠퇴해졌다. 이런 상황에서 한유는 고문을 따라 배울 것을 제창했으며 주요한 정력을 산문 창작에 돌렸다. 한유의 적극적인 창도와 추진으로 고문古文운동, 즉 산문운동이 시작되었고 이는 후세에 많은 영향을 주게 되었다.

　『신당서·한유전』은 한유의 사적을 기술한 후 이런 평가를 내렸다. "한유
가 죽은 후 학자들은 그의 언행을 태산북두처럼 여겼다."

貪得無厭 탐득무염

글자풀이   탐낼 탐(貪 tān), 얻을 득(得 dé), 없을 무(無 wú), 싫어할 염(厭 yàn).

뜻풀이   ① 끝없이 욕심을 부리다. ② 욕심이 그지없다.

출전   춘추·로(春秋·魯) 좌구명(左丘明)

              『좌전·양공31년(左傳·襄公三十一年)』

유래   춘추시대春秋時代 말에 주周나라 천자의 권력이 이미 다른 사람의 손에 들어갔고 애초에 분봉을 받았던 제후들은 너도나도 독립하여 자신의 영토를 확장하기에 여념이 없었다.

당시 진晉나라는 큰 제후국이었으며 나라에 여섯 상경 즉 조趙, 위魏, 한韓, 범范, 지知, 중행中行이 있었다. 이 중에서 야망이 큰 지백은 천방백계로 자신의 세력 범위를 늘려 나갔다.

한번은 지백이 한, 조, 위와 연합하여 중행씨를 공격하여 완전히 소멸했으며 중행씨의 영지를 침탈했다. 몇 년이 지나 이번에는 한강자韓康子에게 땅을 내줄 것을 요구하니 지백을 두려워한 한강자가 울며 겨자 먹기로 만 가구가 있는 땅을 내어 주었다.

지백은 땅을 얻은 후에 몹시 기뻐했으며 이번에는 위환자魏桓子에게 땅을 내줄 것을 요구하니 그 역시 땅을 내줄 수밖에 없었다. 이때가 되니 지백은 천하의 사람들이 모두 자기를 두려워한다고 여겨 득의양양했고 이번에는 사람을 조양자趙襄子에게 보내 채蔡와 고랑皐狼 두 곳을 내놓으라고 했다.

그러나 조양자는 지백의 요구를 거부하면서 이렇게 말했다.

"땅은 조상님들이 남겨준 것이니 쉽게 다른 사람에게 내어줄 수 없다."

지백은 화가 치밀어 한강자와 위환자에게 함께 조양자를 정벌하자고 말했다.

조양자는 자신이 중과부적임을 알고 책사인 장맹담張孟談의 계책대로 진양晉陽성으로 옮겨가 성을 굳게 지켰다. 그 결과 지백은 진양을 3년간이나 공격했으나 점령하지 못했다.

그러나 이때가 되어 진양성 안의 식량도 바닥이 났고 여기에 지백이 수공水攻을 써서 진양성이 물에 잠기니 그 운명이 풍전등화였다. 조양자는 장맹담을 한강자와 위환자에게 보내 지백을 배반할 것을 종용했다.

한강자와 위환자는 지백에게 불만이 많았고 지백의 욕심이 끝이 없음을 알고 있었다貪得無厭. 게다가 조양자를 멸망시켜봤자 자신들에게는 별 이득이 되지 않는지라 조양자와 함께 지백을 죽이고 지백의 영지를 나눠 가지기로 약조했다.

이들의 계획은 조양자가 야음을 틈타 기습을 하고 한강자와 위환자의 군사들이 내통을 하는 것이었다. 그 결과 지백군을 격파하고 그를 죽이는 데 성공했다. 지백의 이 비참한 말로는 그의 끝없는 욕심이 초래한 결과였다.